景點簡介地圖

城市節奏・非凡人物

1. **東英大廈原址**
   彌敦道100號

2. **新世界中心原址**
   梳士巴利道18號

3. **新華社香港分社原址**
   彌敦道172號

眈天望地・文化遺產

4. **香港天文台總部**
   彌敦道134A號

5. **嘉諾撒聖瑪利書院**
   柯士甸道162號

6. **廣華醫院大堂原址**
   （即現時東華三院文物館）
   窩打老道25號

舊日足跡・街角故事

7. **油尖旺區**

8. **油麻地的防空洞**
   彌敦道與加士居道接壤處

9. **尖沙咀天星碼頭**
   梳士巴利道

生活逸事・衣食住行

10. **前九廣鐵路英段起點站**
    梳士巴利道

11. **裕華國貨佐敦總店**
    彌敦道301－309號

裕華國貨佐敦

新華社香港分社原址

尖沙咀天星碼

7 油尖旺區

6 廣華醫院大堂原址

油麻地的防空洞

嘉諾撒聖瑪利書院

香港天文台總部

東英大廈原址

新世界中心原址

前九廣鐵路英段起點站

彌敦道

碧街

窩打老道

總店

甘肅街

渡船街

佐敦道

廣東道

上海街

廟街

東京士道

柯士甸道

九龍公園

九龍公園徑

山林道

天文台道

金巴利道

加連威老道

加拿芬道

金馬倫道

海防道

澳口道

麼地道

漆咸道南

暢運道

廣東道

梳士巴利道

3 4 5 1 2 8 11 9 10

彌敦道上

金光舊夢換新顏

主編
鄭宏泰　周文港

中華書局

目錄

前言　「彌敦蠢事」造就了九龍騰飛　　　　　　　　　　　　　/004
作者簡介　　　　　　　　　　　　　　　　　　　　　　　　/016

第一部分　城市節奏・非凡人物

1. 富貴非吾願：何東胞弟（何啟佳）的另類人生——黃紹倫　　/024
2. 新世界中心與鄭裕彤的地產事業——王惠玲　　　　　　　/052
3. 黃作梅與彌敦道上的中共駐港機構 1945-1955 ——許楨　　/077

第二部分　昡天望地・文化遺產

4. 天文台台長與歷史風災——岑智明（藍瑋晴筆錄）　　　　/092
5. 嘉諾撒聖瑪利書院百年歷史——張學明　　　　　　　　　/122
6. 尋檔案・話廣華——史秀英　　　　　　　　　　　　　　/148

第三部分　舊日足跡・街角故事

7. 滄海桑田：油尖旺地區的早期開發初探——丁新豹　　　　/166
8. 天上地下：1941 年的一宗防空審查懸案——蔡利民　　　　/192
9. 摘下「天星」組小輪：打笠治發跡故事——鄭宏泰　　　　/219

第四部分　生活逸事・衣食住行

10. 初探戰前九廣鐵路與香港旅遊——馬冠堯　　　　　　　/252
11. 華僑報國：余碧友家族與裕華國貨——周文港　　　　　/280

前言
「彌敦蠢事」造就了九龍騰飛

在香港島，我們不難發現，不少主要道路都是以港督的名字命名，例如羅便臣道、德輔道、般含道、軒尼詩道等；但在九龍，用港督名字命名的街道則鳳毛麟角，彌敦道（Nathan Road）可算是較為特別的例外。此道路甚有氣勢，乃九龍半島的大動脈，自九龍半島最南端海旁由南至北筆直伸延至界限街，貫通尖沙咀、佐敦、油麻地、旺角和太子各區，將其緊密地連結起來。道路自修築至落成使用起，九龍半島日漸繁盛起來，經常車水馬龍、遊人如鯽。

毫無疑問，彌敦道是為了紀念那個深具發展遠見又與別不同的第13任香港總督彌敦（Matthew Nathan，1862–1939，在任年份1904–1907）。不可不知的是，於1862年在英國倫敦出生的彌敦，與過去多任港督相比有多個甚為不同之處：其一是他乃猶太裔，亦是香港唯一猶太裔港督；其二是他並非循主流大學如俗稱「牛劍」的牛津大學和劍橋大學——走上仕途，而是沿軍事學院和工程科「紅褲子」出身；其三是他終生保持單身，不娶妻，亦沒有兒女，所以任內港督府沒有女主人，乃過去未見之現象。

彌敦的與別不同看來自小已養成。他出生於富裕猶太裔家庭，

幼時被安排在家中接受教育，而非進入正規學校，直到 16 歲才入讀皇家軍事學院——「烏烈芝皇家軍事學院」（Royal Military Academy, Woolwich）[1] 接受軍事訓練，之後轉投「軍事工程學院」（School of Military Engineering）主修工程，獲得「皇家工程師」（Royal Engineer）資格，並因其軍事工程師的身份，先後被派駐塞拉利昂、埃及、印度和緬甸等地。由於軍中表現卓越，他先後獲晉升為上尉（Major）和上校（Lieutenant Colonel）軍銜。[2]

工而優則仕，軍事工程幹出成績的彌敦，於 1899 年剛 37 歲時獲委任為西非英屬殖民地塞拉利昂（Sierra Leone）的署任總督；一年後，他仕途更上層樓，轉到同樣位於西非的另一英屬殖民地黃金海岸（Gold Coast）出任總督，是首名猶太裔人士獲任命為英國海外殖民地總督，可見他才華出眾，為猶太人增光不少。[3]

完成黃金海岸總督任期後，彌敦獲委任為香港第 13 任總督，並於 1904 年 7 月前來履新，那時他只有 42 歲，較前任港督卜力（Henry Blake）年輕 22 歲，可謂年輕力壯。彌敦上任後，又確實表現得更有辦事活力，馬不停蹄奔走於港、九、新界和廣東等不同地方，其中的重要工作，便是落實卜力在任期間留下的九廣鐵路香港路段工程（由羅湖至尖沙咀全長 22 英里），開始動工興建，同時又大力發展九龍半島，連串巨大工程和建設令整個地區面目一新，日後有了幾何式的騰飛發展。[4]

對香港歷史略有認識者都知道，香港開埠後，城市發展焦點集中於港島西北岸，深耕中上環至西環一帶，其他地方尚未得到重視，所以不但灣仔、銅鑼灣等地沒有甚麼突出發展，九龍半島的尖沙咀、油麻地及旺角一帶，也缺乏如中上環與西環般具份量的開拓工程。

彌敦到港前數年，香港社會出現重大變化，處於蓄勢待發的格局，而背後的最重要因素，是英國政府於 1898 年逼令滿清政府「租借」九龍界限街以北的新界土地，此舉不但令香港人口驟升，亦大大增加了土地及經濟資源，[5] 進一步強化了香港的競爭優勢，其中進出口貿易拾級而

上。就以 1898 年至彌敦上任時（1904 年）六年間的數字為例，年平均貿易增長率達 7.65%。[6]

更重要的是，被視為連結香港與廣州大動脈的九廣鐵路，經過多年籌劃，已經進入施工階段，此點相信引起工程出身的彌敦之高度注視，亦促使他在這方面作出更大擘劃和發揮，因為現代城市地理學極為強調交通網絡對一個地方商業經濟與生活所產生的巨大推動力。在他主導下，原來設計的火車總站由油麻地改到尖沙咀海旁，需開展更大型的移山填海工程，因「油麻地站與紅磡海岸之間，隔着一座小山，工程人員把小山劈開，鋪設路軌，山泥則運往東南海岸填海」。[7]

這裏尤其需要補充的是，由於九龍半島過去一直沒得到充分發展，居住人口不多，例如在 1891 年，整個九龍半島只有 19,997 人。油麻地、紅磡、旺角咀一帶因開始發展黃埔船塢及碼頭等交通設施，吸引了鄉民聚集，因此到了 1897 年時，九龍半島的總人口已上升至 26,442 人，其中油麻地居住人口較多，有 8,051 人，其他如旺角咀（1,656 人）及大角咀（2,101 人）的居住人口仍甚疏落。有兩處地方的人口居住情況值得注意，其一是旺角，當時有 218 人居住，另一處是「都市碼頭」（Cosmopolitan Dock），有 618 人居住，後者在大角咀海旁。[8]

四年後的 1901 年，九龍半島人口進一步增加至 42,976 人，其中油麻地的居住人口增加至 16,859 人，旺角及旺角咀分別增加至 3,056 人及 1,147 人，尖沙咀則沒有統計數字。[9]這裏尤其要注意尖沙咀的一個重大特點：受地理及政府政策等影響，尖沙咀一直人煙較少，林友蘭如下一段介紹扼要地點出了問題所在：

> 當局以防癆（作者按：疫）為理由，尖沙咀至九龍城之間，廣達二萬英畝的地區劃為歐人住宅保留區，限制華人進入居住。在二十世紀的初年，尖沙咀大半還是山陵起伏的荒原，大批英軍在山坡上紮營，並將大部分土地劃為軍區，只准許少數葡萄牙人和歐籍

人士在東岸較為平坦的地方結廬而居。九龍半島西南端的海岸，是九龍倉碼頭和巴斯人多拉支（Dorabicc）[10] 經營的渡海碼頭的所在地。[11]

彌敦把火車總站修改至尖沙咀的舉動，無疑是「一石多鳥」，因該工程除為尖沙咀隨即帶來巨大蛻變，亦令整個九龍乃至香港社會及經濟添加了更大活力。很簡單，為了修築火車路軌及總站等設施而要開山劈石、移山填海，帶來更多可資運用的土地資源，接着還要擴建碼頭及其他交通接駁網絡，強化內外聯繫；至於因原來馬路不敷應用，必須擴建，則誕生了日後的彌敦道。

同樣據林友蘭的記述，[12] 九龍半島展開連串巨大建設工程之前的尖沙

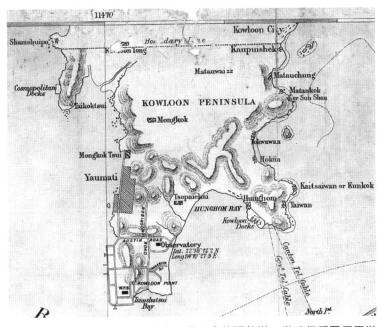

1888 年的九龍半島地圖。圖中可見現今的彌敦道，當時仍稱羅便臣道
（Robinson Road）。

鳴謝：Stanford's Geographical Establishment

咀，「當年駐港英軍為了便利運輸」，已開闢了一條名為「羅便臣道」的馬路，彌敦則在那條道路的基礎上，將之加闊，並由南至北延長，直抵界限街，而這條道路到 1909 年時正式命名為彌敦道，[13] 明顯是以此表示對彌敦在任期間大力發展九龍半島作出貢獻的肯定，因為自修築了尖沙咀火車總站及彌敦道後，兩者成為九龍半島的新地標，亦是交通連結的大動脈，[14] 尖沙咀及整個九龍半島隨即發生巨大蛻變，不但居住人口驟升，經濟活動日繁，九龍更從此騰飛，成為中外社會一個朗朗上口的名字。

有趣的是，1909 年正式把擴展的羅便臣道易名為彌敦道時，殖民地政府同時亦更改了九龍半島上其他不同街道的名稱，其中的最大特色是：以彌敦道作為分界線，東邊的仍沿用洋人名字，如漆咸道、麼地道、加拿芬道、堪富利士道、金馬倫道、加連威老道、金巴利道等；西邊的則改用中國及越南的城市名稱，例如北京道、漢口道、廣東道、海防道、河內道、梧州道、甘肅街、上海街、西貢街等；部分由東而西的街道如佐敦道、柯士甸道等也維持洋人名稱。彌敦道以西街道引入中國及越南等地海口城市命名的做法，可能與當時尖沙咀西邊碼頭有不少中國大陸勞工工作和生活有關，亦可能是與那些海口城市有緊密和巨大貿易往來之故，街道改用這些名字相信能夠讓在那裏工作的內地勞工有一份親切感，聊表他們「思鄉」之情，不可謂不心思慎密、考慮周到。日後，無論是彌敦道東西方開闢新道路時，便較少從這個方向想，或者說沿用這一原則為街道命名，因此便有了不同形式與較雜亂的街道命名。

另一點不可不知的是，彌敦當年倡議擴建道路時，曾被嘲為「彌敦蠢事」（Nathan's folly），傳聞或表面的原因，是評論指九龍半島十分荒蕪，認為花巨款開闢那麼寬闊綿長的道路日後沒人使用（即 1901 年時九龍半島只有四萬多人山而已），變成大白象工程，[15] 引伸出彌敦可能因此「丟官」，成為他突然離任的原因。但深入或引人關注的，則是反映了同輩中有不少人不覺得他能成事，主要原因不在於那裏是「山陵起伏的荒原」，而是另外兩大原因：其一是該區乃「歐人住宅保留區，

```
THE HONGKONG GOVERNMENT GAZETTE, MARCH 19, 1909.        173

    No. 184.—It is hereby notified that in order to prevent confusion arising from the
existence of duplicate names of streets in Hongkong and Kowloon, His Excellency the
Governor has been pleased to direct that the streets in the subjoined list be re-named as
shewn therein.

                         STREETS IN HONGKONG.

        Old Names.                       New Names.

    Chater Street ...............    Catchick Street ...............   吉席街
    Albany Street ...............    Tai Yuan Street...............    太原街
    East Street ...............      Tung Street ...............       東  街
    West Street...............       Sai Street ...............        西  街


                         STREETS IN KOWLOON.

    Chater Street ...............    Peking Road ...............       北京道
    Des Vœux Road ...............    Chatham Road ...............      漆咸道
    Garden Road ...............      Hankow Road ...............       漢口道
    Robinson Road ...............    Nathan Road ...............       彌敦道
    Macdonnell Road ...............  Canton Road ...............       廣東道
    Elgin Road...............        Haiphong Road ...............     海防道
    East Road ...............        Hanoi Road ...............        柯內道
    East Avenue ...............      Sainam Avenue ...............     西南台
    East Terrace ... ...............  Wuchow Terrace ...............    梧州台


                         STREETS IN YAUMATI.

    First Street ...............     Kansu Street ...............      甘肅街
    Second Street ...............    Pakhoi Street ...............     北海街
    Third Street ...............     Saigon Street ...............     西貢街
    Fourth Street ...............    Ningpo Street ...............     寧波街
    Fifth Street ...............     Nanking Street...............     南京街
    Kennedy Street...............    Woosung Street ...............    吳松街
    Seventh Lane ...............     Yunnan Lane ...............       雲南里
    Fuk Shing Lane ...............   Suchow Lane ...............       蘇州里
    Macdonnell Road ...............  Canton Road ...............       廣東道
    Station Street North...............  Shanghai Street ...............  上海街
    Station Street South...............  Shanghai Street ...............  上海街
    Sixth Street ...............     Jordan Road ...............       佐敦道
                        (to junction with Gascoigne Road.)
```

1909 年政府憲報所列九龍半島中英文街道名稱

資料來源：*The Hong Kong Government Gazette*, no. 184, 19 March 1909, 173.

限制華人進入居住」；其二是那裏有「大批英軍在山坡上紮營，並將大部分土地劃為軍區」。兩者均牽涉某些人的重大利益，屬於不容觸碰的「禁區」。

　　具工程專業背景又年輕力壯的彌敦，看來在發展九龍和新界一事上曾力排眾議，且言出必行，開山劈石面容不改，亦不畏困難，尖沙咀

面貌旋即因此大變，惟彌敦相信在這次大興土木的大型工程中，留下了
另一個與別不同──成為香港開埠以還第二位任期最短的港督。[16]他於
1907 年「落台」，離港後，被調往南非一個名叫納塔爾（Natal）的地
方任職，[17]遭貶謫的色彩濃厚。彌敦由 1904 年 7 月到港履新，於 1907
年 4 月離開，實際任期只有兩年多，那時他剛 45 歲，按道理不會是因
健康理由下台；而當時香港、中國大陸、英國，以至歐洲其他地方，甚
至世界都一片歌舞昇平，因此不似是因時局巨變而下台。因開發尖沙咀
得罪英國軍方或其他歐籍人士而「中箭下馬」，是其中的一些可能推測，
值得日後深入探討。

　　本書由四個部分──城市節奏、文化遺產、街角故事、衣食住行組
成，以多元立體的方法展示九龍半島和彌敦道的動靜和發展、人情逸事
及文化沉澱等方面一個多世紀以來的轉變，藉此說明香港闢作國際商埠
以後一路走來的不凡經歷與挑戰。

　　在第一部分「城市節奏・非凡人物」，黃紹倫教授、王惠玲博士和
許楨博士分別探究了何啟佳、鄭裕彤和黃作梅的不凡經歷。作為香港開
埠初年首富何東的六弟何啟佳，有着與其兄長截然不同的人生。何東爵
士為歐亞混血兒，受中華文化熏陶，自我認同為華人，亦是殖民時期香
港政府栽培的華人領袖。其鮮為人知的胞弟何啟佳卻選擇了另一身份認
同，全盤西化，更遠走南非，歷經波瀾。他如何面對當時作為混血兒的
身份認同困擾，又如何不斷遠涉、追求卓越的經歷怎樣反映當時港英時
期種族、華洋間的樊籬與融合？黃紹倫教授通過梳理何啟佳的人生歷程
與所著書籍，在〈富貴非吾願：何東胞弟（何啟佳）的另類人生〉中為
我們一一解說。

　　王惠玲博士於〈新世界中心與鄭裕彤的地產事業〉一文裏，獨闢蹊
徑地從一樁針對藍煙囪貨倉碼頭的收購作為切入點，一覽知名華商鄭裕
彤的地產事業之發展歷程，藉以了解戰後香港地產業歷史其中一章。從
其敘述中我們得以窺見在尖沙咀海濱景觀變遷及香港地產業蓬勃發展的

背景下，一位傑出本地華資地產商如何審時度勢又大膽冒險，最終成功的故事。

在〈黃作梅與彌敦道上的中共駐港機構 1945–1955〉中，許禎博士以時間順序還原了曾生、袁庚、黃作梅、羅汝澄等東江縱隊成員在港活動軌跡，從敘述中，我們能看到他們不僅將中國共產黨在港的抗日事業，與對美、英工作相連結；亦深化了中國共產黨與香港的政經、社會、文化聯繫。而黃作梅伉儷更以倫敦和香港新華社創辦人、負責人的身份，在港支援新中國成立之初的對外工作，折射出香港與香港人在亞太地區外交角力場的突出身影。

在第二部分「眈天望地・文化遺產」，岑智明先生、張學明博士和史秀英女士分別探究了歷任天文台台長、嘉諾撒聖瑪利書院和廣華醫院的經歷，勾勒出油尖旺歷史的另一面向。在香港歷史乃至現今人們的日常生活中一直有颱風的身影，岑智明先生從歷任香港天文台台長與風災的故事，及自己任天文台台長的經歷中，由 19 世紀初建於彌敦道以東一個小山上的香港天文台說起，講述颱風對他的啟發。由其在〈天文台台長與歷史風災〉的敘述，讀者可以探索香港颱風軼事，重新發現歷史。由於氣候變化，將來強勁的颱風會更多、風暴潮會更厲害、海平面繼續上升，願我們以史為鑑，防患於未然，令香港更安全、更宜居。

香港歷史悠久的一所傳統女校──嘉諾撒聖瑪利書院，建校並屹立於尖沙咀已逾一百二十年。眾人皆知該校是成功推行「全人及心靈教育」的典範，卻並不了解其中要義。張學明博士藉〈嘉諾撒聖瑪利書院百年歷史〉一文解畫書院如何成為香港中學教育模範，要訣之一便是其源遠流長的「話劇傳統」，以達到「愉快學習，全人發展」的目的，亦成為書院的象徵符號，每個聖瑪利人都會感到一種身份認同和情感認同。

廣華醫院早在 1911 年成立，以九龍半島的市民為主要服務對象，提供中西醫服務，而其豐富的檔案對研究香港醫院發展史、中西醫醫療史等都有重要啟示。在〈尋檔案・話廣華〉中，史秀英女士透過東華三

院文物館館藏的檔案，講解廣華醫院的成立背景，以及新近修復的廣華
檔案帶來的重要歷史研究契機。相信這些論述能對開發香港醫院發展
史、中西醫醫療史、醫院管理局成立前補助醫院的營運與發展，以及社
區與人的故事帶來啟示。

在第三部分「舊日足跡・街角故事」，丁新豹博士、蔡利民博士和
鄭宏泰博士分別探究了油尖旺早期開發、一宗防空審查懸案和打笠治的
有趣經歷。丁新豹博士在〈滄海桑田：油尖旺地區的早期開發初探〉中
歷數油尖旺地區街道發展與名稱由來，他鈎沉探奧，為讀者展現一幅幅
九龍濱海地區開發的歷史畫卷，不乏香港歷史名人如港督彌敦、麼地爵
士和遮打家族等的身影，展現香港殖民時期華洋經濟與文化交融、角力
的歷程。

因應日本與英國開戰的危機逼近，港英政府於 1938 年開始加強作
戰及防衛準備，投入巨大資源修建防空工程，該任務緊迫而繁重，在缺
乏有效的監管下，貪污舞弊浪費等醜聞不斷，為市民所詬病。於是政府
成立防空審查委員會，以副按察司祈樂壽（Justice Paul E. Cressall）
為主席，對相關官員及承辦商進行研訊。蔡利民博士以〈天上地下：
1941 年的一宗防空審查懸案〉一文，抽絲剝繭，敘述香江歷史如何在此
非常時期，在甚麼社會和個人因素的影響下，造就一宗涉及千萬生靈性
命攸關的懸案。

此外，天星小輪是香港市民生活通勤的交通工具之一，也是許多觀
光旅客拜訪香港的重要一站，為不少人留下難忘的回憶與話題。同時，
其亦見證了世界、國家與本港歷史的重大變遷。但天星小輪創建的歷史
與發展，卻鮮少有人關注。鄭宏泰博士從〈摘下「天星」組小輪：打笠
治發跡故事〉一文中揭開這一段歷史，並藉探討其創始人打笠治在香港
經商致富的故事，了解巴斯商人在早期香港商業與社會發展上所扮演的
角色。

在第四部分「生活逸事・衣食住行」，馬冠堯先生和周文港博士分

別探究了九廣鐵路和余碧友家族與裕華國貨的非凡發展歷程。港督彌敦以長遠利益高於當時龐大工程費來決定展開建造九廣鐵路，其工程之艱鉅，造價之昂貴，所受之阻力，建成後對當時香港旅遊業影響幾何？馬冠堯先生以〈初探戰前九廣鐵路與香港旅遊〉一文來一一詳敘，從九廣鐵路説起，描繪戰前香港旅遊業的起承轉合。

國貨過去主要是指具中資背景、主要售賣內地產品的百貨公司，是過去幾代香港人的回憶。國貨往往給人提供生活需要，實惠又耐用但設計較落伍、質素參差的觀感。但為何過去作為英國管治之地的香港，會有這麼多國貨公司選擇在香港立足？民間資本建立的國貨公司又為甚麼以華僑資本為主？ 周文港博士在〈華僑報國：余碧友家族與裕華國貨〉中透過梳理香港國貨公司演變過程，及以余碧友家族與裕華國貨的歷史為例，為讀者一一解畫，啟示國貨以至中國製造業的未來發展。

對於上述講座系列能夠圓滿完成，而此書亦能夠出版，除了要鳴謝香港歷史博物館之外，更要向黃紹倫教授、梁元生教授、孫文彬博士、梁佳俊博士、許楨博士、王國璋博士和閻靖靖博士等表示由衷感謝，沒有他們一直給予寶貴意見、指正和協助，整個系列實在無法順利完成。我們要特別鳴謝研究助理李明珠小姐及梁凱淇小姐的全力籌辦、安排，以及出版時的用心校對。再者，俞亦彤小姐、蔡振華先生、鍾雪怡小姐、劉敏輝小姐、吳彥龍先生、關樂怡小姐、王家文小姐、李建新先生、陳奕康先生、藍瑋晴小姐、張景文先生及黃懷訴小姐對講座的支援，我們同樣心存感激。此外，十分感謝英國國家檔案館、政府檔案處歷史檔案館、香港天文台、地政總署、香港大學圖書館、東華三院文物館、天星小輪有限公司、南華早報出版有限公司、新世界發展有限公司、裕華國產百貨有限公司、eGGSA – Branch of the Genealogical Society of South Africa、Special Collections, University of Bristol Library、The American Geographical Society Library, University of Wisconsin-Milwaukee Libraries、岑智明先生、冼為堅先生、高添強先生、張順光

先生、梁經緯先生、梁碧儀女士、陳奕康先生、盧頴霏小姐、蕭險峰先生及羅沛雰女士慷慨提供圖片。最後，更要感謝香港中文大學前副校長暨香港亞太研究所高級顧問張妙清教授、香港中文大學新聞與傳播學院教授暨香港亞太研究所所長馮應謙教授，以及嶺南大學校董會主席姚祖輝 BBS 太平紳士、嶺南大學潘蘇通滬港經濟政策研究所督導委員會委員關百豪博士、陳浩華博士、榮譽所長魏向東教授、所長何濼生教授等的大力支持，使本系列講座及出版得以成功舉辦和完成。

本書出版期間，儘管我們已經努力校訂和增補，礙於才疏學淺所限，難免可能出現一些糠粃錯漏，敬請各家專家、學者、相關家族及團體的後人和普羅讀者見諒。如蒙惠賜南針，請致函香港沙田香港中文大學利黃瑤璧樓五樓香港亞太研究所（或電郵 vzheng@cuhk.edu.hk）與宏泰，又或者致函香港屯門嶺南大學劉仲謙樓三樓 LCH321 室中國經濟研究部（或電郵 mkchow2@ln.edu.hk）與文港聯絡。

鄭宏泰、周文港

二零二一年十一月

1   大約 50 年後，被視為「香港首富」的何東（與彌敦同齡），其子何世禮亦作出像彌敦般的另類選擇，入讀這家軍事學校，惟不知何世禮那時的決定，以及能進入此校一事，是否與彌敦有關係。見鄭宏泰、黃紹倫：《香港將軍：何世禮》（香港：三聯書店，2009）。

2   "Lt.-Col. Sir Matthew Nathan," *South China Morning Post* (*SCMP*), 26 April 1939, 168; Wilson, P. D., "Nathan, Sir Matthew (1862–1939)," Australian Dictionary of Biography, National Centre of Biography, Australian National University, accessed 10 November 2020. http://adb.anu.edu.au/biography/nathan-sir-matthew-7728/text13539, published first in hardcopy 1986.

3   Jacobs, J. & Lipkind, G., "Nathan, Sir Matthew," The Jewish Encyclopedia, accessed 10 November 2020. http://www.jewishencyclopedia.com/articles/11365-nathan-sir-matthew

4   林友蘭：《香港史話》（香港：芭蕉書房，1975），頁 122–125。

5   林友蘭：《香港史話》。

6   鄭宏泰、黃紹倫：《香港股史：1841–1997》（上海：東方出版中心，2007），頁 126。

7   林友蘭：《香港史話》，頁 124。

8   Census Department, *Hong Kong Census Reports 1841–1941* (Hong Kong: Government Printer, 1941).

9   Ibid.

10   原注只列 Dorabjee，即打笠治（Dorabjee Nowrojee），有關此人與尖沙咀及香港的傳奇故事，見鄭宏泰在本書中的專文介紹。

11   林友蘭：《香港史話》，頁 124。

12   同上，頁 125。

13   *The Hong Kong Government Gazette*, no. 184, 19 March 1909, 173.

14   Empson, H., *Mapping Hong Kong: A Historical Atlas* (Hong Kong: Government Information Services, 1992).

15   "Eye for Future Thrusts Early Leaders into History Books," *SCMP*, 30 October 1993, 16.

16   任期最短的港督為郝德傑（Andrew Caldecott），他任期是 1935 至 1937 年，因為英國另一殖民地錫蘭（即今之斯里蘭卡），發生動亂被調派前往當地主持大局，才令香港的任期變得短促。

17   *SCMP*, 26 April 1939; Wilson, P. D., "Nathan, Sir Matthew (1862–1939)". 另外，可參考黃紹倫在本書有關何啟佳一文的介紹。

作者簡介（按筆畫順序排名）

丁新豹

香港史研究學者，曾任香港歷史博物館總館長，現為香港中文大學歷史系客席教授及名譽高級研究員、香港大學中文學院名譽教授、香港故宮文化博物館理事及本地與內地多間博物館之顧問或理事。研究範圍包括香港華人社會史、孫中山與香港、近代澳門及廣州、東南亞華僑史等。出版了多本有關著作，其中《善與人同：與香港同步成長的東華三院（1870–1997）》及《香江有幸埋忠骨：長眠香港與辛亥革命有關的人物》分別榮獲第四屆及第五屆「香港書獎」。

王惠玲

香港大學社會學博士，資深口述歷史研究員，曾參與多個口述歷史項目，包括香港大學「香港口述歷史檔案庫」、「東華三院口述歷史資料庫」、「香港記憶計劃」網上口述歷史檔案庫、香港仔漁民口述歷史研究，探討少數族裔青年成長經歷的口述歷史研究、南丫島南段社區口述歷史研究等。相關中文著作有：《鄭裕彤傳——勤、誠、義的人生實踐》（2020）、《青春歲月——香港少數族裔的年輕一代》（2019）、《香港人的大食堂：再創嚤囉樂新世紀》（2018）、《記憶景觀：香港仔漁民口述歷史》（2015）、《益善行道：東華三院 135 周年紀念專題文集》（2006）。

史秀英

畢業於香港大學文學院，1985 年加入東華三院，多年來涉獵董事局及委員會事務、董事局公關、企業傳訊工作及東華三院文物館的管理。2010年出任東華三院於同年成立的檔案及歷史文化辦公室主管一職。辦公室專責收集、保存、研究及展示東華三院的文物及檔案，並提供文化服務及宣揚東華的歷史文化及慈善精神。現為康樂及文化事務署博物館諮詢委員會歷史專責委員會增補委員、博物館專家顧問及非物質文化遺產諮詢委員會委員。

岑智明

香港天文台前台長，香港氣象學會前任會長。於 1986 年加入香港天文台，2011 年晉升為天文台台長，2020 年退休。自 1997 年開始在國際航空氣象事業上作出貢獻，積極參與「國際民用航空組織」和「世界氣象組織」的工作，並於 2010 至 2018 年獲選出任世界氣象組織航空氣象學委員會主席，是首位華人出任這個要職。熱愛研究天文氣象及歷史，近年參與「香港氣象學會」編著的《觀雲識天賞光影——有趣的雲和大氣光學現象》一書，讓市民了解天氣現象及培養大眾觀天賞雲的興趣。

周文港

現任嶺南大學潘蘇通滬港經濟政策研究所副所長、嶺南大學中國經濟研究部副總監、嶺南大學 STEAM 教育及研究中心總監、香港中文大學中國文化研究所當代中國文化研究中心名譽副研究員等。在香港大學考獲經濟社會學哲學博士，並曾取得香港中文大學學位教師教育文憑、香港浸會大學一級榮譽文學士學位。研究興趣是華人家族企業、兩岸四地政

商關係、國家與社會關係、港澳台研究等。目前主要從事中國內地與香港的經濟發展、「一帶一路」倡議、中國區域經濟發展（尤其粵港澳大灣區、長三角、京津冀）、自由貿易區、產業發展、人民幣國際化等研究。

馬冠堯

香港大學建築學院房地產及建設系客席副教授，廣東台山人，香港出生，香港工程歷史愛好者。畢業於香港浸會學院、蘇格蘭登地大學（University of Dundee）、香港大學工學院、香港城市大學社會科學院和香港大學文學院，著有《香港工程考》、《香港工程考 II》、《香港建築的前世今生》、《車水馬龍：香港戰前陸上交通》及《戰前香港電訊史》。

張學明

美國加州大學博士，論文題目是〈中古帝國的權力鞏固模式：從武士貴族到王室科層統治〉，對希臘文、拉丁文、法文、西洋史、翻譯學、字源學均有研究。曾出版翻譯著作《歐洲的沒落》（1978）、《西洋中古史》（1986），又編著《中西神話》（2012）[簡體字版，2013]、《北衛一甲子》（2013）、*Biographical Notes of the Jesuits in Hong Kong, 1926–2000*（2014）、《字源學英文》（2017）、《成語學英文》（2019）及《人物西洋小史》（2021）。講授的科目包括「西洋文化史」、「西洋上古、中古史」、「西方的傳統與變革」、「西方文化的特質」、「英國早期憲法史」、「中國通史」、「新亞精神與新亞先賢」和「中西神話比較」。香港中文大學教育學院「資優計劃」榮譽課程顧問，並教授該計劃中多個課程。

許楨

倫敦政經學院社會科學碩士、香港大學亞洲研究中心博士，現任香港中文大學未來城市研究所管理委員會副主席、香港智明研究所研究總監。研究範疇包括：（一）城市學及土地經濟：法蘭克福學派及社會市場經濟（SOME）、地稅、老齡化社會、印太城市網絡；（二）國際關係：中美經貿關係、印太安全形勢、台港政黨發展及選舉政治；（三）中國歷史：中古史、北亞及中亞遊牧民族史、香港抗戰史。曾先後於中大全球政治經濟社會科學碩士課程、港大 SPACE 中國商業學院任教。政經社評論見諸：新華社、中國中央電視台（CCTV）、英國廣播公司（BBC）、德國之聲（Deutsche Welle）、今日俄羅斯（RT）、自由亞洲電台等媒體。

黃紹倫

香港樹仁大學校董、香港大學社會學榮休教授、香港中文大學香港亞太研究所榮譽高級研究員、香港中文大學中國文化研究所當代中國文化研究中心榮譽高級研究員、香港大學香港人文社會研究所（亞洲研究中心）名譽教授等。先後在香港大學及香港中文大學取得社會科學學士及碩士，之後負笈英國牛津大學，獲得文學碩士及哲學博士學位，曾擔任香港大學亞洲研究中心主任。除華人家族企業外，主要從事企業家精神、商業網絡、華人社會文化、移民現象、香港社會調查與分析、中國社會學的發展等研究。

蔡利民

———

香港出生及長大，現任流星語音樂中心總監，同時為自由寫作人。香港大學社會學系社會科學學士、美國加州大學洛杉磯分校社會學系文學碩士、香港中文大學決策科學與企管經濟系哲學博士。在學院所受的訓練是社會學及研究方法，因自身的文化及歷史處境，一直對香港及港人故事具有濃厚的興趣，研究課題為本土歷史及集體回憶，著有散文集多本、委約專書《為您做足 100 分》（與江瓊珠合著）、地區專題《踏着回憶走過來 —— 從明華大廈開始》及歷史小說《消失的隧道》。

鄭宏泰

———

現任香港中文大學香港亞太研究所副所長（執行）、社會與政治發展研究中心主任、全球中國研究計劃聯席召集人、中國文化研究所當代中國文化研究中心副主任、香港亞太研究所電話調查研究室總監。在香港大學先後考獲工商管理學士、哲學碩士及哲學博士學位，主要從事華人家族企業研究、企業家精神與社會網絡、華人社會變遷與身份認同、香港金融市場變革與發展、香港和澳門社會調查與分析，以及中國軟實力與「一帶一路」研究等。

城市節奏
非凡人物

富貴非吾願：
何東胞弟（何啟佳）的另類人生

黃紹倫

前言

　　東英大廈曾經是九龍尖沙咀的著名地標，位於彌敦道 100 號。它建於 1965 年，是何東的子女為了紀念雙親，以何東及其元配麥秀英命名。何東（1862-1956）是歐亞混血兒，富甲一方，舉止華化，在殖民時期的香港，享有崇高地位，是政府欽點的華人領袖。他和他的兩位胞弟何福及何甘棠組成生意上的鐵三角，合作無間，在買辦行業顯赫一時，令何氏三兄弟的名字，在香港家喻戶曉。[1] 但何氏兄弟其實共有四人，罕為人知的六弟，幼時名叫何啟佳。他剛成年便遠渡重洋，在南非另創一番事業，全盤西化，取名華特（Walter）。華特在南非生活超過五十年，於 1938 年首度回港，引起廣泛報道。但出奇之處是傳媒絕口不提他和何東的關係，令兄弟兩人看來如同陌路。[2]為甚麼會如此？似乎東英大廈這個著名地標，實在是隱藏着一個待解的謎團。

東英大廈，攝於 1976 至 1980 年間。現為 The One。
圖片來源：Photographs of Tsim Sha Tsui, Jordan, Yau Ma Tei, Mong Kok, Prince Edward Mass Transit Railway Work Sites（HKRS1158-1-9 #707）
鳴謝：政府檔案處歷史檔案館

The One，攝於 2021 年。
鳴謝：陳奕康

一、地標與謎團

華特在 1937 年從南非啟程回港。一份英文報刊《北華捷報》這樣描述他動身的緣由：[3]

> 他在晴朗無霞的藍天下過着舒適的日子，但一封來信打破了他的白日夢。信件是他仍然在香港居住的兄長寄來的。他的兄長在信中細說他們兄弟二人沒有見面已經超過 54 年，他熱切期望在他往生之前，能夠再見他的胞弟一面。

報道沒有披露華特這個「仍然在香港居住的兄長」的身份。華特在 1938 年初抵達香港，他的中央書院（後來改名皇仁書院）校友在 2 月設宴為他洗塵。香港《南華早報》大幅報道，並列舉出席的 15 位校友姓名及年齡，其中包括何甘棠。但報道沒有指出華特和何甘棠的關係。[4] 翌年 1 月，華特預備離開香港，返回南非。他設宴回敬他的舊日校友。開宴時，他的同學法蘭・韋達（Frank White）向他祝酒時說：「我們非常遺憾羅拔・何東爵士因病未能與會，我們祝願他早日康復。」[5] 韋達並沒有明言何東是華特的兄長。當日出席晚宴的還有何甘棠和何榮（何東的過繼兒子），而《南華早報》的報道，對他們之間的親屬關係，亦略而不提。

這種諱莫如深的情況，實在奇怪。他們兄弟之間，並非不和，以至互不相認。他們在私下保持聯絡，但在公開場合卻把關係按下不表。何以要這樣呢？關鍵在於何東和華特選擇了兩條大相逕庭的人生道路，這兩條道路互不相容，分則兩利，合則相沖，所以他們只好分道揚鑣，各自發展。在香港的歐亞混血社群中，流行一句口頭禪，總結出他們審時度勢的競爭策略：「行人頭好過跟鬼尾」。[6] 何東奉行這個策略，他要當華人的頭領，不要附在洋鬼子的尾巴上。為此他需

要努力積累財富，因為在殖民地華人社群中，有錢便有地位，便有權力。但華特不願做華人頭領，他要做洋人。但在殖民地的香港，一個混血兒難以在洋人之間出人頭地，所以他只好遠走他方，另謀出路。

二、漂白去黃：第一漂（1884 年）

華特生於 1867 年，他母親給他取的中文名字是何啟佳。他 12 歲入讀中央書院，初時仍用中文名字，叫何佑階。[7] 他就讀中央書院期間，學業突飛猛進，17 歲畢業的時候，名列前茅，獲得當年的馬禮遜獎學金（Morrison Scholarship）。他在畢業前作出重大決定，改名易服，放棄華人身份，變身成為一個洋人。他採用生父的姓氏，改名華特・波士文（Walter Bosman）。他以這個洋名，位列於中央書院馬禮遜獎學金得主的榜上。[8]

華特在求學時期變身的確鑿原因，仍然是一個謎，但我們不妨作出一些推測。首先，中央書院華洋雜處，學生來自不同種族背景。這個多元環境，令華特的變身不會顯得過於突兀：「在 1889 年……書院的學生名冊顯示有 790 名華人及歐亞混血兒，23 名英國學童，4 名德國人，8 名猶太人，1 名印度，10 名日本人，36 名穆斯林，1 名巴斯人和 46 名葡萄牙人——全部和洽共處。」[9] 其次，少年華特可能和他的大嫂不和，令他不想倚靠兄長扶持，而選擇另尋出路。華特在年長後，寫過一本書，叫《貧窮演義》（The Romance of Poverty），是一本半自傳式的小說，裏面凝聚了他很多的青少年往事。其中一則提到住在上水的兩名兄弟：亞平和亞福。亞平已婚，但他的妻子並不喜歡亞福：「對亞福吃的每一口飯，她都心存怨恨。」[10] 小叔和大嫂之間的不和，勢成水火，終於迫使亞福離家出走。亞福可能便是華特的幻化替身。華特 12 歲入讀中央書院，兩年後他的長兄何東和麥秀英成婚，兄嫂和幼弟於是一同居住。再過兩年，華

特便有變身之舉。但最重要的原因，可能是華特受到校長胡禮的影響。胡禮博士（Dr. G. H. Bateson Wright）是中央書院第二任校長。他在 1882 年到任，那年華特 15 歲，入讀中央書院已經三年。胡禮校長畢業於英國牛津大學，主修神學，畢業後受命為聖公會牧師，精通古代亞述學和猶太學。[11] 少年華特這時應該深受身份認同的困擾，他出身複雜，是一個猶太裔荷中混血兒。他應該如何選擇，何去何從，是他要面對的難題。他向胡禮校長傾訴，尋求解惑，亦在情理之中。而胡禮對華特的具體影響，莫過於他的用心調教，鼓勵華特參與首屆香港政府獎學金的選拔考試。這項獎學金是由當時港督寶雲爵士創立，每兩年一屆，每屆只選一人。獎學金非常豐厚，每年 200 英鎊，為期四年，供獲獎者往英國留學。[12] 首屆選拔考試在 1884 年底舉行，華特這時 17 歲，剛從中央書院畢業。胡禮預見這項選拔將對外籍學童有利，[13] 因為考試是以英文進行，其中一半的項目是和英國語文及歷史有關，所以他極可能提議華特在畢業前變身，放棄中國名字，以便能夠以外籍學生身份參選。華特有七個月時間準備考試，其間胡禮校長和中央書院其他教師為他補習。終於他成功奪魁，在九項考試合共 1,100 積分中，取得 788 分，成績刊登於香港政府憲報之上。[14]

三、留學英倫：第二漂（1885 年）

華特金榜題名，獲得這項每年高達 200 英鎊的獎學金，足以令他生活無憂，毋須倚賴兄長的提攜。在香港政府安排之下，華特在 1885 年前往倫敦，入讀水晶宮實用工程學院（The Crystal Palace School of Practical Engineering）。這間學院頗具名氣，專門為學員提供鐵路建設課程，並且兼及開拓殖民地的訓練。根據一位畢業生的回憶，他們接受的訓練大致是這樣的：[15]

　　這間學院是由約瑟‧威廉‧衞奕信所創立。他是一位工程師，曾經參與建設 1851 年的（水晶宮）大展覽。學院培訓出來的學生遍佈世界各地⋯⋯在土木工程部我們對整個地面進行測量，為一條從這邊伸展到另一邊的幻想鐵路繪製草圖和作出預算⋯⋯另外還有一個殖民地部，由一位甚為親和的主管領導。他無疑對拓荒者的生涯大有見識，從而把他的熱忱散播於他的學員之間。

　　水晶宮位於倫敦東南方，離開倫敦市中心大約七英里。工程學院設於水晶宮高塔內，兀立於山丘之上。山下是朋其（Penge）郊區，以酒吧眾多聞名。區內有一間聖約翰教堂，而華特在他第一個學年中，便在這間教堂領洗，成為一個基督徒。他在那裏留下領洗紀錄：[16]

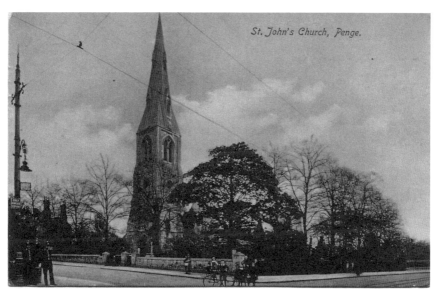

水晶宮附近的聖約翰教堂（St. John's Church, Penge）
圖片來源：Penge Heritage Trail

Name　　　（姓名）：Walter Bosman　　　（華特・波士文）

Gender　　　（性別）：Male　　　　　　　（男）

Christening（領洗）：3 April 1886　　　　（1886 年 4 月 3 日）

　　　　　　　　　　　Penge, Surrey, England（英國舒梨郡朋其區）

Residence（居留地）：England　　　　　　（英國）

Father　　　（父親）：Kwok Kwai Bosman　（郭貴・波士文）

Mother　　　（母親）：Sy Tai Bosman　　　（施娣・波士文）

　　華特抵達英國不足一年，便作出這個重大決定，令人懷疑他可能在香港求學時已經有這個想法，只是礙於在香港領洗，容易引起家人的強烈反應，所以才靜候時機，待至遠離家人，才在英國領洗。在紀錄中他並不列舉生父名字。他生父名叫查理士・波士文（Charles Bosman），在華特出生不久便因為生意破產而離開香港，後來移居英國。華特母親失去倚靠，只好嫁給華籍商人郭興賢為妾。所以華特列舉的父親是他的繼父，郭貴應該是郭興賢的別名。華特把父母都冠以「波士文」這姓氏，可能是嘗試把他們三人的姓氏統一起來，加以合理化。根據聖公會規例，領洗者如果在 12 歲以上，可以自行作主，而父母亦不需要是教徒。[17] 所以列舉父母姓名只是形式，華特可能不用展示父母的身份證明。領洗之後，華特便是聖公會教區的成員，為他融入白人社會，大有幫助。

　　華特在水晶宮如魚得水，成績驕人。他的突出表現，倫敦報章在當年亦有報道。在一則有關水晶宮工程學院的新聞中，《泰晤士報》提及該學院 1886 年的考試證書，是由澳洲維多利亞殖民地的駐英代表格雷安・貝里爵士頒發：[18]

　　　　他樂見學院中設有殖民地學部，並指出對將要走入叢林的人士來說，擁有一些工程知識是具有重大價值的……在機械工程學部和

第一年的課程中，華特・波士文獨佔鰲頭。

翌年，香港中央書院胡禮校長向立法局呈交的年報中，特別提及華特從水晶宮學院畢業時的卓越成績：[19]

在過去一年我們喜聞華特・波士文先生（政府學者）在水晶宮工程學院獲得的最終成功。他在九項畢業考試中均取得優等成績，獲學會頒贈銅牌獎章。

從水晶宮畢業後，華特前往位於普利茅斯（Plymouth）附近的德文波特市（Devonport），加入一家名叫布雷思及丘奇（Messrs Galbraith & Church）的鐵路顧問公司當見習學員。他在顧問公司實習兩年，在這期間，他邂逅了他的未來妻子露易絲・達文波特（Louise M. Davenport）。他開始為他們倆策劃未來。他不打算返回香港；他決定勇闖南非。在 1889 年，他獲得南非納塔爾（Natal）殖民地政府的聘書，受僱為納塔爾政府鐵路的助理工程師。[20]

四、勇闖南非：第三漂（1889 年）

納塔爾在 1843 年成為英國殖民地，比香港開埠遲一年。它位於非洲南端，和其他三個受英國控制的地域接鄰。在它北部是德蘭士瓦共和國（Transvaal Republic），西部是奧倫治自由邦（Orange Free State），而南部就是開普殖民地（Cape Colony）。四個地域都是由少數白人統治，但白人的組成各有不同。德蘭士瓦共和國及奧倫治自由邦的白人以波耳人（Boer）為主，波耳就是久居非洲的荷蘭移民。納塔爾和開普殖民地的白人則以英國新移民佔多數。波耳人和英國移民並不協調，屢有衝突。但無論是波耳或是英國移民，

他們在人口上只佔少數。由於黑白人口懸殊，英國政客很早便深感憂慮，認為納塔爾是帝國內最危險的地方。在 1875 年，剛卸任殖民地部次官的布拉福德勳爵（Lord Blachford）在英國上議院便發表這樣的看法：[21]

> 他長久以來便認為這個細小的殖民地，由於具有嚴重土著戰爭的傾向，是女皇陛下的屬地中，最為危險的地方……他恐怕女皇陛下政府所採取的措施，不只不能增強，反而會削弱其控制這危險地方的能力。納塔爾境內住有 17,000 或 18,000 名歐洲人，他們散播於 250,000 土著之間。這些土著現在無疑是順從和感恩的，但他們可能會變得不滿，而一旦發生動亂，他們會得到境外數之不盡的祖魯（Zulu）和卡非爾族人（Kaffirs）的鼓動或支持。

面對人口數目懸殊的威脅，納塔爾的白人統治者採取種族隔離政策，建立起森嚴的種族屏障。除了黑白居民之外，他們只從英屬印度引入合約勞工，幫助種植甘蔗等農作物。對其他地方的外來移民，特別是華人，他們一律拒諸門外。華人如欲進入納塔爾殖民地，必須通過一項歐洲語言的考試。由於這道難關的阻隔，納塔爾境內華人數目甚為稀少，在 1904 年，只有 165 人。[22] 但對華特來說，他準備漂白去黃，華人稀少，反是好事。在納塔爾，他無親無故，亦絕少有知道他身世的香港華人，他可以自由發展。而在白人居民間，荷蘭裔移民不少，和他一樣以波士文（Bosman）為姓的，亦有一定數目。[23] 他若要成為白人移民的一份子，他的姓氏不會是一個障礙。

但吸引華特勇闖南非的最主要原因，是納塔爾的經濟發展潛力。它提供罕有的機會，令華特可以學以致用，一展所長。在華特決定前往納塔爾那一年，南非鑽石礦業興旺騰飛。礦業大亨塞西爾．羅德（Cecil Rhodes）在開普殖民地剛剛成立戴比爾斯（De

Beers）聯合礦業有限公司，意圖獨霸當地鑽石貿易。而幾年前，在德蘭士瓦共和國內發現龐大金礦，約佔世界黃金儲量的 40%。鑽石及黃金的開採，需要有效率的運輸系統來支持，於是鐵路在南非的建設便火紅起來，飛躍發展。

南非地理獨特，河流不多，貨物輸送，缺乏水路支持，在未有鐵路之前，只能倚靠崎嶇的道路以供牛馬拖車運行，成本甚高。以納塔爾為例，從港口德班（Durban）到首都彼得馬里茨堡（Pietermaritzburg）的 90 公里路程，一公噸貨物的陸路運輸費用便高於從英國運往德班的海路航運支出，[24] 所以鐵路運輸在南非的需求非常殷切。在南非鐵路建設初期，主要是由私營企業投資。到了

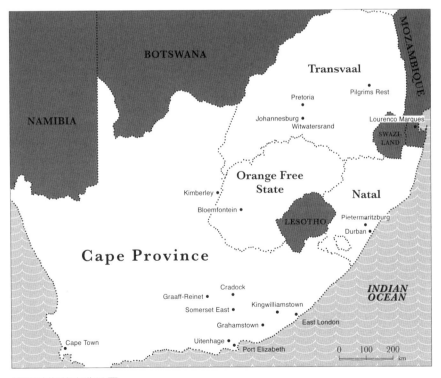

殖民時期的南非地圖

1875 年，納塔爾政府通過法例，籌建三條鐵路，造價 90 萬英鎊，並成立政府鐵路部門，以公營方式營運鐵路。[25] 於是一場龐大的鐵路革命，席捲南非。在這個關鍵時刻，華特投身於這場運輸革命，準備一展所長。

抵埗南非，華特初嚐它的獨特氣候：「從喀拉哈里沙漠（Kalahari Desert）吹來的熱風，和鋪天蓋地的紅土風塵。」[26] 在南非定居下來一年左右，他便和英籍女友露易絲成婚，婚禮在德班市聖公會教區聖保羅教堂舉行。[27] 幾年後，華特的技術專才得到當地政府重用。在 1896 年，納塔爾總督徵詢過英國殖民地部大臣之後，委任華特為英葡邊界的英方專員，以確定納塔爾和葡屬莫三鼻給（Mozambique）之間的邊界。華特能夠獲此重任，主要是因為他擁有英國土木工程學會會員的專業資格，同時他在政府的職位是祖魯地區（Zululand）的工務及測量局局長。[28] 華特當年不過是 29 歲，而這項任命確立了他的白人身份。華特的任務是領導一個三人小組，和葡萄牙派出的小組合作，深入叢林，勘察納塔爾接壤莫三鼻給的邊界。英國和葡萄牙在 1891 年已經就邊界問題達成原則協議，但還未作出實地考察，所以並未樹立信標和繪製精確地圖。華特的使命便是要完成英葡邊境條約的未了之事。葡萄牙方面對界定邊境活動保存了詳盡檔案，而一位葡國學者近期對英葡小組當年的勘察活動有這樣的描述：[29]

實地調查調動不少人員、科學儀器、糧食、牛群、運輸工具以及所有必須的設備，以確保計劃中的工作得以完成，再加上不能缺少的後勤支援，來保證在勘察地區有足夠露營設施。為了確定信標的方位，建立地勢和地質紀錄，以及繪製精準地圖，這些活動都需要有系統及嚴格的工作要求，要倚賴精確的儀器和技術，亦要有專家在場加以協助。兩者缺一不可，少了其中一項的話，工作便只好延遲進行……

英葡小組的工作進度，深受當地天氣影響。小組成員需要抓緊機會，趕在雨季來臨之前，從速勘察，否則當連場大雨來臨，工作便只好停頓。就在調查工作全速進行之際，華特接到壞消息：他的母親在香港去世。他母親施娣並不贊成華特前往英國深造，據說是恐怕他會一去不返。[30] 想不到她的預感成真。母親離世，華特並沒有奔喪。勘察任務繁重，他也許覺得難以抽身。而香港在那時候正值瘟疫盛行，他母親亦可能是染疫而亡，[31] 所以他不能冒險回港。但最重要的考慮，應該是他的白人身份剛被確認，他不能洩露他的混血出身。他把喪母之痛藏於心內，繼續奮力工作，在 1897 年順利完成任務，把邊界的精確圖表，呈交英葡兩國政府，獲得正式確認。

過了兩年，第二次波耳戰爭爆發。這次戰爭是雙白對壘。參戰的一方是波耳人，即久居南非的荷蘭移民，另一方是英國殖民政府及英籍新移民。兩個白人群體久已不和，波耳人不願接受英國殖民統治，早於 1835 至 1837 年便發起大跋涉長征（The Great Trek），深入南非內陸，逃避英國管治，然後在第一次波耳戰爭（1880-1881）擊敗英國，取得自治，成立德蘭士瓦共和國及奧蘭治自由邦。到了 1899 年，衝突再起，波耳人和英軍激戰三年，英國調動 50 萬大軍，才把波耳人擊敗。[32] 在這場戰爭中，鐵路運輸扮演重要角色，而華特亦投身其中，初建戰功，獲得英廷頒發勳章。[33]

五、揚名立萬：第四漂（1906 年）

波耳戰爭結束不到四年，納塔爾境內戰亂再起。這次是黑白對決。祖魯族的黑人土著叛變，納塔爾政府出動白人軍隊鎮壓。華特一馬當先，帶領白人志願軍深入叢林，剿滅叛亂，事後並著書出版，以目擊者身份把平亂過程記錄下來。據他的回憶，事件是這樣開展的：[34]

在 1905 年 12 月底，土著人口蠢蠢欲動，離心不滿的流言，在殖民地廣為傳播。他們宰殺豬隻和白色家禽、丟棄西洋餐具的行為時有所聞。迪尼祖魯（祖魯的最高酋長）的名字和這些報道緊密相連，均指他是這些不滿的主要煽動者。亦有說法指在 1 月 1 日到期繳交的人頭稅，將會被用作大規模叛亂的借口。

黑人土著叛亂是南非白人的終極噩夢，令他們寢食難安。所以非但納塔爾境內馬上調動志願軍戒備，就是鄰近的波耳自治區域都緊張起來，主動派出兵馬協助，準備雙白聯手，共同壓制騷動。華特一語道出白人心中的恐懼：[35]

只有 97,000 白人的細小殖民地，似乎面臨不可克服的難關。它面對人口接近 1,000,000 的土著，就已知情況，全部都準備武裝起來，對分散各地，經過長年累月努力建立起來的白人家園，加以搶掠和破壞；對端莊婦女以及幼嫩孩童，施以只有野蠻人心才能想到的難以言傳暴行；並打算把白人都趕入海中。

帶頭號召反對人頭稅，發起叛亂的黑人首領，名叫班巴塔（Bambatta）。他是祖魯族內的一個小酋長，英勇善戰，但他所以能夠擊起千重浪，令南非白人都嚴陣以待，是因為很多人懷疑他有強大後台支持，那便是聲望崇高，廣受土著信服的大酋長迪尼祖魯。納塔爾政府不敢掉以輕心，特別指派麥堅時上校（Colonel Duncan McKenzie）為指揮官，而華特則出任他的副官，出征平亂。麥堅時面對的敵人，隱蔽在叢林之中，行蹤飄忽：[36]

他要處理的敵人採取守勢，藏身在浩翰森林之中。叢林的每個洞穴，每個角落，他們都瞭如指掌。他們行動快捷，不受運輸工具

拖延。他們有各種方法來獲取白人軍隊一舉一動的情報，而他們則
盡量不曝露行蹤。

麥堅時在華特輔助之下，指揮幾路騎兵和步兵，配備大炮及輕
機槍，以電訊連繫，星夜行軍，終於在芒嗎（Mome）山谷地區把班
巴塔的祖魯戰士重重圍住。當日是 1906 年 6 月 1 日，祖魯婦孺從叢
林中走出空地避難，因為白人軍隊承諾不殺婦孺。麥堅時的掃蕩行
動隨即展開。他命令華特在俯瞰芒嗎的山頭佈置大炮，然後親自引
領軍隊衝下山谷，深入祖魯戰士藏身之地。據祖魯族人事後憶述：[37]

> 一隊衣着乾淨的士兵來到叢林邊沿，探望一下，繞過叢林，然後
> 離開。
> 第二隊衣着乾淨的士兵重複同樣動作。
> 第三隊身材細小，混身不潔的士兵來到林邊，探望一次，再望
> 第二次，然後不顧安危，直闖入內，見人便殺。

第三支部隊便是麥堅時親自帶領的主力軍，他們手持先進步槍
和輕型機槍，在山頂大炮掩護下，殺入手持長矛及盾牌的祖魯戰士
當中。激戰過後，白人士兵損失輕微，只有 1 死 11 傷。黑人叛軍則
傷亡慘重，合共 575 人死亡，包括領袖班巴塔。[38] 為了確認班巴塔身
份，麥堅時下令割下班巴塔首級，以供其家人和親信確認。芒嗎大
戰及班巴塔被殺是麥堅時平定祖魯叛亂的決定性戰役。到了當年 7
月底，叛亂平息，白人志願軍從叢林撤回，列隊進入首都彼得馬里
茨堡，舉行凱旋儀式，然後解甲回家。

但納塔爾的平亂行動，在英國引起巨大迴響。在平亂之初，殖
民地政府逮捕了 12 名殺害當地白人警察的叛亂份子，公審後判處死
刑。英國殖民地部大臣急電納塔爾總督，轉達指令，基於人道理由，

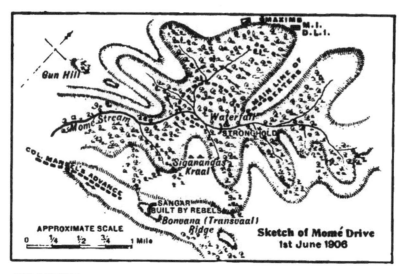

芒瞞大戰草圖
資料來源：Bosman, W., *The Natal Rebellion of 1906*

要求緩期行刑。納塔爾的主要官員集體辭職抗議，殖民地部大臣被迫收回成命。納塔爾官員復職，迅速把叛亂份子槍決。[39] 到了芒瞞大戰，英廷震動，認為屠殺土著過於殘暴，亦有輿論直指割取班巴塔首級是野蠻行為。面對英國的輿論攻擊，華特在幾個月內完成專書，趕緊在 1907 年初在倫敦出版，駁斥批評。他特別指出在動亂中一位工務局職員在出差途中被土著殺害的事件。他質問在英國的批評者：[40]

　　叛徒班巴塔被斬首的方式引起議論紛紛，但對與我們血脈相連的自己人被以最殘忍、最恣意的辦法來屠殺殘害卻不置一詞，這真是令人驚訝。殖民地居民不由得這樣問：「親黑人人士（Negrophiles）是否知道一旦白人落入野蠻叛徒手中時，下場會是怎麼樣？」若然我們的敵人取得任何成功，我們只能驚震，不敢想像住在殖民地內各個偏僻農莊裏的兄弟姊妹，曾遭逢何等不幸。

　　他採取義正詞嚴、傲然自主的口氣，為他的平亂主帥麥堅時護航。他著書存照，舌戰英廷，可算是揚名立萬。他在 40 歲而立之年，事業達到巔峰，儼然是納塔爾白人的模範。

六、巔峰滑落：露出黃色（1908 年）

　　華特的專書在倫敦面世不久，他在納塔爾便要出席一個隆重典禮，歡迎新上任的總督。這位總督是從香港調任到來的彌敦爵士（Sir Matthew Nathan，1904 至 1907 年任香港總督，1907 至 1909 年任納塔爾總督）。華特和彌敦應該是素未謀面的，但彌敦剛自香港來，當知香港事。在離港前，他以港督身份主持華特母校皇仁書院的畢業典禮。他必定聽過有關華特的輝煌學業成績，亦必定會找華特的新書來細讀，為他自己在納塔爾的任務作準備。[41] 他和華特的背景相近：他們都具有猶太血統，同時均是工程師出身。但他們的世界觀，特別是對南非種族問題的看法，似乎相去甚遠，差異很大。彌敦出道初期，在殖民地防衛委員會任職的時候，曾經對南非祖魯族人大加讚許，認為他們是大英帝國中的最佳兵源。他的政治取態趨向自由主義，他願意和黑人土著握手。他在納塔爾剛上任，便接見迪尼祖魯大酋長的代表，承諾只要迪尼祖魯是積極為他的族人謀求幸福，和保持祖魯地區的和平安定，他便會為迪尼祖魯提供庇護。同時，他對平亂將領麥堅時提出批評，認為麥堅時嘗試以恐懼手法來鎮壓土著，是政府主要官員的「險惡謀士」。[42] 他支持種族隔離政策，認為不同種族可以各自發展，但他反對種族通婚，認為混血生育只會孕育出懦弱的後代，令白人社會退化。[43]

　　華特在納塔爾遇到彌敦，可說是道不同，不相為謀。他們看來是對頭人，難免互相碰撞。彌敦調任新職，主要是為年前的黑人叛亂事件善後，修補英廷和殖民地間的緊張關係，確保迪尼祖魯的安

全和忠誠，並推進建立南非聯邦的過程。但納塔爾殖民政府擁有自治權，立法局議員由選舉產生，行政局大部分議員也是民選而非委任。彌敦作為總督，缺乏實際權力，行事處處受阻。到了 1908 年中，他忍耐不住，寫信向母親訴苦，引用一位前任南非高級專員的名句：「直轄殖民地（Crown Colony）總督的地位非常有趣；問責政府殖民地（Responsible Government Colony）總督則不是正人君子可當的職位。」[44] 雖然民選議員並不聽命於他，但彌敦畢竟是公務員系統的首長，對付政府僱員他仍然是鞭長可及的。

彌敦在 1907 年 9 月就任納塔爾總督。他在位不到半年，納塔爾報章上便傳出政府工務局將面臨裁員的消息，矛頭直指局內兩位工程師：「政府內部正在考慮的方案是撤銷詹姆士（Jameson）和波士文（Bosman）兩位先生的職位，從而在緊縮開支政策下節省經費」。[45] 到了 1908 年 3 月初，裁員方案有了進一步發展：「中部地區工程師詹姆士先生已經接獲通知，告訴他的工作崗位將被取消。另外一位會被裁減的工程師波士文先生則仍未知道政府的確實意向為何。」[46] 工務局在所有政府部門之中，面臨的緊縮開支最為厲害，當地報章的解釋是：「這是自然的事，因為它完全是一個花錢而非賺錢的部門。」[47] 這樣的解釋，異常牽強，使人不禁想起工務局職員被祖魯族人殺害，以及華特出書駁斥英國輿論的事。這兩件事是否導致工務局被大刀闊斧裁員的主因？彌敦是否處於不是「正人君子可當」的職位上，作出清除華特的決定？

到了 9 月底，事態有意想不到的發展。美國的《紐約時報》刊登一則新聞，涉及一位香港鉅富，標題是「兩個妻子，將被遞解出境。多妻無害，荷蘭父親和華人母親所生的兒子這樣說」。這位香港鉅富的名字是「羅拔・何東・波士文（Robert Ho Tung Bosman）」，[48] 應該是華特長兄在前往美國所用護照上的名字。這則新聞在《紐約時報》刊登的日期是 1908 年 9 月 29 日，而消息來源是在 9 月 28

日從三藩市發出的。何東乘坐郵輪，帶同兩位妻子和三名子女從香港前往美國，在三藩市抵岸時，被入境官員發現他違反了美國禁止一夫多妻的法令。這事件引起美國和其他地方的廣泛報道，擾攘多時。《紐約時報》在報道何東的混血出身時，措詞還算謹慎，但到了美國南方一帶，輿論便不再收斂：「妻子過多，有錢混種中國佬（Chinaman）港口被拘留」；「一妻便夠，移民當局決定多妻百萬富豪中國佬必須遣回其中一個妻子」；「中國佬保留一個妻子，有錢東方佬的第二名妻子被遣回」。[49] 美國南部白人對混血兒的歧視，和當時南非白人的態度並無二致：就是何東生父是荷蘭裔，他本人也是一個「中國佬」。華特在納塔爾面對的情況，應該也會是一樣。何東用了生父的荷蘭姓氏「波士文」，這便無可避免把華特的混血身份暴露出來。在何東多妻的消息於 9 月 28 日以電訊發放的當天，納塔爾政府便用公函通知華特職位被撤。[50] 華特被迫提早退休，這時他正當盛年，只是 41 歲。

　　兩年後，在 1910 年，納塔爾政府和比鄰的其他三個殖民地和自治邦達成協議，合併成為南非聯邦。合併之後，納塔爾政府鐵路公司亦改組成為南非政府鐵路系統的一部分。自此，聯邦政府大力投資於鐵路建設，令這個交通網絡得以飛躍發展。華特是這個領域的專才，如果他仍任公職，應該可以盡展所長，但他沒有重拾政府職務。過了十年，他現身於南非聯邦議會一個專責委員會的聽證會，這個委員會負責審議收購私營鐵路公司的議案。華特和另外一位工程師被邀出席作證，他當時的職銜是夫里海德（納塔爾）鐵路煤鐵有限公司（The Vryheid (Natal) Railway, Coal and Iron Co. Ltd.）的業務經理。[51] 這間公司經營納塔爾境內最大煤礦的開採和運輸業務。[52] 華特轉入私營領域發展，事業看來相當成功。不久之後，他當上了經濟燃料供應有限公司（Economic Fuel & Supply Co. Ltd.）的董事總經理。[53]

到了 1930 年代初期，華特生活優悠，每年都從南非前往歐洲度假。出行之前，他都會寫信給他長兄何東，看看兩人會否有機會在歐洲碰頭。在其中一年，何東回信給華特，說他的兩個女兒艾齡和堯姿（Irene and Grace）都在歐洲度假。華特於是前往瑞士，跟他兩名姪女見面。這是他們第一次相逢，何艾齡這樣憶述見面的經過：[54]

> 初次見到六叔，他還能夠說大量中文，令我們印象甚為深刻。但在會面期間，他突然哮喘發作，我害怕得要死。幸好露易絲嬸嬸和他的女祕書在場照顧他，女祕書後來在嬸嬸去世後，成為他第二任妻子⋯⋯

七、跋涉遠征：第五漂（1937 年）

到了 1937 年，華特攜同妻子首度回港。他闊別香港五十多年，回來的時候，香港周邊戰雲密佈，日本大舉侵華，南京和上海相繼陷落，但香港幸而還是平安無事。華特回港之旅是一項壯舉，他告訴皇仁書院的師生說：「我們乘坐摩托車，曳着宿營拖車，走了不少於 18,200 里路，從西到東橫越了 18 個國家。」[55] 他為甚麼要這樣做呢？他年紀不輕，已經是 70 歲高齡，以這樣艱苦的方式由南非返回香港，應有深意。在他啟程的時候，南非正在籌備慶祝大跋涉百年的紀念活動，白人民族情緒高漲。其中一項主要活動，便是乘坐牛拖蓬車巡遊，重演當年波耳移民深入南非內陸的景況。另外一項便是復古裝扮：男的留長鬍子，模仿當年跋涉領袖的外貌；女的則穿上跋涉婦女服飾，以為紀念。華特回港用的便是現代蓬車，而他把跋涉長征的距離大大加長。他自己亦蓄鬚明志，留了一把和跋涉領袖相似的尖錐鬍子。他雖然沒有明言，但他在行動和外貌上，清楚

表達了他對波耳跋涉領袖的敬仰心情。

　　他在港期間，活動頻繁，其中有兩件事，值得一記。其一是他籌備出版他回港歷程的紀錄，書名《未知之地》（*Lands Unknown*），交由香港《孖剌西報》（*Hongkong Daily Press*）出版。《孖剌西報》請求當時香港總督羅富國爵士賜序。華特是用英文來寫這本書的，但羅富國卻用中文寫了一篇短序。短序是這樣說的：[56]

　　香港孖剌西報台鑒
　　　　波士文隊長之巨著，詞意新穎，兼有歷史性質，殊能引起壹般讀者之興趣，此書實為成功之作，而永鑴於讀者心坎中也，余謹馨香以祝之，順煩致謝
　　波士文隊長
　　　　　　　　　　　　　　　　　　　　　　羅富國書於香港督憲府
　　壹九三九年正月十二日

　　羅富國用中文作序，弦外之音是他清楚知道華特並非正宗白人，他已經把華特「起底」，而且也暗示殖民精英有悠長記憶，對華特在香港和南非的往績，並未淡忘。華特不置可否，把短序放在書的前面，刊印出來。但同時他亦在書末，引用莎士比亞《理查二世》（*Richard II*）歷史劇中的名句，宣示己志：[57]

　　　　一個人活在世上時所能拿出的最純潔的寶物
　　　　無過於是沒有疵瑕的美譽了；
　　　　沒有了美譽，人只是鍍金的糞壤，
　　　　粉飾的泥塊罷了……
　　　　我的榮譽即是我的生命，兩者同為一物；
　　　　取去了我的榮譽，我的生命也就此完結了。

　　那麼，我親愛的國王，容許我一試我的榮譽吧！
　　我為榮譽而生，我也願為榮譽而死。

　　籌備著作出版之外，華特在留港期間還辦了另外一件事。他向香港大學提議成立一項獎學金，以完他的心願。《南華早報》當時便有報道：[58]

　　波士文隊長的姓氏曾經一度響遍香港，並備受推崇。他離別香港 51 年後，首度重回。離港期間，他在南非建立起受人尊敬的工程師事業，首先在政府服務，然後投身於煤礦工業。他早年在皇仁書院接受教育，取得一項獎學金，令他能夠在倫敦進修，從而獲得專業資格……

　　波士文隊長對本殖民地給予他的教育機會，銘記於心。他在專業生涯中，接觸到不同種族和不同文明進程的人士，令他變成差不多是狂熱的鼓吹者，提議促進不同人種之間的互相了解，以建立和平的基礎……

　　和何甘棠先生商議過之後，他決定資助香港大學，成立他希望命名的「和平獎學金」（Peace Scholarship）。他返回南非之後，已經送來 3,000 英鎊，作為獎學金的首期，這是他預備捐贈總數的一半……

　　《南華早報》其後再作補充，說華特設立獎學金的構想，是以羅德獎學金（The Rhodes Scholarship）為藍本，而他的捐贈，亦是當時香港大學歷來收到最大的私人單項捐款。[59]但三年後日軍入侵，香港淪陷，大學停頓，「和平獎學金」亦隱沒無聞。

　　回到南非之後，華特着手寫下他最後一本英文著作，取名《貧窮演義》。這本書的時間設定在 1939 年 2 月的農曆新年，以「中國

方式敍述一個中國故事，刻畫中國人民所經歷的眾多貧窮階段」。[60]
它看來好像是《未知之地》的姊妹篇。後者記錄了華特從南非返回
香港跋涉長征之旅，而前者則是華特神遊中國的幻想行程。《貧窮
演義》運用意識流的筆觸，把中國神話、兒時經歷、歷史故事、
時事新聞，以及對抗日戰爭的樂觀預測，一一編織起來。書中人
物虛實並存，有愛爾蘭賭徒米高・墨菲（Michael Murphy）、珠女
美美（Mimi）、買辦何世福（Ho Sai Fook）、醫生何綺華（Eva Ho
Fook），亦有宋嘉樹（Robert James Soong）、蔣介石、宋美齡和孫中
山。書中對在中國軍方醫院服務的何綺華醫生大加讚賞：「她的本能觸
覺全然都是西式的，但她對洋人採取高高在上的態度以及輕視華人，
深為反感。」[61] 這可能亦是華特的夫子自道，吐露出他不齒與殖民精英
為伍的心聲。

　　而《貧窮演義》最獨特的地方，是它的敍事方式。它以偵探小
說形式出現，描述發生在香港的一宗謀殺案。死者是綽號「黑心」
（Black Heart）的愛爾蘭賭徒墨菲，疑凶是「慘被他蒙騙」的妻子
美美，而被邀查案的是「華人福爾摩斯」亞陳探長。亞陳探長無疑
是模仿當時流行的「陳查理傳奇」的主角。《陳查理傳奇》（Charlie
Chan）是一位美國作家用英文創作的華人偵探系列，後來拍成電
影，在 1930 年代紅極一時。電影中的陳查理探長初期由一位瑞典明
星奧蘭德扮演，是所謂的「黃面戲」，由白人扮作華人演出。華特在
南非時，可能已經看過這系列的小說或電影。就算沒有，他返抵香
港的時候，也剛好遇上陳查理電影熱潮。瑞典明星奧蘭德在 1936 年
訪問上海和香港，受到盛大歡迎。[62] 華特極可能受到啟發，因而借用
陳查理傳奇來敍述《貧窮演義》。有意無意之間，他亦代入了「黃面
戲」的模式，把他自己的身份認同矛盾顯示了出來。「黃面戲」和在
美國流行的「黑面戲」一樣，反映了當時西方社會種族樊籬的建立
過程：[63]

到美國之前，沒有人是白人。這個國家花了數代人的時間和大量強制力才成為一個白人國家……有英格蘭社區。有法蘭西社區。猶太人從他們還不是白人的國家來到這裏，他們之所以到這裏來，部分就是因為他們不是白人。……每個來到這裏的人，都要付出代價，這代價就是要成為「白人」。

為了將歐洲新來者從根本轉化成白種美國人，……大熔爐用種族扮演的方式，一方面推動自我身份的交換，同時也將那些不受歡迎的種族群體排除在外。

南非和美國一樣，通過類似的過程，塑造出白人、黑人、印度人和有色人種等類別。華特在爭取成為南非白人成員的時候，對這個歷程，多少總有所體會吧。在最後一本書中，華特首次神遊炮火連天的中華大地。他採取的視角，是黃面戲中的亞陳探長，黃面白心，以一個西化的心靈，尋找他影子母親美美在戰地中國的足跡。

到了 1942 年，他妻子露易絲去世。華特在當年續弦，娶葛蘭蒂絲·施泰恩（Gladys Steyn）為第二任太太。葛蘭蒂絲系出名門，父親是馬丁尼斯·施泰恩（Martinus Theunis Steyn），奧倫治自治邦的最後一任總統，曾經領導奧倫治軍隊在第二次波耳戰爭中對抗英廷。葛蘭蒂絲比華特年輕 23 歲。兩人有不少相似的地方：他們都擁有荷蘭血統；他們都是破格出眾，葛蘭蒂絲是南非首位女大律師，打破性別屏障；他們都各藏隱密，華特掩藏他的混血出身，而葛蘭蒂絲則隱藏她的同性戀情，兩者都是難容於當年的南非社會。[64]

結語：無後而終（1946 年）

日本在 1945 年宣佈投降，香港重光。那年底，英國駐港最高統帥夏慤將軍以軍艦從澳門把何東接載回港。翌年年中，香港政府舉

行儀式，結束軍事政權，重行民事統治。在交接儀式上，何東獲邀代表華人致辭，歡迎英國重新接管香港。[65] 作為香港首富，何東採取的競爭策略，「行人頭好過跟鬼尾」，在此時可說是發揮到了極致。

　　同年 10 月，華特在南非哮喘病發去世，享壽 79 歲，並無子女。他的續弦妻子葛蘭蒂絲用電報把這個消息告知何甘棠女兒謝何柏齡（Elizabeth Tse）。[66] 華特葬在南非德班市的白人墳場（Stellawood Cemetery），墓碑上刻有英皇欽定本《聖經》的句子：「那美好的仗，他已經打過了；當跑的賽程，他已經跑盡了；當守的信仰，他已經守住了。」（He fought a good fight, he finished his course, he kept the faith.）[67] 華特在天上，或許會寄語他的長兄何東，說自己不行人頭，亦不跟鬼尾。他或許也會寄語父親，說自己秉承波士文姓氏的本意，穿梭叢林，認祖歸宗。[68] 他應該會告訴他母親：「富貴非吾願，榮譽是余期。」

華特的墓誌銘
鳴謝：eGGSA–Branch of the Genealogical Society of South Africa

1　鄭宏泰、黃紹倫：《香港大老——何東》（香港：三聯書店，2007）。

2　Ho, E. P., *Tracing My Children's Lineage* (Hong Kong: Hong Kong Institute for the Humanities and Social Sciences, The University of Hong Kong, 2010), 8.

3　"Intrepid Travellers," *The North-China Herald and Supreme Court & Consular Gazette*, 20 September 1939, 516.

4　"Unique Gathering: Old Boys of Local School Honour Former Resident Captain Walter Bosman," *South China Morning Post* (*SCMP*), 16 February 1938, 10.

5　"Memories of Old Schooldays: Pupils of Government Central Meet Half a Century ago," *SCMP*, 21 January 1939, 10.

6　鄭宏泰、黃紹倫：《香港大老——何東》，頁 393。

7　Ho, E. P., *Tracing My Children's Lineage*, 150 & 154.

8　Ibid., 150.

9　Stokes, G., *Queen's College, 1862–1962* (Hong Kong: Queen's College, 1962), 28.

10　Bosman, W., *The Romance of Poverty* (Durban: Robinson, 1940), 35.

11　Stokes, G., *Queen's College, 1862–1962*, 45.

12　Ibid., 52–53.

13　這項獎學金持續了四屆，獲獎者分別是 Walter Bosman（1885）、G. F. Lobb（1889）、F. Southey（1891）及 G. A. Yvanovich（1893）。見 Ho, E. P., *Tracing My Children's Lineage*, 151。

14　*The Hongkong Government Gazette*, no. 444, 20 December 1884, 954.

15　"Letter to the Editor," *The Times*, 7 December 1936, 10.

16　Online search for "Walter Bosman" at MyHeritage.com, accessed 18 September 2020. Item in "England Births and Christening, 1538–1975," index no. 101258-6, system origin: England-EASy, GS file no.: 2145476, reference ID: item 8, p. 163.

17　參看 "Church of England Christening," *Cambridge Dictionary*。

18　"The Crystal Palace School of Practical Engineering," *The Times*, 9 August 1886, 6.

19　"Annual Report of the Head Master of the Government Central School for 1887. Presented to the Legislative Council, by command of His Excellency the Governor," *Hong Kong Sessional Papers 1888*, 109.

20　Ho, E. P., *Tracing My Children's Lineage*, 151–152.

21　"Address for Correspondence," *United Kingdom Parliament Hansard. House of Lords Hansard. Natal.* 23 July 1875, vol. 225, col. 1891.

22　Yap, M. & Man, D. L., *Colour, Confusion and Concessions: The History of the Chinese in South Africa* (Hong Kong: Hong Kong University Press, 1996), 176–177.

23　在鄰近的開普殖民地，自 1895 至 1945 年間，共有 94 名以波士文（Bosman）為姓的居民去世。參看 British 1820 Settlers to South Africa, "Transcriptions of Cape Civil Death Indices"，擷取自 https://www.1820settlers.com/genealogy/settlerbrowseccds.php?name=BOSMAN（瀏覽日期：2020 年 7 月 18 日）。

24　Mitchell, M., "The Natal old main railway line from Durban to Pietermaritzburg," *Civil Engineering* 25 (2017), 68.

25　Ibid.

26　Bosman, W., *The Romance of Poverty*, 23.

27　Ho, E. P., *Tracing My Children's Lineage*, 152.

28　Enclosure 7 in No. 73. Commission granted to Mr. Bosman, August 6, 1896. (Signed) Walter Hely-Hutchinson, Governor of Zululand, and Special Commissioner for Amatongaland. In *Affairs South of Zambesi, Further Correspondence Part XIV 1896*, July to December 1896, The National Archives (Kew, United Kingdom), 61.

29　Roque, A. C., "Turning the Maputo river into a borderline: Amathongaland and the definition of the south Mozambique border (19th–20th century)," *CesContexto-Debates*, 20 (2018), 18.

30　Ho, E. P., *Tracing My Children's Lineage*, 154–155.

31　Ibid., 50.

32　"Boer War," in *The Oxford English Reference Dictionary* (2nd ed., revised), ed. J. Pearsall and W. R. Trumble (Oxford: Oxford University Press, 2003), 159.

33　Ho, E. P., *Tracing My Children's Lineage*, 151.

34　Bosman, W., *The Natal Rebellion of 1906* (London: Longmans, Green, and Company, 1907), 1.

35　Ibid., v–vi.

36　Ibid., 168.

37　Ibid., 93–94.

38　Ibid., 92–93.

39　Ibid., 13–15.

40　Ibid., 133.

41　Stokes, G. & Stokes, J., *Queen's College: Its History 1862–1987* (Hong Kong: Queen's College Old Boys' Association, 1987), 264.

42　Dominy, G., "'Not a position for a gentleman': Sir Matthew Nathan as Colonial Administrator: From Cape Coast Castle to Dublin Castle via Natal," *The Journal of Imperial and Commonwealth History* 46, no. 1 (2018), 96, 101–102.

43　Hayden, A. P., *Sir Matthew Nathan: British Colonial Governor and Civil Servant* (St. Lucia, Queensland: University of Queensland Press, 1976), 141–142.

44　Ibid., 134.

45　"P.W.D. Retrenchment: Undecided Proposal," *The Natal Witness*, 31 January 1908, 5.

46　"P.W.D. Retrenchment," *The Natal Witness*, 2 March 1908, 5.

47　"P.W.D. Retrenchment," *The Natal Witness*, 7 March 1908, 13.

48　"Two Wives, to be Deported. Polygamy No Harm, Says Son of Dutch Father and Chinese Mother," *The New York Times*, 29 September 1908, 18.

49　*The Reporter-Times* (Indiana), 29 September 1908, 1; *Fort Smith Times* (Arkansas), 29 October 1908, 1; *The Gazette* (Iowa), 30 October 1908, 10.

50　Ho, E. P., *Tracing My Children's Lineage*, 153, 157.

51　"Reports of Select Committee S. C.," *South Africa. Parliament. House of Assembly*, 1920, 17.

52　"Vryheid Railway Progress," *Financial Times*, 9 August 1915, 2.

53　Ho, E. P., *Tracing My Children's Lineage*, 153.

54　Cheng, I., *Intercultural Reminiscences* (Hong Kong: David C. Lam Institute for East-West Studies, Hong Kong Baptist University, 1997), 25.

55　"Return to Hong Kong. Extracts from Captain Bosman's account of his overland journey from Europe, 1937," in *Queen's College: Its History 1862–1987*, G. Stokes & J. Stokes, 454.

56　Bosman, W., *Lands Unknown* (Hong Kong: Hongkong Daily Press, 1939).

57　Ibid., 112. 譯文見莎士比亞（虞爾昌譯）:《理查二世》（台北：世界書局，1996），頁 16。

58　"Peace Scholarships: Founded at University by Captain Bosman, Former Hongkong Boy," *SCMP*, 18 June 1938, 8.

59　"University Term: Peace Scholarships," *SCMP*, 8 September 1938, 7.

60　Bosman, W., *The Romance of Poverty*, 3.

61　Ibid., 85.

62　黃運特（劉大先譯）:《陳查理傳奇：一個中國偵探在美國》（香港：香港中文大學出版社，2013），頁 279。

63　同上，頁 214。

64　有關葛蘭蒂絲的同性戀情，見 Viljoen, L., "Nationalism, gender and sexuality in the autobiographical writing of two Afrikaner women," *Social Dynamics* 34, no. 2 (2008), 192–193。她的生平簡介，見 "Walking a mile in her shoes" – A virtual exhibition, National Museum, Bloemfontein, 31 July 2020。https://nationalmuseumpublications.co.za/exhibition-news-walking-a-mile-in-her-shoes-a-virtual-exhibition/（瀏覽日期：2020 年 7 月 18 日）。

65　鄭宏泰、黃紹倫：《政商兩和——何東》（香港：三聯書店，2013），頁 252–253。

66　Ho, E. P., *Tracing My Children's Lineage*, 148–149.

67　eGGSA Library, "BOSMAN Walter – 1946," accessed 5 September 2020. https://www.graves-at-eggsa.org/main.php?g2_itemId=3021970

68　波士文（Bosman）是一個荷蘭及南非荷蘭裔人的姓氏，原本的意思是「在樹林中生活或工作的人」。見 "Bosman," in *Database of Surnames in The Netherlands*。https://www.cbgfamilienamen.nl/nfb/detail_naam.php?gba_naam=Bosman&nfd_naam=Bosman&info=analyse+en+verklaring&operator=eq&taal=eng（瀏覽日期：2020 年 7 月 18 日）。

新世界中心與
鄭裕彤的地產事業

王惠玲

前言

1971 年 12 月 3 日，一個在美麗華酒店舉行的記者會中，鄭裕彤向新聞界説明洽購藍煙囪貨倉碼頭的經過：

> （洽購進程）可追溯至 1970 年，當時（我們）原擬購入中間道停車場側旁的尖沙咀地王，由於一個外國集團的競投，且出更高價錢，我們決定讓步，由該集團購入該幅三萬方呎的地段。其後，經本公司及專家實地考察，認為藍烟囪地段，濱海向南，可稱地王之王，更適宜發展，於是在半年前寫信給藍烟囪的倫敦總公司接洽，該公司委託太古公司洽商，雙方終於達成協議，於 12 月 2 日晚上在本港簽約，以 1 億 3 千 1 百萬元購入該地段。我們認為能夠購得這幅地段，是好幸運，而且好意外。[1]

記者會由香島發展有限公司召開，該公司出鄭裕彤及楊志雲專為收購藍煙囪貨倉碼頭（簡稱「藍煙囪」）地皮而設立。楊志雲是景

福珠寶行及美麗華酒店的創辦人，而鄭裕彤是周大福珠寶金行有限公司董事長，兩位來自珠寶界的商人，在地產方面一直是緊密合作的夥伴，兩人亦是新世界發展有限公司的創辦人，收購藍煙囪地皮正是新世界發展一項重大的投資活動。

記者會中談及的「藍煙囪地段」位於九龍半島最南面的海濱位置，即訊號山對落的臨海地段。這貨倉碼頭於 1910 年興建，碼頭原名 Holt's Wharf，專供英國的海洋輪船公司（The Ocean Steam Ship Company）旗下的輪船使用，因輪船的煙囪髹上醒目的藍色，香港市民稱 Holt's Wharf 為「藍煙囪貨倉碼頭」。[2] 1970 年，海洋輪

1971 年，尖沙咀的藍煙囪貨倉碼頭。
鳴謝：香港大學圖書館，圖片登錄號碼：P2007.0264

船公司打算出售藍煙囪貨倉碼頭連地皮，由太古洋行代理洽商，結果由鄭裕彤牽頭的地產集團以 1.31 億港元購入，[3] 並於 1978 年完成第一期建築工程，新建築群命名為「新世界中心」。

鄭裕彤是香港本地華人地產商，1971 年底從英資集團手上購入貨倉碼頭地皮，興建由華資地產集團全資擁有的新地標建築，可說是 20 世紀香港一項極具標誌性的舉措。從地理景觀而言，已有 60 年歷史的貨倉碼頭轉型為新型酒店及商業中心；從商業景觀而言，地皮易手標誌着香港船運業的式微，被旅遊、酒店及服務業所取代；從文化景觀而言，這項收購代表着華資商人進駐這個向來由英資商人主導的地域。鄭裕彤收購藍煙囪地皮之際，新世界發展有限公司正在醞釀上市集資，預示香港地產業踏入新的里程，包括華資地產商的崛起和他們對香港影響力的提升。

本文將由一個地點的景觀變遷，談到一個人物故事，以至 20 世紀香港地產史其中一個篇章。

一、尖沙咀海濱景觀變遷

尖沙咀位於九龍半島最南端，是九龍半島最早開發的地區。[4] 英國佔領九龍半島後，基於尖沙咀的軍事戰略位置，最先的發展是軍事用途：英軍在尖沙咀興建了軍營、炮台、船塢、駐紮及習射的場地。[5] 至 1880 年代殖民地政府才擴大尖沙咀的填海工程，[6] 以及鋪設多條街道，[7] 尖沙咀的街道格局早於 1880 年代便已大致形成，至今變化不大。[8]19 世紀尖沙咀海濱最主要的發展，是在廣東道海旁興建的「香港九龍碼頭及貨倉有限公司」（簡稱「九龍倉」），[9] 並在靠近官涌一段的海濱用作海軍船塢（俗稱「水師塘」）。[10]20 世紀初的主要發展是繼續填海以增加土地，用來興建九廣鐵路及所需的輔助設施（如維修站、倉庫等），[11]1911 年鐵路通車，乘客和貨物可自尖沙咀經新

界到達內地。1916 年，鐵路的九龍總站連鐘樓建成及啟用。20 世紀初海濱另一發展，是於 1910 年藍煙囱貨倉碼頭落成。香港其中兩個貨倉碼頭都位於尖沙咀，使 19 世紀至戰後的尖沙咀海濱，猶如貨物裝卸、倉庫及轉運中心，支援香港的轉口貿易活動。這景觀直至 1960 年代才開始出現變化。

香港自開埠以來，利用維多利亞港水深港闊的優勢，迅速成為遠東地區重要的轉口港，貨倉碼頭業乘勢而起，香港兩個最早期的貨倉碼頭均設於尖沙咀。[12]1881 年，來自印度加爾各答的商人保羅・遮打，買入廣東道一帶海旁地段。1886 年，遮打與英資渣甸洋行合作創辦九龍倉，它一直是香港最大的貨倉碼頭，即使在潮退時，全部十個碼頭都可同時容納來自世界各地的遠洋貨輪。[13]1910 年建成的藍煙囱貨倉碼頭亦是英資公司的產業，規模雖不及九龍倉，但因只供藍煙囱輪船使用，可謂別具特色。[14]兩個貨倉碼頭都毗鄰九廣鐵路九龍總站，方便把貨物轉運至中國內地，相對位於港島區的貨倉碼頭，有地利之便，故此尖沙咀海濱曾是香港轉口貿易和航運業的重要基地。

九龍倉於 1960 至 1970 年代間陸續清拆，分別重建為海運大廈（1966 年開幕）、星光行（1967 年落成）、海洋中心（1977 年落成）、海威商場及服務式住宅（1980 年代落成），九龍倉將之綜合稱為「海港城購物區」（星光行除外），[15]貨倉碼頭被酒店、消閒購物及商業中心所取代。[16]至於藍煙囱貨倉碼頭亦於 1970 年代末至 1980 年代初，完成興建為酒店及商業服務建築群。兩個貨倉碼頭的消失標誌着香港船運業的式微，貨倉碼頭業被新興的貨櫃業及空運業所取代，尖沙咀海濱由船運中心轉型為酒店、服務業及商業中心，反映了香港經濟轉型的趨勢。

這番地理及商業景觀變化的背後，還隱約牽動着文化身份景觀的變動。九龍倉和天星碼頭都由英資渣甸洋行持股，九龍倉的創辦

左：1960 年的尖沙咀。圖中左下方是九龍倉碼頭及貨倉設施；右下方是天星碼頭及巴士總站，天星碼頭緊接九廣鐵路九龍總站，火車站鐘樓豎立於尖沙咀西南角海濱；圖片右側是藍煙囪貨倉碼頭，圖中的通衢大道是梳士巴利道，馬路左側有半島酒店，右側是鐵路路軌。

鳴謝：航空照片版權屬於香港特區政府，經地政總署准許複印，版權特許編號 28/2021

下：2011 年，矗立於尖沙咀東南面海濱的新世界中心。

鳴謝：航空照片版權屬於香港特區政府，經地政總署准許複印，版權特許編號 28/2021

人遮打是來自印度的商人，[17] 天星小輪的創辦人是印度巴斯商人，[18] 兩者都與英資洋行有密切關係；藍煙囪碼頭原由英國的輪船公司擁有、英資太古洋行管理，加上殖民地政府興建的火車總站，戰前尖沙咀海濱是由非華裔富商（尤其英資公司）主導的船運及交通樞紐。1960 年代九龍倉陸續將貨倉改建為海港城的過程中，本地華資地產商霍英東及中建企業的許世勳都曾提交發展方案，結果由霍英東帶頭的九龍置業公司投得地段並發展成星光行，而與許世勳的洽談並不成功，[19] 故海港城商業建築群仍然是九龍倉的產業。鄭裕彤成功洽購原屬英資的藍煙囪地皮，是霍英東集團以外，另一個華資地產商參與尖沙咀海濱的重建和發展。

1970 年代初，香港地產業正醞釀重大變革。香港的地產業自 19 世紀由英資公司壟斷，戰前雖有華資地產公司，但財力遠不及英資地產商；[20] 1970 年代，新興華資地產商崛起並上市集資，使本地華資地產商的業務在質和量方面都大幅升級。[21] 鄭裕彤發起的新世界發展有限公司，於 1970 年註冊成立，1972 年上市，1978 年新世界中心第一期工程落成時，公司市值在上市企業中排行第九，在華資上市企業中佔首位。[22]

以下讓我們回顧鄭裕彤地產事業的發展歷程，藉以了解戰後香港地產業歷史其中一章。

二、在地產業起步

鄭裕彤於 1925 年在廣東順德出生，1938 年在日本侵華戰火下，到澳門投靠父親的摯友、周大福金舖創辦人周至元，加入周大福金舖由後生做起。鄭裕彤發跡後經常不諱言自己是由低層起家的，由倒痰罐、抹地、斟茶遞水開始，逐步學習從商之道，是一個白手興家的傳奇故事。戰後不久，鄭裕彤被派到香港，負責為周大

1947 年的中環皇后大道中，背景中央可見「周大福金舖」招牌。1946 年初周大福金舖重新啟業，設在皇后大道中 148B 號，由鄭裕彤擔任司理。皇后大道中是香港金飾業的集中地，1947 年皇后大道中 146-150 號連續有四間金舖：雙喜月、周大福、新生、大德；約兩年後祐昌百貨改設為祐昌金舖。

鳴謝：高添強

福的香港分店重新啟業，正式踏上了從商之路，除打理周大福金舖的生意外，還涉足鑽石買賣，做所謂「行家生意」，即是從批發行買入一批鑽石，再向金飾珠寶店推銷，分拆出售。鄭裕彤從事鑽石買賣對他的事業發揮了重要影響，在門店售賣珠寶鑽石首飾使周大福擺脫傳統金舖的形象，在業內聲名鵲起；1961 年，他完成周大福內部股份轉讓後，以有限公司形式重新註冊，公司易名為「周大福珠寶金行有限公司」，旗下的門市分店設計和櫥窗內展示的首飾，均以摩登新穎的形象登場。[23]

鄭裕彤在行家之間推銷鑽石，同時是他廣結商界人脈及資訊網

絡的機會，這可見證於他早期的地產買賣活動。約於 1950 年代中，鄭裕彤與一班投資者合夥興建位於跑馬地成和道及冬青道的藍塘別墅。根據萬雅珠寶有限公司創辦人兼董事長、前新世界發展有限公司執行董事冼為堅的憶述，這班合夥人全是珠寶業界的朋友，其中一位是劉紹源，他的背景是珠寶銷售員（俗稱「行街」），因為熟悉珠寶鑑別和買賣，鄭裕彤與他合作於周大福金舖內設置珠寶飾櫃；另一位合夥人是雙喜月金舖東主胡有枝。當時一班合夥人在跑馬地投資興建藍塘別墅，落成後賣出單位，依股權分享利潤。[24] 差不多同一時間，鄭裕彤亦參與合夥投資興建位於銅鑼灣的香港大廈，大廈原址是警察宿舍，由興雲置業投得重建權。興雲置業的董事包括景福珠寶行的楊志雲、大新銀行的馬錦燦及地產商人霍英東，據報道該次投標是由澳門商人何鴻燊牽頭的，從這次合夥投資可見鄭裕彤的人脈網絡正逐漸擴大。[25]

香港戰後至 1970 年代初人口急遽增長，但房屋供應遠追不上需求，直至港督麥理浩於 1972 年公佈十年建屋計劃，香港才開始有房屋規劃的政策。[26] 因此，戰後至 1960 年代的房屋供應主要依賴私營市場，龐大需要令樓市日益熾熱，吸引大量資金流入。新的售樓措施亦促進了地產市場蓬勃發展，包括分層出售和分期付款，[27] 這些措施提升了買家的購買能力，吸引了各行各業有閒餘資金的商人參與投資興建樓宇。

三、1960 年代的地產業務

1950 年代，鄭裕彤以金飾珠寶商人的身份參與地產建設，相信那時他對地產市場開始產生興趣。根據香港地產建設商會 1966 年第一份會員名錄，周大福珠寶金行及鄭裕彤分別是商會的企業會員和個人會員，可見到 1960 年代中，他已決心全力晉身地產界。[28]

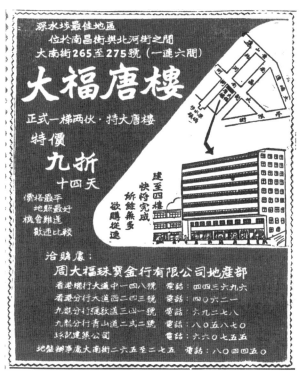

大福唐樓的樓花預售廣告。刊於《華僑日報》，1961 年 10 月 15 日。
鳴謝：南華早報出版有限公司

　　回顧 1960 年代初，鄭裕彤在周大福珠寶金行內設立地產部。[29]
轄下第一個建築項目是 1961 至 1962 年間建成的「大福唐樓」，從報
章上刊登的售樓廣告所見，大福唐樓是位於深水埗大南街 265-275
號一連六座樓宇，推售時已建至四樓，即以預售樓花方式出售。圖
則設計是樓高九層的住宅，建築工程進度至一半時開始預售樓花。
這項投資以鄭裕彤主導，冼為堅是佔份較細的股東。根據冼為堅的
憶述，鄭裕彤投資地產必定以真金白銀支付地價，有時是自資，有
時是合資，另外只需投入第一筆資金啟動工程，利用預售樓花的方

法吸納餘下資金，這樣便毋須以借貸方式完成工程。冼為堅認同鄭裕彤這種較穩健的投資方式，所以自大福唐樓以來，兩人一直是合作無間的夥伴。

然而，不少地產業的投資者以投機方式參與地產，加入地產業的商人並非都有充足資金，不少人以借貸方式解決問題，市場上有人經營抵押放款以賺取高息利潤，[30] 銀行亦積極將銀行資金投入地產市場，為 1965 年的銀行危機埋下伏線，對地產業造成負面衝擊。事實上，踏入 1960 年代，香港的地產市道經歷大起大跌的波折。1958至 1960 年是私營建屋量的高峰期，龐大住屋需求下樓價上升；1963年的建屋量再創高峰，這時市況卻轉趨疲弱，主要原因是樓價升幅太急，已脫離一般市民的購買能力，致使 1963 年以後的空置單位佔新建單位的比例持續上升，1967／1968 年度的空置單位數量甚至超越新建單位數量：

私營新建住宅數目及空置單位狀況（1957–1976）

年度	新建住宅單位[1]	空置單位[2]*	空置單位佔新建單位百分比（%）
1957/1958	5,871	1,150	19.6
1958/1959	12,282	3,708	30.2
1959/1960	11,129	3,697	33.2
1960/1961	7,860	1,777	22.6
1961/1962	8,244	2,330	28.3
1962/1963	11,294	3,483	30.8
1963/1964	20,861	8,055	38.6
1964/1965	29,326	11,455	39.1
1965/1966	29,161	18,510	63.5

（續上表）

年度	新建住宅單位[1]	空置單位[2]*	空置單位佔新建單位 百分比（%）
1966/1967	25,864	16,389	63.4
1967/1968	14,227	14,496	101.9
1968/1969	8,817	7,282	82.6
1969	7,618	1,085	14.2
1970	11,140	3,453	31.0
1971	12,242	4,203	34.3
1972	22,045	5,475	24.8
1973	25,565	7,680	30.0
1974	20,765	7,785	37.5
1975	14,530	4,045	27.8
1976	15,425	3,915	25.4

資料來源：

1. 1957–1969 年新建數字：*Hong Kong Annual Departmental Report by the Commissioner of Rating and Valuation for the Financial Year 1968–69*, Table XIV, 7；1969–1971 年新建單位數字：Rating and Valuation Department, Hong Kong, *Property Review* (Hong Kong: Government Printer, corresponding years)；1969 年：*Property Review 1970*, Table V；1970 年：*Property Review 1971*, Table IV；1971 年：*Property Review 1972*, Table IV; 1972–1976 年：*Property Review 1977*, Table 3。

2. 1957–1965 年空置數字："Review of Unoccupied Premises", Commissioner of Rating and Valuation, *Annual Departmental Reports 1964–65*, Appendix 1, paragraph 18, pp. 41–42；1965–1968 年空置數字："Review of Unoccupied Premises 1968", Commissioner of Rating and Valuation, *Annual Departmental Reports 1967–68*, Appendix, paragraph 8, p. 41, and Table XIV, p. 69；1968–1969 年空置數字："Review of Unoccupied Premises 1969", Commissioner of Rating and Valuation, *Annual Departmental Reports 1968–69*, Appendix, paragraph 8, p. 45, and Table XIV, p. 72；1969–1976 年空置數字：Rating and Valuation Department, Hong Kong, *Property Review* (Hong Kong: Government Printer, corresponding years)；1969 年：*Property Review 1970*, Table V；1970 年：*Property Review 1971*, Table IV；1971 年：*Property Review 1972*, Table IV; 1972–1976 年：*Property Review 1977*, Table 11。

* 1957/1958 至 1965/1966 各年份均由上年 4 月 1 日計算至是年 3 月 31 日；1966/1967 至 1971 各年份是以該年的下一年 1 月狀況計算，反映是年新建單位至下年 1 月仍空置的狀況；1972 至 1976 各年是由該年 1 月計算至 12 月。

　　1965 至 1967 年間，香港地產市道慘淡、銀行擠提及倒閉，[31]
加上 1966 和 1967 年的社會動亂，[32]不少地產投資者損失慘重。作
風穩健的鄭裕彤卻絲毫無損，正如他所描述：「我開始做地產時，
只是收購幾幢舊樓，重建後便賣掉，賺到錢便再繼續。」[33]其實當時
鄭裕彤正更有系統地參與地產投資，除了設立周大福地產部，他於
1961 年成立了協興建築有限公司。協興的誕生與藍塘別墅和大福唐
樓有關，鄭裕彤從藍塘別墅項目結識了建築工程承判商甄球，大福
唐樓的建造工程是由甄球的球記建築公司承接的，大福唐樓工程完
成後，鄭裕彤明白到成立自家的建築公司對他在地產業持續發展非
常重要，因為這樣便毋須受到外判商的制肘，可以更準確地估算成
本，控制完工程序，及保證建造質素。事實上，協興對鄭裕彤在地
產發展方面的確作出了重要的貢獻，1973 年協興被併入新世界發展

左起：黎振、冼為堅、楊志雲、鄭裕彤、甄球。鄭裕彤、冼為堅、甄球是
協興的創辦人，由甄球擔任總經理；楊志雲是大業的創辦人，黎振是大業
的總經理。新世界發展上市時，協興及大業均被納入為旗下附屬公司。
鳴謝：冼為堅

旗下為附屬公司，承接更多具挑戰性的建造工程。[34]

　　1960 年代鄭裕彤投資的地產項目種類已見多樣化，有唐樓、工業大廈、高級住宅樓宇及商業中心的寫字樓，分佈港九不同地區。[35]據周大福地產部的舊員工所述，自 1967 年起地產部工作曾經停頓了一年多，重新啟動後第一個項目是興建紅磡寶石戲院大廈，當時有人將寶其利街的業權轉讓予鄭裕彤，鄭裕彤接手後將之重建為兩座商住樓宇。[36]當時香港的地產市道尚未完全恢復，1969 年的建屋量遠未及 1967 年以前的水平，從以下「1960 年代鄭裕彤投資的地產項目」一表所見，當時鄭裕彤對香港樓市抱有信心，未幾更收購藍煙囪地皮。

1960 年代鄭裕彤投資的地產項目

物業名稱	地區	樓宇類型	建成或入伙年份
藍塘別墅	跑馬地成和道	8 座別墅式低密度住宅	1960
大福唐樓	深水埗大南街	6 座唐樓	1961
駱克大樓	灣仔駱克道	2 座住宅樓宇	1963
芝蘭閣	港島大坑道	1 座住宅樓宇	1965
萬年大廈	中環皇后大道中	1 座商業大樓	1965
香港大廈	銅鑼灣怡和街	1 座商住大廈	1966
玫瑰新邨	跑馬地司徒拔道	6 座住宅樓宇	1966
熙信大廈	灣仔軒尼詩道	1 座商業大樓	1969
寶石戲院大廈	紅磡寶其利街	2 座商住樓宇	1970
瑞士花園	港島大坑道	2 座住宅樓宇	1971
大志工廠大廈	大角咀角祥街	1 座工廠大廈	1971

資料來源：
建成或入伙年份、樓宇類型及數目，參考中原地產及美聯物業網上查冊資料、協興建築有限公司網站。[37]

　　1960 年代鄭裕彤在地產界的活動，業務組織上是由周大福地產部及協興建築執行，他同時透過一個緊密的夥伴圈子作為決策班底，這個圈子由三個重要人物組成──鄭裕彤、楊志雲、冼為堅，[38] 三人都是來自珠寶業：楊志雲是景福珠寶行的創辦人，而冼為堅原為鑽石批發商大行珠寶行的職員，及後創辦了萬雅珠寶有限公司。鄭裕彤和冼為堅曾合作投資藍塘別塘和大福唐樓，楊志雲和鄭裕彤在合夥投資興建香港大廈時已有合作關係，楊志雲亦自設地產和建築公司──志恒置業、楊志誠置業及大業建築。三人幾乎每天都在中環皇后大道中的金城茶樓「飲早茶」，邊茗茶邊暢談市道和生意，不少重大決定都是在飲茶時拍板定案的，包括計劃購入藍煙囪地皮。

四、興建新世界中心

　　收購藍煙囪地皮並非純粹商業行為，除價高者得外，買方還要與政府斟酌買地條件：政府的要求是發展商必須在土地上興建富有特色的地標式建築，發展方案必須獲政府接納方可完成土地轉讓。發展方案擬定過程中，市場不斷流傳各種訊息，例如藍煙囪將「會成為一個古色古香的『中國城』」、「發展成一座中國古城模樣的酒店」等。[39] 最後，香島發展憑美國著名建築事務所 Skidmore, Owings & Merrill 的設計勝出，並獲得政府同意，最後以 1.31 億港元買入地皮。成功洽購的消息傳出後，因為該地皮被視為尖沙咀「地王之王」，立即轟動全城。[40] 前周大福執行董事何伯陶憶述，藍煙囪放盤的消息早於 1969 年已經放出，當時鄭裕彤在地產界尚未算是首屈一指的人物；再者，香港在 1966 年和 1967 年的社會動亂後，政治和經濟剛在復甦中，鄭裕彤決定從英資公司手上收購尖沙咀地皮，可謂大膽之作。

　　新世界中心整個建築群於 1982 年完成，是鄭裕彤其中一個引以為傲的作品。藍煙囪原來的面積有 199,607 平方呎，洽購時鄭裕彤

向政府要求增加撥地，結果，地皮轉讓的協議包括了由政府多批出
20 萬平方呎，[41] 部分建築——麗晶酒店——更是建在水中椿柱上的。
當時啟德機場位於九龍城，尖沙咀的樓高受到限制，無法向高空發
展，所以建築設計以宏偉為特色。[42]

五、創立新世界發展有限公司

鄭裕彤在洽談收購藍煙囪地皮時，亦正在洽商收購持有碧瑤灣
地皮的高雲公司股權。這幅地皮位於薄扶林鋼線灣，鄭裕彤收購後
發展成碧瑤灣屋苑。地皮原屬於天主教伯大尼修院，約於 1960 年代
初，由高雲有限公司買入。高雲公司的股東包括大行珠寶行東主蕭
健勤家族，及較早時為興建玫瑰新邨而組成的大地置業有限公司。
大地的股東主要有何鴻燊、何添、胡漢輝、郭得勝、利國偉、胡俸
枝等，鄭裕彤以周大福珠寶公司名義佔股 2.5%。從大地置業的股東
組合可見，鄭裕彤在地產界的人脈進一步擴展，尤其恒生銀行的人
脈——何添和利國偉。[43] 鄭裕彤成立新世界發展後，以股換股的方
式，使碧瑤灣地皮成為新世界發展一項重要的資產。

鄭裕彤和楊志雲共同創立的新世界發展有限公司，於 1970 年 5 月
29 日註冊成立，1972 年在遠東交易所上市，招股書上這樣介紹公司
成立的目的：

> 新世界發展有限公司於 1970 年由楊志雲及鄭裕彤創立，兩人希
> 望將其許多個人的地產投資和開發項目合併為一家控股公司；這家
> 公司的主要目的是收購一流的出租物業，並開發主要的住宅和商業
> 用地的銷售和投資。[44]

鄭裕彤、楊志雲和冼為堅這個三人組在 1960 年代參與了多項地

產投資，有些物業已開始有租金收益。據冼為堅的憶述，較突出的有熙信大廈、萬年大廈；另外，碧瑤灣地皮及藍煙囱地皮正等待鉅額資金進行開發。設立新的公司集團，不獨將三人合作的地產項目整合起來，還讓其他生意夥伴以新世界發展為平台得以整合，並且透過上市吸納更多資金，使地產業務持續地擴張。

　　新世界發展於 1972 年 11 月 6 至 14 日公開招股，當時旗下已經有 12 間附屬公司，分別持有多個物業及可發展的土地（見「1972 年新世界發展上市時作出租用途的物業」一表），同樣以股換股方式使新世界發展成為控股公司。[45]

1972 年新世界發展上市時作出租用途的物業（由高至低估值排序）

公司名稱	成立日期（年/月/日）	所持資產	所在地點	估值（港元）	每年租金收入（港元）
香島發展	1971-07-23	藍煙囱地皮	尖沙咀	135,000,000	85,000,000
新世界發展	1970-05-29	熙信大廈	灣仔軒尼詩道	105,000,000	9,414,000
建僑企業	1961-03-14	萬年大廈	中環皇后大道中	58,000,000	4,800,000
浩成投資	1969-04-11	好望角大廈地庫及兩層寫字樓	旺角彌敦道／山東街	19,000,000	1,740,000
儉德	1961-03-15	儉德大廈	油麻地彌敦道	16,000,000	1,680,000
新世界發展	1970-05-29	皇后中心	中環皇后大道中	16,000,000	1,752,000
全美	1967-07-06	寶石戲院大廈	紅磡明安街	4,440,000	444,000
全美	1967-07-06	柴灣戲院物業	柴灣環翠道	4,100,000	420,000

（續上表）

公司名稱	成立日期 （年／月／日）	所持資產	所在地點	估值 （港元）	每年租金 收入（港元）
隆基置業	1962-10-20	觀塘戲院物業	觀塘通明街	3,000,000	528,000
九龍投資	1970-03-03	萬年戲院	慈雲山毓華街	3,000,000	300,000
新世界發展	1970-05-29	好望角大廈商舖	旺角彌敦道／山東街	2,500,000	227,400

資料來源：New World Development Company Limited, *Prospectus*, 13–14.

1972 年新世界發展上市時作發展用途的物業
（由高至低估計稅前收入排序）

公司名稱	成立日期 （年／月／日）	發展項目	所在地點	可建樓面 面積（平方呎）	估計稅前 收入（港元）
高雲	1971-07-23	碧瑤灣	薄扶林農地	2,400,000	210,000,000
恒景企業	1970-07-24	安定大廈	馬頭角落山道	481,000	25,000,000
九龍投資	1970-03-03	萬興大廈	中環皇后大道中	38,068	9,230,000
好時投資	1969-09-11	寶峰園	北角英皇道	298,293	8,732,000
福信企業	1970-05-05	五福大廈	堅尼地城新海旁	227,335	7,448,000
恒景企業	1970-07-24	在筲箕灣的樓宇	筲箕灣東大街	139,200	6,800,000
九龍投資	1970-03-03	萬年戲院大廈	慈雲山毓華街	161,453	3,000,000

資料來源：New World Development Company Limited, *Prospectus*, 13–14.

　　招股書列出新世界發展的資產總值合共有 4.96 億港元，[46] 藍煙囪

1973 年，新世界發展有限公司董事會全體董事合照。
鳴謝：冼為堅

地皮和碧瑤灣地皮的經濟價值對於新世界發展是非常重要的：前者的估值是 1.35 億，後者的估計稅前收入是 2.1 億港元，兩個項目佔新世界發展的總資產值約 70%。新世界發展發行 9,675 萬股，每股面值 1 港元，發售價 2 港元，目標總集資額 1.935 億港元，預算向市場集資 0.774 億港元。上市後三個月內，市場反應非常熱烈，股價由 2 元一路飆升至 19.8 元。[47]

　　新世界發展的股票受到股民熱捧，與其所展現的實力有莫大關係，如上所述，公司具有雄厚資產，使股民抱有信心。另外，公司的人脈形象亦非常關鍵。新世界發展的始創人和主要持股人是鄭裕彤和楊志雲，鄭裕彤以周大福企業有限公司的名義持股 22.55%，楊

志雲以楊志誠置業有限公司名義持股 14.2%，然而，兩位創辦人邀請持股只有 0.07% 的何善衡擔任董事局主席（家族公司另持有 12.3% 股權）。何善衡是恒生銀行主席，憑其在商界的崇高地位，使新世界發展建立穩健的形象。其他主要股東暨董事包括梁潤昌（佔股 2.37%）、簡悅強（0.13%）、鄧肇堅（0.15%）、利國偉（0.26%）、何添（1.31%）、郭得勝（0.46%）、冼為堅（0.05%）等。[48] 這些具社會知名度的股東兼董事雖然佔股不多，但卻使股民對新世界發展充滿信心。[49]

結語：地產大王的成長故事

鄭裕彤的地產事業，從 1950 年代小試牛刀，1960 年代決意投身，至 1970 年代創立新世界發展而開始騰飛，地產及酒店業務由香港拓展至澳門、中國內地及海外。新世界中心落成後，鄭裕彤在一水之隔的灣仔對岸，興建了另一個地標建築——香港會議展覽中心，兩個建築矗立於維港兩岸，猶如海港的守門大將。香港會展第一期和第二期工程，均由協興建築承接，兩次工程都經由當時的香港貿易發展局主席向鄭裕彤發出邀請，第一期是在鄧蓮如邀請下投標建造，第二期是在馮國經邀請下接手完成工程，會展第二期更是香港 1997 年主權移交儀式的典禮場地。[50]

新世界中心和會展兩個項目都在香港政治氣氛欠佳的背景下，鄭裕彤憑着對香港前景的信心而作出之大膽決定，故坊間對他有「沙膽彤」的謔稱，實情是他經過細心計算成本和回報，以企業家特有的冒險精神所作出的承諾；而貿發局向鄭裕彤發出邀請，亦反映他在地產界的良好信譽和承擔能力。

這是一個有關尖沙咀海濱景觀變遷及香港地產業蓬勃發展下，一位本地華資地產商的成功故事。

圖中下方三座建築（包括最高的一座、它左邊一座相連建築及建在水上的棕色建築）是新世界中心原址，現已重建為新地標——Victoria Dockside。[51] 鄭裕彤於 2016 年逝世，新世界發展集團由第二及第三代家族成員接手，改建的新建築群仍包括酒店、商場、辦公室及服務式住宅。重建工程中，新世界發展參與提升及改善周邊的設施，尤其梳士巴利公園、星光大道和部分尖沙咀海濱走廊等。海濱走廊前面的棕色建築是昔日的麗晶酒店，可見整座酒店建於水上。
鳴謝：新世界發展有限公司

鳴謝：本文有關鄭裕彤及新世界發展的內容，是基於《鄭裕彤傳——勤、誠、義的人生實踐》一書的研究所得而撰寫的，部分原創觀點來自莫健偉博士。部分圖片的授權工作得到鄭家成先生、鄭宏泰博士及李明珠女士的協助和支持。謹此致謝。

注 釋

1　〈尖沙嘴「地王」發展計劃透露〉,《星島日報》, 1971 年 12 月 4 日。

2　藍煙囪貨倉碼頭於 1910 年由海洋輪船公司投資興建,太古洋行是其代理人。海洋輪船公司由 Alfred Holt 於 1865 年在英國利浦創立,因旗下輪船的藍色煙囪別具特色,故被稱為「藍煙囪輪船公司」,藍煙囪遠洋貨輪行走全世界,包括中國內地。太古洋行由同樣來自英國利物浦的約翰・森姆爾・施懷雅(John Samuel Swire)在上海創立,創立後立即獲得藍煙囪輪船公司在遠東的代理權,兩間公司在遠東的航運業上一直合作無間。見鍾寶賢:《太古之道:太古在華一百五十年》(香港:三聯書店, 2016),頁 7–15。

3　香島發展有限公司是為收購及發展藍煙囪地皮而設的專屬企業,收購完成後,香島發展併入為新世界發展的附屬公司,由新世界發展全資擁有。

4　Tregear, T. R. & Berry, L., *The Development of Hong Kong and Kowloon as Told in Maps* (Hong Kong: Hong Kong University Press, 1959).

5　英軍最初計劃將尖沙咀完全用作軍事用途,但殖民地政府希望發展尖沙咀為商業和居住地區,結果英軍只興建了威菲路軍營及炮台(軍營於 1896 年建成,1967 年關閉,並改建為九龍公園)、槍會山軍營和京士柏一些駐軍地點和習射場地。Ibid., 12.

6　1861 年的九龍半島發展藍圖已計劃在尖沙咀東、西及南面填海,填海工程約於 1880 年代至 1900 年代完成。Ibid., 12–16.

7　1861 至 1880 年間建成的道路,有彌敦道(原稱羅便臣道)、廣東道(原稱麥當奴道)、海防道(原稱伊利近道);1881 至 1990 年間建成的道路,有北京道(原稱遮打道)、柯士甸道、梳士巴利道、漆咸道(原稱德輔道)、漢口道(原稱花園道)、堪富利士道、金巴利道、金馬倫道、加拿芬道、加連威老道、河內道(原稱東道)、中間道、赫德道(原稱東路)、麼地道。1909 年,政府將與港島街道名稱重複的九龍街道改用目前的名稱。見鄭寶鴻、佟寶銘編著:《九龍街道百年》(香港:三聯書店,2000),頁 95。

8　同上,頁 28–35。

9　Tregear, T. R. & Berry, L., *The Development of Hong Kong and Kowloon as Told in Maps*, 12–30.

10　饒玖才:《香港的地名與地方歷史(上冊)——港島與九龍》(香港:天地圖書,2011),頁 231。

11　Tregear, T. R. & Berry, L., *The Development of Hong Kong and Kowloon as Told in Maps*, 17–19. 此外,訊號山南面的新填地,是來自泰國的暹邏米和來自越南的安南米的中轉站,米包運抵香港後經火車轉運至中國內地,俗稱為「大包米」,政府地圖上亦在該處標名「大包米」。見饒玖才:《香港的地名與地方歷史(上冊)》,頁 229。

12　戰後香港主要的貨倉碼頭有四個,兩個位於港島,兩個位於尖沙咀。港島區兩個貨倉

碼頭分別是位於西環的均益貨倉有限公司，可以處理 15 萬噸貨物，以及位於北角的北角碼頭有限公司，可處理 3 萬噸貨物。見 Department of Commerce and Industry, Hong Kong, *A Commercial Guide to Hong Kong* (Hong Kong: Ye Olde Printerie, 1953), 52–54。

13　九龍倉的碼頭水深度、貨倉容量、貨物轉運和存倉設施，一直比其他貨倉碼頭優勝。1953 年時，九龍倉碼頭可同時供十艘遠洋輪船停泊，其中一個泊位供客輪之用，貨倉可儲存 75 萬噸貨物，碼頭聘用專用警衛（由 9 個歐洲裔及 150 個亞洲裔警衛組成），碼頭及貨倉使用電動起重機，並有路軌以電車運送貨物，設保險室可儲存貴重貨物，另有倉庫供儲存危險品。Ibid., 52–53.

14　碼頭有兩個泊位，貨倉可儲存 4.6 萬噸貨物，設有危險品儲存倉，以蒸汽推動的高橋吊架起重機，貨倉毗鄰九廣鐵路。Ibid., 53–54.

15　海港城網站，擷取自 http://www.harbourcity.com.hk/tc/（瀏覽日期：2021 年 3 月 15 日）。

16　蔡思行：《尖沙咀海濱：歷史、城市發展及大眾集體記憶》（香港：香港城市大學出版社，2019），頁 47–64。

17　遮打出生於印度加爾各答，父母是亞美尼亞人，1864 年青年遮打來香港發展，從事證券和黃金買賣獲得財富成為富商。除創立九龍倉，他也是香港置地、香港大酒店、香港電燈、中華電力、天星小輪等香港主要企業的創辦人。見 Terchonian, H., *Life and Times of Sir Catchick Paul Chater, 1846–1926* (Kolkata, India: Armenian Holy Church of Nazareth, 2005); Chater, L., *A Prominent Armenian from Calcutta and the Grand Old Man of Hong Kong: Sir Catchick Paul Chater: A Brief Personal Biography* (Kolkata: Armenian Church, 2005)。

18　天星小輪由印度巴斯商人打笠治‧那路之（Dorabjee Nowrojee）創立，打笠治初時經營私人渡輪服務，1898 年創立天星小輪有限公司，「星」字號渡輪定期來往中環畢打碼頭及九龍角碼頭，早年尖沙咀西南角海濱被稱為「九龍角」（Kowloon Point）。打笠治退休後將天星小輪的股份全部售予九龍倉，董事局由遮打擔任主席。見 Johnson, D., *Star Ferry: The Story of a Hong Kong Icon* (Auckland: Remarkable View Ltd., 1998)。

19　蔡思行：《尖沙咀海濱》，頁 31–75。

20　1889 年成立的香港置地及代理有限公司是最顯赫的地產商，由遮打及渣甸洋行董事 J. J. Kewick 創立；19 世紀最顯著的華人地產商是李陞，但財力遠不及香港置地。戰後置地是香港最大的老牌地產商，重要的華人地產商有許愛周、張祝珊、霍英東等。見馮邦彥：《香港地產業百年》（香港：三聯書店，2001），頁 36–105。

21　1972 年上市的華資地產公司，包括新世界發展、長江實業、新鴻基地產、合和實業、恒隆、大昌地產、鷹君、信和地產等。見馮邦彥：《香港英資財團（一八四一年至一九九六年）》（香港：三聯書店，1996），頁 227–231。

22　同上，頁 230–231。

23　王惠玲、莫健偉：《鄭裕彤傳——勤、誠、義的人生實踐》（香港：三聯書店，2020），頁 124–163。

24　同上，頁 230。

25　同上，頁 231-232。

26　1972 年，港督麥理浩宣佈推行十年建屋計劃，包括增加興建公共房屋，打算於十年後讓全港市民可以有適當的永久居所。見《一九七四年香港──一九七三年的回顧》（一九七三年香港年報）（香港：香港政府印務局，1974），頁 80-85。

27　戰前的樓宇買賣是整幢成交的。1948 年，地產商吳多泰開創「分層出售」的方式，在山林道興建兩幢、每幢五層高的樓宇，分為十個單位發售，三日內全部沽清。1953 年，另一地產商霍英東則開創「分期付款」的售樓方式，在油麻地公眾四方街一幅地段上興建一百多幢樓宇合共六百多個單位，以預售樓花方式推出樓盤，買家先繳付樓價的五成作首期，然後分五期繳清餘款，並須於領取入伙紙時繳最後一期。見馮邦彥：《香港地產業百年》，頁 63-67。

28　香港地產建設商會由霍英東於 1965 年成立，這份會員名單是最早加入的成員，包括企業會員及個人會員。見同上，頁 86-91。

29　周大福地產部第一位員工是周大福創辦人周至元的兒子周樹堂。周樹堂於香港工業專門學院（簡稱香港工專，即香港理工大學前身）修讀建築，畢業後任職則師樓，1960 年代初鄭裕彤邀請他加入周大福地產部。他於 1967 年移民美國，離職後的空缺由周桂昌補上，周桂昌是周樹堂的堂弟，即周至元弟弟周植楠的兒子。周桂昌在加入周大福之前，曾於則師樓任職繪圖員八年。見王惠玲、莫健偉：《鄭裕彤傳》，頁 235。

30　例如澳門富商傅德蔭的廣興公司於 1950 年代積極經營借貸業務，以地產項目為主，客戶多為建築商，貸款利率周息可達 1% 至 1.5%，比投資股票的利息收入更高。見傅厚澤記述、鄭棣培編：《傅德蔭傳》（香港：傅德蔭基金有限公司，2018），頁 204-206。

31　1965 年初發生的銀行風潮，廣東信託商業銀行因擠提而倒閉，擠提風更蔓延至恒生、廣安、道亨等幾家華資銀行。見馮邦彥：《香港地產業百年》，頁 99-104。

32　1966 年，因天星小輪加價引發社會騷亂，為時一個多月；1967 年，因受中國內地「文化大革命」影響，由新蒲崗一間人造花廠的工潮開始，社會發生為時數月的騷亂，對香港經濟民生和社會秩序，造成嚴重衝擊。有關 1966 年的騷亂可參考 Johnson, D., *Star Ferry*, 51–59；1967 年社會騷亂的深入分析可參考張家偉：《六七暴動：香港戰後歷史的分水嶺》（香港：香港大學出版社，2012）。

33　周大福企業文化編制委員會編：《華：周大福八十年發展之旅》（香港：周大福，2011），頁 255。

34　協興承接的建造工程包括酒店、商業大廈及公共設施等，例如，鴨脷洲發電廠（1965）、永隆銀行大廈（1972）、富麗華酒店（1973）、美麗華酒店（1973）、新世界萬麗酒店（1978）、麗晶酒店（1979）、碧瑤灣（1980）、海景假日酒店（1981）、栢麗購物大道（1986）、香港君悅酒店（1989）、聯合鹿島酒店（1991）；香港科技大學第一期（1992）、葵涌三號貨櫃碼頭（1994）、志蓮淨苑（1996）、香港會議展覽中心新翼（1997）、機鐵九龍站上蓋工程（2000）等。上列純粹作參考例子，並非盡錄。見《協興建築有限公司》專刊（香港：協興建築有限公司，2010）。

35　王惠玲、莫健偉：《鄭裕彤傳》，頁 234-243。

36　同上，頁 248。

37　同上，頁 236。

38　同上，頁 223。

39　〈尖沙嘴「地主之王」〉，《工商日報》，1971 年 12 月 4 日，10。

40　王惠玲、莫健偉：《鄭裕彤傳》，頁 263–266。

41　陳雨：《黃金歲月——鄭裕彤傳》（香港：經濟日報出版社，2003），頁 101–104。

42　「新世界中心」建築群包括麗晶酒店、新世界酒店、兩座寫字樓、有蓋停車場及高級服務式住宅。見《新世界發展有限公司年報》（1978、1979、1980）。

43　楊志雲是景福珠寶行創辦人，胡漢輝是利昌金舖創辦人，1970 年當選香港金銀業貿易場理事長，胡俸枝是雙喜月金舖東主之一，何添和利國偉是恒生銀行董事，郭得勝是新鴻基地產創辦人之一，何鴻燊亦是活躍於香港地產界的澳門商人。

44　New World Development Company Limited, *Prospectus* (Hong Kong: The Company, 1972), 9.

45　新世界發展以股換股的方式，將附屬公司的資產吸納到公司集團旗下，以碧瑤灣地皮為例，鄭裕彤先以 2,400 萬港元增持高雲股份至 41%，新世界發展則以 8,500 萬港元全數購入高雲公司 2 萬股，使每股價值由 2,900 多元提升至 4,250 元。但股份交易並非以現金支付，而是兌換為每股面值 1 元的新世界股票，股東可以於新世界發展上市時以最少 2 元向市場出售獲利。不少高雲股東都樂意轉讓，趁機會將手上持有多年的高雲股份套現，但亦有股東保留股份，例如何善衡以家族公司名義持高雲公司共 2,800 股，兌換成新世界發展 1,190 萬股。見王惠玲、莫健偉：《鄭裕彤傳》，頁 254–255。

46　包括新世界發展有限公司及其附屬公司的固定資產、流動資產、其他投資、可出售物業等的總和。

47　見《華僑日報》股票市價綜合統計，新世界發展股價：1972 年 12 月 1 日為 2.9 元，12 月 30 日為 6.5 元，1973 年 2 月 9 日為 15.4 元，2 月 23 日為 19.8 元。同上，頁 250。

48　New World Development Company Limited, *Prospectus*, 31.

49　梁潤昌是澳門富商，在香港經營港澳水翼船公司，亦是地產及股票商人；簡悅強是行政局首席非官守議員及東亞銀行主席；鄧肇堅是九龍巴士公司創辦人之一，亦是知名慈善家；利國偉是恒生銀行董事兼總經理；何添是恒生銀行創辦人之一；郭得勝是新鴻基地產創辦人之一。何善衡、利國偉和何添是恒生銀行董事，簡悅強是東亞銀行主席，後來還邀請了滙豐銀行董事沈弼出任董事，反映銀行界對新世界發展的支持。事實上，這三間銀行都是與新世界發展有合作的銀行（banker）。

50　王惠玲、莫健偉：《鄭裕彤傳》，頁 266–270。

51　Victoria Dockside 不包括原麗晶酒店的範圍。麗晶酒店原屬新世界發展所有，2001 年業權易手，酒店易名「香港洲際酒店」。酒店於 2020 年 4 月關閉並展開大型翻新工程，預計於 2022 年重新開業，屆時再易名為「香港麗晶酒店」。

黃作梅與彌敦道上的中共駐港機構 1945－1955

許楨

前言

　　中國共產黨到港發展非常早。而自 1945 年至今，新華社、中聯辦一直是本港政經、社會、文化發展的主要參與者。無疑，從 1937 年抗日戰爭全面爆發，到 1949 年中華人民共和國成立前後凡十多年，乃中共駐港機構改組、發展之關鍵階段。黃作梅是上述歷史的主事者、見證人；而這一切大多發生在九龍半島的主幹彌敦道，為這條熙來攘往的金光大道增添了濃重的政治、尤其是國際政治色彩。

一、「上海一大」召開與中共在港早期黨員

　　1921 年，在蘇共與共產國際支持下，中國共產黨在上海召開第一次全國代表大會（簡稱「一大」），並宣告正式成立。其後，香港即成為「國共第一次合作」時期，中共組織和發動工運的重要所在。其中，穿梭穗、港的中共早期黨員蘇兆徵，即兼具海員與工會骨幹身份。[1] 蘇氏原籍廣東省香山縣淇澳島（今改屬珠海市唐家灣鎮），與

孫中山份屬同鄉。自 19 世紀中葉以降凡半世紀，珠江三角洲西岸如香山、台山等地，遠赴南、北美洲及其屬地謀生者尤多。而蘇氏本為貧農出身之船員，早於 1903 年赴港充當外輪雜役，1908 年加入孫中山領導的中國同盟會。至 1921 年初，蘇氏與林偉民等在港成立「中華海員工會聯合總會」，成為民國時期第一代工運領袖。[2] 林、蘇二人亦先後加入中共，成為該黨在港早期發展的骨幹。

在 1922 年 1 月 12 日「海員大罷工」當中，身為中國國民黨員兼該黨「聯義社」成員的蘇兆徵，被推選為「罷工總辦事處」總務主任及談判代表，後任「海員工會」會長。[3] 自此，蘇兆徵以海員及工運領袖之姿，步入民初政壇。在 1920 年代，蘇氏嘗任「中華全國總工會」執委、「全國海員總工會」執委會委員長，以及「全國總工會」委員長。1925 年春，蘇氏作為香港代表，到北京出席「國民議會促成會」；在李大釗介紹下，他加入了中國共產黨。及至 1927 年春，國民革命軍北伐階段性成功，「中華全國總工會」自穗遷漢，蘇兆徵被任為武漢國民政府勞工部長。[4] 他是國共第一次合作，尤其在工農領域合作的領袖。

在中共內部，蘇兆徵於 1927 年「第五次全國代表大會」中當選「中央政治局」候補委員。於是年「八七會議」上，成為「中共中央臨時政治局」委員，後與瞿秋白、李維漢被選為臨時政治局常委。到 12 月「廣州起義」時，擔任「廣州工農民主政府」主席。未幾，於 1928 年 2 月到莫斯科出席「赤色職工國際」第四次代表大會，當選為「共產國際六大」執委。同年 6 月，與向忠發、項英、周恩來、蔡和森當選為「中共中央政治局」常委。1929 年 2 月 20 日，於中共革命低潮時，病逝於上海。

二、以海員為吸收重點與 1920 至 1930 年代 中共在港發展

　　蘇兆徵離世時只有 43 歲，其為中共及共產國際所重視，除個人素養與信仰外，主要憑藉其海員及工運領袖身份。其時蘇聯立國未久，並屬當世唯一奉行馬列主義之國家；環球社會主義運動可供參考之經驗極為有限。自 1921 至 1927 年間，中共早期發展路向與手段，主要參照馬列經典，以及自 18 世紀以降，西歐發達國家的工人運動，因而尤其仰仗工運，其次為學運，婦運又次之；農民運動與軍事鬥爭尚未成為核心主張與發展方向。[5] 在此國際背景、政治主張與情勢認知下，海員自然成為倍受重視的群體。

　　首先，海員教育水平縱然有限，卻可以第一身反映海外，尤其是歐西社會現況，有利中共中央掌握國內外沿海發達地區訊息。其次，相比起 19 世紀後半葉，20 世紀初中國江南、南粵等地的民營工業發展蓬勃；尤其是紡織業，更初步展現出口創匯之競爭力。然則，相對於其他階級、尤其是數萬萬佃農，城市勞工之人口基數仍然極低。相對地，海員基本符合馬列主義當中工人、無產階級的定義，與尚未完成本土化的中共發展理論相契合。

　　復又，由於相比起其他現代工種，中國東南沿海教育水平有限的農民、漁民，較容易轉型為船員；加上外貿、勞務出口需求驅動，海員人數穩定增長。海員的社會基礎與角色，使該群體與中共結成獨特的政治聯繫。而自蘇兆徵以降，香港海員及其工會就長期具有左傾色彩，至二戰後不變。重大轉折分別發生在 1927 年及 1937 年，由於內戰外患全面爆發，中共在全國政治鬥爭、組織發展策略丕變；在此過程中，香港及香港人所起的作用變得更為重要。而上述變化及其歷史影響，也由中共駐港機構之組成，以及角色之變易而一一體現。

三、「四一五事變」與中共廣東機關南移香港

　　1927 年春，北伐軍控制江、浙之後未久，其總司令蔣介石即發動「四一二事變」，厲行「清黨」，於上海等地大舉搜捕、處決疑似中共黨員及工人武裝。時武漢國民政府對中共尚較包容，但留守廣州之李濟深等則發動「四一五事變」，同樣厲行「清黨」。是年 4 月 15 日凌晨 2 時，廣州全城戒嚴，軍警旋即包圍「中共廣東區委」，拘捕逾千中共人員，並分三路圍捕「粵漢鐵路總工會」、「廣三鐵路總工會」、「廣九鐵路工會」等親共團體。「黃埔軍校」、「省港罷工委員會」糾察隊被解除武裝；「中華全國總工會廣州辦事處」、「省港罷工委員會」、「海員工會」、「鐵路工會」等組織遭搜查、其人員被圍捕。是日下午 2 時，李濟深召開會議，脫離武漢國民黨部，正式倒向蔣介石方。

　　中共在廣州之核心成員及群眾支持者，包括蕭楚女、劉爾嵩、熊銳、李森等四十餘人，被押至「南石頭懲戒場監獄」處決。「四一五」廣州「清黨」被捕之中共人員及民眾逾五千人，當中逾二千一百人被殺，中國共產黨及工農運動遭受沉重打擊。4 月 17 日，「中共廣東區委」在廣州西堤召開緊急會議，成立「廣州市委」，決議重整各工會及黨支部；並將「廣東區委」南移香港，後改組為「廣東省委」。是年 8 月 1 日，以粵軍張發奎麾下為骨幹，中共發動「南昌起義」，計劃打回廣州建立革命政權；該部南下至粵東時進展不利，周恩來[6]、吳玉章、彭湃、林伯渠、葉挺、葉劍英[7]、賀龍[8]、劉伯承[9]、聶榮臻[10]、徐向前[11]、譚平山等軍政領袖先後抵港。至 12 月 11 日，中共「廣州起義」事敗後，部分人員亦轉移至香港。

　　自此，香港成為中共在華南，尤其廣東活動之中樞。自 1928 年以降，中共繼續進行各式工運、學運；但主要鬥爭路向已轉為建立武裝、開拓根據地。因此，與創建時期中共領袖，如李大釗、陳獨秀、張國燾多出身於南北學界不同，在上述轉折時期，隨着中共蛻

變成以軍事力量為基礎的政治組織，如周恩來、朱德、劉伯承、賀龍等具軍事、情報背景之一代崛起。香港一方面繼續擔當內地工運後援之角色，培養新一代工運骨幹。另一方面，香港在支援中共游擊戰、情報戰的作用，亦自 1920 年代末起日益加強。

由於殖民地政府向來重視與國民政府，尤其是與廣州之關係，並一直小心翼翼地在中、日之間平衡，所以自 1928 至 1937 年共十年間，中共在港只能處於「半地下」活動。期間在穗、港兩地，中共人員亦曾遭多次大規模圍捕。在此期間，廣州各種形式、規模不一的工運此伏彼起；而「九一八」及「七七盧溝橋事變」，又引發一波接一波的學運。1936 年初，中山大學學運人士曾生抵港，並成為中共抗日戰史中，香港擔當關鍵角色之起點。

四、從學運、工運到抗日運動——曾生與香港

曾生為澳洲悉尼華僑，廣東省惠州府歸善縣坪山鄉人（今屬深圳市坪山新區）。他先後於其故鄉、香港及悉尼接受小學和初中教育；並於 1929 年入讀廣州中山大學附中，1933 年 7 月考入中山大學文學院。1935 年 12 月 9 日，北京學生發起「一二九學運」，以中山大學教員、學生為主力之廣州學界亦積極響應。1936 年 1 月 6 日，廣州國民政府鎮壓學運，造成「荔枝灣慘案」，並通緝學運骨幹。曾生因涉事其中，於當月南潛香港，2 月到英國昌興輪船公司「日本皇后號」任船員。9 月，國民政府下令鎮壓廣州學運之陳濟棠下野，曾生恢復在中山大學之學業。10 月，曾生加入中共，並透過海員工會、海員學校，逐步恢復中共在港之組織。

及至「西安事變」後，國、共兩黨達成「停止內戰，一致抗日」之共識。中共武裝改編為「八路軍」、「新四軍」，納入國軍體系。1937 年 7 月 7 日，「盧溝橋事變」引發「抗日戰爭」全面展開。中共

中央於是年 12 月派廖承志、潘漢年抵港，籌建「八路軍辦事處」，並得到英國駐華大使卡爾（Archibald C. Kerr）及殖民地政府默許。1938 年 1 月，該辦事處於港島皇后大道中 18 號成立，廖承志為主任；對外宣稱為經營茶葉批發之「粵華公司」。10 月 12 日，日軍登陸大鵬灣；次日，中共中央即電令「廣東省委」、「八路軍駐港辦事處」，於東江淪陷區建立抗日武裝、開闢敵後基地。[12] 曾生遂率謝鶴籌、周伯明等，返回惠陽地區組建抗日游擊隊；其後逐步發展成東江縱隊，成為珠江三角洲及鄰近地區重要的抗日軍事、情報及宣傳力量。

1927 年春的國共分裂，讓廣州由革命發源地，變成同室操戈的殺戮場，進而使中共華南中樞自穗南移香港。從周恩來、廖承志、曾生等人之互動可見，自 1938 年秋至 1945 年夏，中共在華南展開長達七年的敵後游擊戰，其決策起點發生在香港。[13] 於上述期間，紅色游擊隊於「抗戰─太平洋戰爭」時期，以香港為樞紐，與英、美結成盟軍，在華南地區進行人道救援、軍事情報等廣泛合作。及至第二次世界大戰結束，中共軍、政組織亦得以延續 1938 年以降在港公開活動之權利。

在香港由戰爭到和平的轉折──1945 年夏，中共代表與殖民政府談判，並取得共識之所在地點，即為彌敦道地標──尖沙咀半島酒店。這座酒店見證了日據時期的來臨與結束。回首 1941 年 12 月 12 日，南下日軍佔領九龍未幾，即於半島酒店成立臨時總部，準備突破駐港英軍最後防線，佔領香港本島。及至是年聖誕節 12 月 25 日，英軍戰敗，兼任駐港英軍司令之港督楊慕琦，即於半島酒店 336 室向日軍投降。港、九、新界、大嶼山，隨即被日本佔領，實行軍法管治的「三年零八個月」。然而，位處彌敦道南端，直面維多利亞港及香港本島之半島酒店，仍未結束其特殊作用。1942 年 2 月 20 日，日本佔領軍徵用該酒店作為「戰爭司令部」，以及「軍政廳行政總部」。及後，日本帝國駐港首任總督磯谷廉介履職，亦選擇先行居於半島酒店約兩個月，後遷至總督府。

五、日本投降後英軍與東江縱隊在港談判

　　不足四年，中、英、美盟軍勝利，日本無條件投降以後，接收香港之英軍少將夏慤，亦在半島酒店接待應邀前來的中共談判代表。1945 年 9 月 16 日，中共領導之東江縱隊司令部，派出袁庚、黃作梅、黃雲鵬、羅汝澄與夏慤談判。在過去數年間，無論是日軍攻佔港島，還是美國海軍、陸軍航空兵反攻過程中，港島所受戰禍遠較九龍嚴重，不少大型、現代化建築受損非輕。以此為背景，除英軍臨時指揮部外，國民政府之代表亦暫駐於半島酒店之內。

　　考慮到國、共之間複雜的歷史關係與現實糾葛，英方縱然同意袁庚一行人重置中共駐港辦事處，並批准自由活動之要求，但須於半島酒店以外另覓處所。[14] 為便利與夏慤聯絡，中共遂選定彌敦道 172 號，於上址二、三樓復置辦事處。及後，美國派出馬歇爾調停國、共兩黨，以免內戰復起。根據 1945 年國、共「雙十協定」，共產黨在南中國之軍隊，將北調整編。[15]

　　曾擔當東江縱隊對英談判首席代表之袁庚，亦於此時奉命北撤。漢英雙語流利、熟悉香港民情之黃作梅，遂接任「東江縱隊駐港辦事處」主任，成為中共對英工作、在港歷任代表當中，首位土生土長之港人。而早於抗戰勝利之初、國共內戰尚未全面開打之際，中共駐港機關就一直肩負對英談判、編輯新聞通訊，以及聯絡各方的多重作用。直至香港回歸之後，中聯辦成立、與新華社分家，才結束上述獨特使命與繁重工作安排。

　　1945 年底，透過談判，殖民地政府接受中共在港成立「新華南通訊社」。1946 年 6 月，「中共廣東區委」委員、「港粵工委」委員饒彰風出任該社社長。是年 10 月，喬冠華正式將「東江縱隊辦事處」，對外改稱「新華社香港分社」。至是時，中共駐港機構善後抗日老兵、群眾、難屬之工作亦取得階段性成果。自東江縱隊辦事處

黃作梅。1955 年 4 月出席萬隆會議前攝於
香港淺水灣。
圖片來源：中華書局

改作新華社分社後，其工作重點改為聯絡各方，爭取香港各界、乃
至海外僑胞對中共之了解與支持。於改制之初，按周恩來指示，「新
華社香港分社」即以黃作梅為發行人，率先出版英文刊物。[16]

　　至 1947 年 5 月 1 日，「新華社香港分社」成員僅 15 人。其含
「中共中央南方局」駐港《正報》編輯 3 人、東江縱隊駐港辦事處 5
人，包括：黃作梅、李沖、譚干、蕭賢法、楊琦等。該社主要工作
在於編輯總社中、英文稿，其時並不在港採訪。1949 年中共建政前
夕，是年夏，喬冠華奉調回京；時任「新華社倫敦分社」社長之黃
作梅，返港接任「新華社香港分社」社長一職。其時香港分社新聞
團隊已有所發展，人員增至 50 人，並設「港澳工委工作小組」，主
理愈趨繁重的政治、文化任務。其後，「新華社香港分社」從彌敦道
172 號遷至加拿分道 26 號。

六、中共港澳工委、香港工作小組的編制與運作

　　從體制上講，「中共港澳工委」設於廣州，由「中共中央南方局」

領導。初由「華南分局」組織部長區夢覺兼任「港澳工委」書記;「新華社華南總分社」社長王匡,則兼任副書記,祕書長為黃施民。旗下「香港臨時工委」由張鐵生、黃作梅、蘇惠負責。至 1951 年冬,「香港臨時工委」撤銷,新成立「香港工作小組」;其領導架構為:「港澳工委—香港工作小組」駐港特派員張鐵生、副特派員黃作梅。及後,張鐵生奉命北調,黃作梅任該工作小組組長,仍受「華南分局—港澳工委」領導。其時,「華南分局統戰部」部長饒彰風兼任「港澳工委」書記,黃施民改任專職書記。「中共中央南方局—華南分局—港澳工委—香港工作小組」四重架構,自 1951、1952 年以降,愈見明晰。

根據黃作梅夫人、亦協助其工作之雷善儒氏回憶,「華南分局—港澳工委—香港工作小組」之分工如下:黃作梅——領導、主責外事;譚干——協助黃作梅處理外事;吳荻舟——負責文化界、財經界;溫康蘭——負責工商界;李沖——分管新聞事務。黃作梅本人多於上午處理總社、分社英文稿,並與李沖、譚干、潘聲德、馬鶴鳴處理分社事務,而在下午及晚上,則主理工委事務。

此外,由於香港是華南重要航空、航運樞紐,中共建政以後,不少外交活動每每通過香港赴任,包括大使館人員履職。相關外事業務亦由黃作梅伉儷主理;二人親自接待之新中國外交人員包括:駐印尼大使黃鎮、駐印度大使袁仲賢、駐巴基斯坦大使韓念龍、駐巴基斯坦參贊鄭為之。黃作梅不只協助新中國外交人員,經香港往還東南亞、南亞各國;其自身對二戰結束後,亞洲的民族解放運動,亦有所參與。最終,他犧牲在遠赴印尼萬隆會議之途上。

1955 年 4 月 18 日,亞非會議於印尼萬隆舉行,新中國、印尼和印度為重要與會國。中方由國務院總理周恩來率代表團出席是次重要會議,並安排租用印度航空公司包機,分兩路赴印尼與會。其中包租民航客機「克什米爾公主號」[17]由香港啟德機場出發,而另一包機——「空中霸王」型客機,[18]則由緬甸起飛;相關人員先從昆明經

085

陸路抵緬，再從仰光轉乘該機飛往萬隆。亞非會議前夕，緬甸總理
吳努邀請周恩來於 4 月 14 至 16 日訪問該國，周氏遂成為「空中霸
王」乘員之一。

七、1955 年「克什米爾公主號」事件及其調查工作

黃作梅則任「克什米爾公主號」團長，於 1955 年 4 月 11 日中
午 12 時 15 分，率團自啟德機場出發；其團員包括：中國記者沈建
圖、杜宏、李平、郝鳳格、中國外交部新聞司李肇基、中國外貿部
石志昂、中國國務院總理辦公室鍾步雲、越南民主共和國官員王明
芳、奧地利記者嚴斐德、波蘭記者斯塔列茨。是日傍晚約六時半，
飛至北婆羅州沙撈越西北海面上空 18,800 英尺，「克什米爾公主號」
爆炸，11 名乘客、5 名機組人員遇難；機上僅 3 名印度籍副機師、
領航員、機械師生還。

中共中央對空難調查十分重視，時任副主席劉少奇，事發後致電
安全抵達印尼之周恩來，以作後續處理。[19] 在北京責成下，殖民地政
府查明事件屬政治暗殺，乃台北國民黨派出特務所為。[20] 4 月 11 日事
發當日上午 11 時 20 分，「克什米爾公主號」抵港加油。台北「國防
部─保密局」潛伏於港之特工，趁「克什米爾公主號」停留在啟德機
場之一小時期間，安排機場清潔工人周駒進入該機，[21] 以偽裝成牙膏
之塑膠炸藥，設置定時爆炸器；然後臨近雅加達水域上空時，機艙爆
炸起火。機長曾發出求救信號，並試圖在水面迫降，卻因液壓、電力
系統均失靈，且濃煙滿佈艙內，飛機失控、機翼率先着水而撞毀。其
殘骸沉於距離印尼大納土納島西岸外海 1 公里、水深 36 英尺處被發
現。英國海軍應印度所求，派出艦隻打撈。黃作梅一行之殘缺遺體，
亦於納土納群島水域被尋獲，火化後葬於北京八寶山革命公墓。

事發後，周駒即於 1955 年 5 月 18 日離港抵台，因台、港兩地

向無司法互助，殖民地政府縱發出通緝令，亦無法引渡周氏受審。1993 年，周駒逝於台灣。殖民地政府雖然未能將嫌兇繩之於法，該次政治暗殺事件卻成為朝鮮半島停戰之初，中、英大規劃情報、偵緝合作之案例。在北京情報支援下，殖民地政府大舉搜捕國民黨在港特務達 108 人，並驅逐部分人士離港。[22] 而國、共，中、美在港的政治角力與情報刺探，亦變得尤為激烈。

結語

1921 年夏，中共於上海召開「一大」。其時中共在港工作受廣州節制，但該黨領導層已重視本港在東南亞商貿、交通網絡無可替代的角色。吸收海員、組織工運，成為 1920 至 1930 年代中共在港工作的重心。1927 年的「四一二」、「四一五」事變，以及隨後「廣州起義」事敗，又促使中共在粵軍、政領袖南下香港，休整待發。十年之後，抗日戰爭全面爆發，不只成為東北、西北「紅區」、紅軍存亡之轉捩點，連帶在粵、港的中共組織與成員，亦得以半地下、半公開的形式，在國民黨統治區、英屬殖民地恢復活動與拓展。

在此過程中，曾生、袁庚、黃作梅、羅汝澄等東江縱隊成員，不只將中共的抗日事業，與對美、英工作相連結；同時，他們也深化了中共人員與本港的政經、社會、文化聯繫。而黃作梅佪儷更以倫敦和香港新華社創辦人、負責人的身份，在港支援中共建政之初的對外工作。最終，黃作梅本人亦犧牲在「亞非拉」反殖事業外交戰線之上。從 1945 到 1955 年的短短十年間，黃作梅親歷了日本投降、中英談判、香港新華社組建，再到「克什米爾公主號」事件等歷史軌跡。從半島酒店到彌敦道 172 號，再到加拿分道——在車水馬龍、金光閃耀的方圓半里之間，我們真切地看到香港、看到香港人，在亞太外交角力場的突出身影。

注　釋

1　關於中共在港發展最早一批黨員及團員之情況，見梁復然：〈廣東黨組織成立一些情況及回憶（一九六二年三月——一九六四年五月）〉，載中共廣東省委黨史研究委員會辦公室、廣東省檔案館編：《「一大」前後的廣東黨組織》（1981），頁 158–160；〈團香港地委團員調查表　一九二四年一月二十八日〉、〈團香港地委報告（第一號）——一年來的活動情況及團員的分工（一九二四年五月十三日）〉，載中央檔案館、廣東省檔案館：《廣東革命歷史文件彙集 1922 年 –1924 年》（1982），頁 317–319、402–404。

2　褟倩紅、盧權：〈蘇兆徵〉，載中共黨史人物研究會編、胡華主編：《中共黨史人物傳（第三卷）》（西安：峽西人民出版社，1981），頁 66–100。

3　莫世祥：〈也談國共兩黨和香港海員大罷工——兼訂正馬林報告中的不實之詞〉，《近代史研究》，1987 年第 5 期，頁 184–194；陳君葆：〈1967 年 6 月 21 日〉，載謝榮滾主編：《陳君葆日記全集（卷六：1967–1971）》（香港：商務印書館，2004），頁 65–66。

4　陳安生：〈工運領袖蘇兆徵〉，《中國檔案報》，2004 年 5 月 14 日。

5　〈月笙給仁靜信——香港勞工刊物、反動刊物和海員工會活動情況（一九二四年三月九日）〉，載中央檔案館、廣東省檔案館：《廣東革命歷史文件彙集 1922 年 –1924 年》，頁 361。

6　范桂霞口述、范凱筆錄：〈在周總理身邊的回憶〉，載中國人民政治協商會議廣東省廣州市委員會文史資料研究委員會編：《廣州文史資料選輯第二十輯》（廣東：人民出版社，1980），頁 1–18；中共中央文獻研究室編、金沖及主編：《周恩來傳（一）》（北京：中央文獻出版社，1998），頁 260–261；〈1927 年 10 月上中旬〉，中共中央文獻研究室編：《周恩來年譜（1898–1949）（修訂本）》（北京：中央文獻出版社，1998），頁 129。

7　〈1927 年 12 月 15 日〉，中國人民解放軍軍事科學院編：《葉劍英年譜（1897–1986）（上）》（北京：中央文獻出版社，2007），頁 55。

8　〈1927 年 10 月 4 日〉，李烈主編：《賀龍年譜》（北京：人民出版社，1996 年），頁 98。

9　陳石平：《中國元帥劉伯承》（北京：中共中央黨校出版社，1992），頁 95–96。

10　聶榮臻：《聶榮臻元帥回憶錄》（北京：解放軍出版社，2005），頁 58–59、72–74、83–84、87–88、102。中共廣東省委黨史研究委員會辦公室：〈聶榮臻同志對廣東黨史幾個問題的回憶〉，載中共廣東省委黨史資料徵集委員會、中共廣東省委黨史研究委員會辦公室編：《廣東黨史資料第一輯》（廣州：廣東人民出版社，1983），頁 1–13。

11　徐向前：《歷史的回顧》（北京：解放軍出版社，1984），頁 67–69；徐向前：《徐向前元帥回憶錄》（北京：解放軍出版社，2005）。

12　莫世祥：〈抗戰初期中共組織在香港的恢復與發展〉，《中共黨史研究》，2009 年第 1 期，頁 68–75。

13　關於中共領導的抗日武裝——東江縱隊及旗下港九大隊在港事跡，見許楨：〈皇仁書院畢業生黃作梅與香港抗戰〉，載鄭宏泰、周文港編：《荷李活道：尋覓往日風華》（香港：中華書局，2018），頁 32–47。

14　〈方方、尹林平致中共中央社會部電〉，1947 年 8 月 2 日，北京：中央檔案館。

15　中共廣東省委黨史委員會、中共廣東省委黨史資料徵集委員會辦公室編：《東江縱隊資料：紀念東江縱隊成立四十周年專輯》（佛岡：佛岡印刷廠，1983），頁 194；林平：〈東江縱隊北撤與廣東新形勢〉載《東江縱隊志》編輯委員會編：《東江縱隊志：紀念東江縱隊成立 60 周年》，（北京：解放軍出版社，2003），頁 719；〈中共軍北運局部獲協議軍調八組發表一號公報〉，《華商報》，1946 年 5 月 1 日，載廣東省檔案館編：《東江縱隊史料》（廣州：廣東人民出版社，1984），頁 715–719。

16　南京局：〈中共中央南京局對港粵工作指示（一九四六年六月二日）〉，載中共江蘇省委黨史工作委員會、中共南京市委黨史資料徵集編研委員會、中共代表團梅園新村紀念館編：《中共中央南京局》（北京：中共黨史出版社，1990），頁 63–64；袁小倫：〈戰後初期中共利用香港的策略運作〉，《近代史研究》，2002 年第 6 期，頁 121–148。

17　該機為美國飛機製造商洛歇（Lockheed）所研製，型號為 L-749 星座式（Constellation）民航機，註冊編號 VT-DEP。

18　該機型號為 C-54。

19　〈中央關於調查「克什米爾公主號」飛機失事問題給周恩來的電報（一九五五年四月十四日）〉、〈對陶鑄關於指證「克什米爾公主號」飛機被破壞真相問題電報的批注和批語（一九五五年六月）〉，載中共中央文獻研究室、中央檔案館編：《建國以來劉少奇文稿　第七冊（1955 年 1 月—— 1955 年 12 月）》（北京：中央文獻出版社，2008），頁 164、217–218；〈1971 年 10 月 21 日　基辛格與周恩來、姬鵬飛、章文晉、王海容等會談（會談紀錄）〉，載張曙光、周建明編譯：《中美「解凍」與台灣問題——尼克松外交文獻選編》（香港：中文大學出版社，2008），頁 414；〈1975 年 3 月 25 日〉，中共中央文獻研究室編：《周恩來年譜（1949–1976）下卷》（北京：中央文獻出版社，1997），頁 701。

20　關於中、英、印尼、印度就該空難的調查及相關外交工作，見熊向暉：《我的情報與外交生涯》（第二版）（北京：中共黨史出版社，2006），頁 127–174。

21　又名「周梓銘」，見亞歷山大・葛量洪（曾景安譯）：《葛量洪回憶錄》（香港：廣角鏡出版社，1984），頁 231。

22　同上。

天文台台長與歷史風災

岑智明（藍瑋晴筆錄）

前言

　　在歷史上，天災尤其是颱風對香港的發展起着重要的影響，無論是港口運作、基建設計、公眾安全、漁民生計等都必須考慮。本文一方面介紹香港近百多年幾個極為嚴重的風災之外，還借題發揮，談談這些風災背後關鍵的人物——天文台台長，因為香港天文台自 1883 年成立以來，他們都是肩負起掛風球的責任，而且因為風災往往帶來嚴重的傷亡，在百多年前台長已經被問責。

　　本文不是詳細論述這幾個風災，而是從擔任過九年台長的我作為出發點，為大家講述這幾次風災對我的啟發，以及我所認識的幾位台長的點滴。有傳媒説我是「吸風台長」，為了拋磚引玉，就先讓我簡單談談天文台的歷史和我當台長時遇上的兩個風災——「天鴿」和「山竹」。

一、尖沙咀上的天文台 [1]

　　香港天文台在 1883 年成立，開台的三大任務為：一、氣象觀測；

二、觀象授時服務；及三、地磁觀測。天文台興建在尖沙咀彌敦道以東的一個小山上，當年稱為艾爾尊山或伊利近山（Mount Elgin）。1888 年的海軍海圖清晰記載了當年天文台及其儀器的位置，也一併可以看到與天文台相關的前水警基地。天文台以時間球向海港發放時間訊息和懸掛風球亦是從這裏開始。大家可能知道近年在信號山上被列為法定古蹟的時間球塔——其實是在 1908 年 1 月啟用的第二代時間球塔，以取代因九龍倉一帶發展而需要搬遷的第一代時間球塔。

　　彌敦道早期名為羅便臣道，後來為了避免跟香港島的同名街道混淆，便於 1909 年刊憲改名為彌敦道，[2] 並以此紀念擴建該段道路的港督彌敦。在討論風災前，要先介紹天文台的歷史。我們能從天文台 19 世紀末的照片發現，若果大家數一數初期天文台主樓正面有多少根柱子，會發現其數量與今天不同，那是因為今日的天文台主樓在 1913 年經過擴建後，多了一根柱子。另外一張照片更能讓我們清楚看到天文台在艾爾尊山上的位置。早期尖沙咀的照片，只要看那一排長長的房屋，便知道該處是諾士佛臺（Knutsford Terrace），而諾士佛臺的上方就是天文台。放大照片後，除了天文台主樓及諾士佛臺，若與 1888 年的海軍海圖比對，我們亦可見到數個今天已經不復存在的重要儀器。第一個是中星儀室（Transit Room），大家若有關注天文台的「氣象冷知識」，便會知道我們近年發掘出「香港子午線」[3]，而其原始點便是在中星儀望遠鏡的位置。第二個是赤道儀（Equatorial），它是天文台當年另外一支天文望遠鏡，所以天文台早期是有兩支望遠鏡的，但後來都被移除了。[4] 第三個是地磁小屋（Magnetic Hut），是用來量度地磁的。地磁會隨時間而變，現時機場跑道方向都是以地磁偏角[5]來代表，需每隔數年重新量度一次。

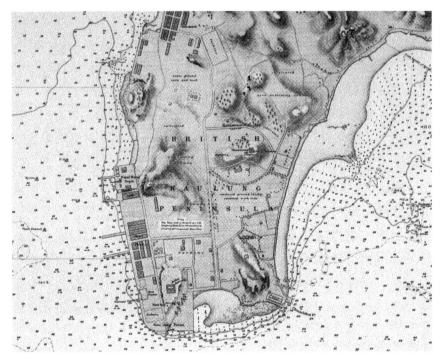

1888 年的海軍海圖，顯示在彌敦道（當時稱為羅便臣道）旁的香港天文台和主要儀器，以及在水警基地的時間球塔。

圖片來源：岑智明

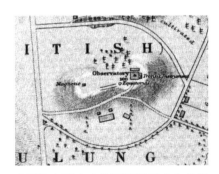

小圖為上圖中央位置香港天文台的細部放大，可以看到天文台的主樓、中星儀（Trancit Instrument）、赤道儀（Equatorial）和地磁小屋（Magnetic Hut）。

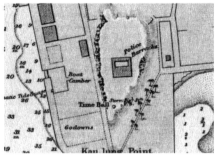

小圖為上圖左下角細部放大，可以看到前水警基地（Police Barracks）、時間球（Time Ball）和颱風信號站（Storm Signal Station）。

19 世紀末的香港天文台，主樓共有八條柱，比今天的少了一條。
圖片來源：岑智明

20 世紀初從信號山北望艾爾尊山（Mount Elgin）上的香港天文台。圖中可以看到（從右至左）香港天文台的主樓和右邊的中星儀室（Transit Room）、赤道儀（Equatorial）和地磁小屋（Magnetic Hut），與海軍地圖所顯示的一一對應。
圖片來源：岑智明

二、颱風天鴿（Hato，2017 年 8 月 22-23 日）
十號颱風信號：2017 年 8 月 23 日 09:10-14:10

天鴿[6]是 1946 年以來第 15 個十號風球，[7]亦是我掛的第二個十號風球。[8]它的特別之處在於它非常短暫地達到超強颱風的級別，在經過香港以南時急劇加強，風眼亦非常清晰。香港以南有個叫黃茅洲的小島，在廣東珠海市範圍內，島上有天文台的自動氣象站儀器，兩支主力風速計的其中一支被颱風吹壞，餘下的那一支則完整記錄到天鴿風力達到超強颱風的級別。維多利亞港（以下簡稱「維港」）則吹暴風，香港南部尤其是長洲吹颶風，多艘船隻擱淺，有超過五千三百宗樹木倒塌以及多棟大廈玻璃幕牆受破壞。香港至少有 129 人受傷，無人死亡。澳門則至少有 244 人受傷，10 人死亡，是近數十年來造成澳門人命傷亡最嚴重的天災。[9]

說到颱風，其中一個市民近年能認識到的就是它所帶來的風暴潮。以前我以歷史圖片講述香港風災時都會強調風暴潮，但並不是很多人親身經歷過。在山竹未出現之前，天鴿為香港帶來多年來最嚴重的風暴潮，當時維港（以鰂魚涌潮汐站為參考）的潮水高度，即天文潮加上風暴潮，達 3.57 米［海圖基準面（Chart Datum）以上，標示為 3.57mCD］，在山竹之前是戰後有儀器記錄以來排行第二，[10]大家印象最深刻的應該是杏花邨水浸的情況，那就是風暴潮加上大浪之故。杏花邨地下停車場入水的畫面想必大家都記憶猶新。風暴潮所造成的破壞不單只在杏花邨，在香港各處如沙田、大埔、元朗、大澳、將軍澳亦隨處可見。幸好渠務署在大澳做了不少防禦工程，因應變計劃而安裝的擋水板亦發揮了作用，擋住了潮水湧入大澳主要的街道和店舖。而澳門的情況更為嚴重，當時最高的潮水高度達 5.26mCD，若果風暴潮正好在天文高潮的時間出現，澳門的潮位更可以達到 5.6mCD。大家若去一趟澳門就能認出右圖的位置，

那是個在澳門舊區賣舊書的地方。圖中人物指着的位置就是當時的最高水位高度，從路面起計超過 2 米，比一個人的高度還要高。由此可見，颱風可以造成很大的損失及人命傷亡，澳門當時有十人因天鴿喪命，其中七人的死亡原因就是被風暴潮溺斃。

三、風暴潮簡介

甚麼是風暴潮呢？第一，風暴潮的形成就是因為當颱風移向陸地時，其中一面的大風向岸上吹，強風將海水推向岸邊，海水無處可去就會造成水浸。第二個原因，是因為颱風的低氣壓將其中心附近的海面吸起，引致海平面上升。這兩個原因疊加便會形成風暴潮。但到底風暴潮會否引致水浸還需要看天文潮汐高度：受太陽和月球的引力影響，每天都有漲潮和退潮，香港漲潮潮位高的話可超

位於澳門舊區草堆街的一間舊書店門外標記着天鴿風暴潮水浸高度離路面達 2 米。
圖片來源：岑智明

過 2mCD（在一年幾次的天文大潮時更可以高於 2.5mCD），退潮時水位亦可以很低。如果風暴潮剛好遇上天文漲潮，疊加的效果就會非常大，可以釀成大災難；但若剛好遇上退潮，效果則大打折扣，可以安然無事。

香港最高潮位紀錄在本人任台長期間增加不少，第二和第三位都是我的「政績」──即是山竹和天鴿。戰後有儀器記錄以來，最高的紀錄保持者依舊是 1962 年的颱風溫黛，維港（當年以北角潮汐站為參考）水位高度達 3.96mCD，維港兩岸有不少低窪地區水浸。而吐露港（以大埔滘潮汐站為參考）的水位更高，達 5.03mCD。5 米是個怎樣的概念呢？舉例來說，大埔和沙田舊區地面只有約 3 米高，即地面水浸可達 2 米。汲取溫黛的經驗，政府在沙田新市鎮填海時特意填高達 5.0 至 5.5 米，以避免如溫黛再臨的大型水浸。

風暴潮有兩個概念，最高水位及增水：一般來說，風暴潮（storm surge）指颱風所帶來的增水高度，當疊加到當時的潮水高度便得出最高水位或潮位。從「香港歷史最高潮位紀錄」一表可見，山竹在大埔滘及維港的風暴潮增水紀錄上都超越了溫黛，但為何山竹所帶來的影響不及溫黛？此外，戰前有造成更嚴重傷亡的颱風，其風暴潮亦更高及造成更大的破壞（見「香港歷史最高潮位紀錄」一表的下半部），那就是 1937 年的丁丑風災，當時維港水位超過 4mCD，估計吐露港的水位甚至超過 6mCD。[11] 至於 1906 年的丙午風災比較複雜，在下文再作討論。

香港歷史最高潮位紀錄

儀器紀錄 （自 1947 年起）			鰂魚涌／北角		大埔滘	
排名	熱帶氣旋名稱	年份	最高潮位（米） （海圖基準面 以上）	最高增水（米） （天文潮高度 以上）	最高潮位（米） （海圖基準面 以上）	最高增水（米） （天文潮高度 以上）
1	溫黛	1962	3.96	1.77	5.03	3.20
2	山竹	2018	3.88	2.35	4.71	3.40
3	天鴿	2017	3.57	1.18	4.09	1.60
4	黑格比	2008	3.53	1.43	3.77	1.77
5	尤特	2001	3.38	1.12	3.47	1.35

歷史紀錄		北角		大埔	
熱帶氣旋 名稱	年份	最高潮位（米） （海圖基準面 以上）	最高增水（米） （天文潮高度 以上）	最高潮位（米） （海圖基準面 以上）	最高增水（米） （天文潮高度 以上）
丙午風災	1906	3.35	1.83	-	6.10(?)
丁丑風災	1937	4.05	1.98	6.25	3.81

資料來源：香港天文台

　　潮水因天文原因不斷變化，每天都有兩次漲潮和兩次退潮。釣魚愛好者和船家一般會知道潮漲和潮退的時間，參考天文台的潮汐表就可以得知潮水的變化。而風暴潮就是從正常的潮水高度再提升，這就是所謂的增水了。技術上來說，這才叫風暴潮，但對人和財物的影響當然是要看整個最高水位的高度。而就最高水位而言，溫黛接近 4mCD，丁丑風災則超過 4mCD，吐露港甚至超過 6mCD。

四、山竹來襲（2018 年 9 月 14-17 日）

十號颶風信號：2018 年 9 月 16 日 09:40-19:40

　　山竹可能是近年令大家第一次在家中感到不安全的颱風，有不少房屋搖晃、樓宇停水、停電、停升降機。在天文台百週年紀念大樓的天氣預測中心雖然只在七樓，亦在山竹吹襲時搖晃，前所未有。山竹是 1946 年以來的第 16 個十號風球，亦是紀錄上最遠的十號風球，其中心在香港西南 100 公里掠過。不同於溫黛正面吹襲（即是在香港境內登陸），正常來説山竹的距離會被視為掠過，但由於它的環流巨大和颶風範圍覆蓋香港，所以需要懸掛十號風球，而且維持了 10 小時，是戰後第二最長的十號風球，僅次於 1999 年約克的 11 小時。山竹的最高潮位比天鴿更高，令香港很多地方水浸，相信大家當時都感受到颶風的威力。維港、香港東部、南部都吹颶風，帶來的破壞非同小可。官方公布有超過六萬宗塌樹，但真正的數字可能還遠遠不止。同時沿岸的設施被毀壞，將軍澳海濱長廊被風暴潮和大浪嚴重破壞，最近才大致上維修好，而多棟大廈玻璃幕牆的損壞亦是個大問題。山竹吹襲期間，本港至少有 458 人受傷，幸好無人死亡。

　　至於天文台的情況如何呢？幸好這次有賴天文台同事充分的準備工作，大部分的儀器能夠維持正常運作，尤其是所有天氣雷達都如常運行。其實當時情況相當險峻，在大帽山雷達天線罩頂部的蓋被吹掉，幸好雷達天線罩和內裏的雷達天線完好無缺。橫瀾島整個碼頭被吹爛，可見巨浪的威力。現時維修橫瀾島氣象站只可以靠直升機往來，安裝在碼頭上的潮汐站亦有一段長時間不能修復。天文台總部有一支我們非常珍惜的舊天線桅杆，以前是用來接收無線電天氣信息的，現時已經沒有作用，可惜最後還是敵不過山竹的威力而倒下了，非常可惜。我見山竹來勢洶洶，為了保證天文台預測中心

正常運作，就組織了幾位同事預早用木板加固門窗，當山竹吹襲時樓在搖動、風在怒吼，當值的同事們（包括我在內）都捏一把汗。當時亦有雷達機械師同事駐守大帽山雷達站以確保雷達正常運作，而雷達站的鋼門都被颶風吹得震動和扭曲變形，由此可見颶風的威力。

　　上文提及過歷史最高潮位，山竹的增水高度其實破了溫黛的紀錄。那為何山竹的影響不及溫黛厲害呢？溫黛當年在沙田可是奪去了百多條人命。如果用山竹的增水高度加上溫黛當時的潮水高度，其實得出來的數字會比現在高，維港水位會超過 4.5mCD，吐露港會超過 5mCD。原來山竹來襲與潮水高潮有一點時差，香港得以逃過一劫。大家可以在山竹登陸呂宋島前及後的衛星圖像看見，山竹在呂宋登陸後大大減弱，只剩下七成威力。如果山竹沒有減弱，香港的水浸情況將截然不同。根據實況數據，香港當時的水浸情況大部

將軍澳的海濱長廊及單車徑被風暴潮和大浪嚴重破壞。
圖片來源：岑智明

左：大帽山天氣雷達的天
線罩頂部的蓋被吹掉
圖片來源：香港天文台

下：山竹後的橫瀾島碼頭
圖片來源：香港天文台

分集中在吐露港、沙頭角、西貢、將軍澳、香港島東及南部、大澳及新界西北部一帶；若山竹沒有減弱，直搗黃龍，維港預測水位將超過 5mCD，吐露港甚至會超過 7mCD，維港兩岸很多低窪地方都會水浸，新界更不在話下。與以往的風災比較，水位都比最厲害的「丁丑風災」還要高，所以我們真的很幸運！

五、1962 年溫黛風災（1962 年 8 月 30 日 - 9 月 2 日）
十號颶風信號：1962 年 9 月 1 日 06:15 - 14:15（夏令時間）

歷史風災當然不限於我負責的山竹和天鴿，本文亦會闡述三個歷史風災：溫黛、丁丑及丙午，它們都是經過呂宋海峽正面來襲的颱風，是最危險的，其原因有二：一、從西北太平洋移過來的颱風有較長時間在海上增強，所以它們的強度一般會比在南海生成的強，甚至達超強颱風的級數；二、颱風沒有經過陸地進入南海，所以強度沒有減弱。溫黛於 1962 年 9 月 1 日早上在香港登陸，在隨後數天，報紙廣泛報道風災後沙田滿目瘡痍的情況。以前沙田的白鶴汀村住了很多漁民，新聞圖片記錄了漁船被沖上沙田戲院的畫面，沙田墟的房屋被風暴潮沖毀。而在市區和維港的破壞亦非常嚴重：汽車亦吹至「反肚」，很多輪船沉沒。溫黛吹襲期間，本港至少有 388 人受傷，183 人死亡，108 人失蹤。[12]

數年前我與長春社文化古蹟資源中心（CACHe）合辦了一個風災圖片展覽，其中包括與溫黛風災相關的口述歷史，CACHe 邀請了一些年長的朋友重新講述他們當年親身經歷溫黛的故事。[13]「打風勁過打仗」——相信大家在經歷過山竹後有更深的體會。早些年有一篇刊登在皇家亞洲學會香港分會期刊的文章[14] 清楚地說明，沙田新市鎮因為溫黛填海特意填高至 5 米至 5.5 米的高度，防範風暴潮的威脅。該篇文章的作者也很有前瞻性，他指出這個填海高度是否足夠

應對氣候變化的威脅還需要時間來驗證。

當年天文台在溫黛過後發表過詳細報告，[15] 並且比較了溫黛及1937 年的丁丑風災。它們主要的分別在於：一、溫黛在日間來襲，丁丑風災則在黑夜來襲，加上水浸突如其來，所以丁丑風災所造成的超過一萬人死亡，比溫黛的百多人大兩個量級；二、天文台在早上六時三十分透過電台廣播發出水浸預警，並預料維港的水位會比正常潮水高度高出 6 呎，而吐露港的水位將會更高，[16] 再加上水浸在日間出現，居民可以看見湧入的潮水而能及時逃命；三、預警對大埔的成效比沙田高，這可能是因為部分大埔居民經歷過 1937 年的丁丑風災，他們的記憶令社區懂得防備，反觀沙田在 1937 年人口稀少，社區的歷史記憶或者不如大埔，加上當地居民可能沒有將吐露港視作沙田；四、沙田海邊的堤圍突然被風暴潮沖毀，令眾多居住在海邊的漁民走避不及，造成重大傷亡。相反，住在樓房的沙田居民已經及時離開住所，避過一劫。

如何比較溫黛及山竹呢？雖然沒有人因山竹死亡，卻有超過百多人因溫黛喪命，但到底風力哪個比較厲害？其實過往的十號風球都各有千秋。溫黛保有幾個最高陣風風速紀錄，如啟德及大老山，但它並不是所有紀錄的保持者。山竹在橫瀾島及長洲的風速都比溫黛高；另外 1983 年的愛倫在橫瀾島及長洲的風速亦比溫黛高，但它的破壞似乎沒有山竹及溫黛那麼大，所以破壞程度並不是完全依據風速那麼簡單。

至於當年處理溫黛的天文台台長瓦特士博士（Dr. Ian Watts），相信很多香港人都不太認識他。已逝世的天文台第一位華人科學官 [17] 錢秉泉先生早幾年跟我們分享過瓦特士的故事。瓦特士是「空降」台長，傳言說他不懂氣象，只懂駕駛飛機，所以很多人不服氣，甚至要到港督那裏投訴為何要有這個空降台長，當然最後投訴無效罷了。原來瓦特士在 1956 年來到香港出任天文台台長之前，曾經在

左上：溫黛所引致的風暴潮將漁船
沖到沙田戲院門外。
圖片來源：Typhoon Wanda – A
boat swept to land in front of Sha
Tin Theatre, 1962（HKRS365-1-13）
鳴謝：政府檔案處歷史檔案館

右上：溫黛的颱風把車輛吹至「反
肚」。
圖片來源：岑智明

下：一艘貨輪因溫黛而沉沒。
圖片來源：岑智明

天文台第六任台長希活
圖片來源：香港天文台

天文台第七任台長瓦特士
圖片來源：香港天文台

1955 年出版過一本關於赤道天氣學的書。[18] 當時他還在馬來西亞大學教授氣象，並曾在馬來西亞氣象局工作，所以不能説他不懂氣象。至於為甚麼會出現「空降」台長呢？這就要看看天文台歷史了。早前我曾協助希活台長（Graham Heywood）的家人出版希活寫的二戰時深水埗集中營日記，[19] 了解到他在 1955 年 2 月退休離開香港回英國，但瓦特士在 1956 年才上任，那麼中間為何會出現空檔呢？其實原本台長一職想交由希活的助理台長史他白（Leonard Starbuck）接任，他與希活先生都曾在那三年零八個月中被囚禁於深水埗集中營，有興趣的讀者可參考那本日記。但很可惜史他白先生於 1953 年 9 月因癌症離世，[20] 希活退休後的署理天文台台長藍馬治（Colin Ramage）亦似乎無法勝任台長一職，所以政府需要從外地聘請合資格人士來填補台長的空缺。

六、1937年丁丑風災（1937年9月1-2日）
十號颶風信號：1937年9月2日 01:58-06:20

　　1937年的「丁丑風災」是天文台開台以來兩個傷亡最慘重的颱風之一，雖然天文台當時已經懸掛十號風球，而且更有燃放炸藥警告市民，[21]但死亡人數相信超過一萬人之巨。當然未開台前都有傷亡慘重的颱風，例如1874年的「甲戌風災」，但文章受篇幅所限不會在此討論。根據何佩然教授整理的記錄及天文台的更新記錄（見下表「1884至2020年香港傷亡人數最多的風災」），[22]溫黛當年造成一百多人死亡，但戰前的1906及1937年的兩個颱風均造成超過一萬人死亡。究竟哪個颱風造成更多人命傷亡呢？全靠報紙的報道很難確認其準確性，但兩個颱風造成超過一萬人死亡的資料應該相當可信。

1884至2020年香港傷亡人數最多的風災

颱風名稱	懸掛熱帶氣旋警告信號日期	傷亡記錄		
		死亡人數	受傷人數	失蹤人數
-	1896年8月8至10日	不詳	不詳	不詳
-	1906年9月18日	約15,000	220	1,349
-	1923年8月17至18日	100	不詳	1
-	1927年8月19至21日	15	22	不詳
-	1929年8月21至22日	7	13	不詳
-	1931年7月31日至8月1日	6	4	10
-	1936年8月16日至17日	20	179	1
-	1937年9月1日至2日	約11,000	88	182
-	1946年7月16至18日	不詳	5	不詳

（續上表）

颱風名稱	懸掛熱帶氣旋警告信號日期	傷亡記錄		
		死亡人數	受傷人數	失蹤人數
姬羅莉亞	1957 年 9 月 21 至 23 日	9	100	0
瑪麗	1960 年 6 月 4 至 9 日	45	127	11
愛麗斯	1961 年 5 月 18 至 20 日	5	20	0
溫黛	1962 年 8 月 30 至 9 月 2 日	183	388	108
露比	1964 年 9 月 4 至 6 日	38	300	14
黛蒂	1964 年 10 月 10 至 13 日	26	85	10
雪麗	1968 年 8 月 20 至 22 日	0	4	0
露絲	1971 年 8 月 14 至 17 日	110	286	50
愛茜	1975 年 10 月 12 至 15 日	0	46	0
荷貝	1979 年 8 月 1 至 3 日	14	260	1
愛倫	1983 年 9 月 7 至 9 日	10	333	12
約克	1999 年 9 月 13 至 17 日	3	500	0
韋森特	2012 年 7 月 21 至 24 日	0	138	0
天鴿	2017 年 8 月 22 至 23 日	0	129	0
山竹	2018 年 9 月 14 至 17 日	0	458	0

　　時任天文台台長謝非士（Charles W. Jeffries）寫了一份有關丁丑風災的報告，[23] 比較了 1936 及 1937 年的兩個颱風。兩個颱風路徑相當接近，移動方向相若，它們與香港的距離只相差約 40 公里，為何一個颱風造成重大傷亡而另一個的影響則相對較少呢？這個問題稍後再作交代。

　　謝非士台長的報告對我處理天鴿來襲有一定的啟發和參考作用。首先，溫黛及丁丑颱風的路徑幾乎一樣，在長洲附近登陸，兩個颱風都為香港帶來嚴重災難；而天鴿和 1936 年颱風的路徑亦非常相似，都是比溫黛及丁丑颱風跟香港的距離遠了約 40 公里，基於這

個類比及其他相關的數據（例如天鴿的風暴結構），我評估天鴿對香港的影響不及溫黛或丁丑颱風，天文台當時所發出的警告信息已經足夠，結果也證明這是正確。但是，由於天鴿位置更為接近澳門，澳門直接受颶風帶和風暴潮襲擊，造成嚴重的破壞和人命傷亡。

　　在丁丑風災之後，有人做了一張有關丁丑風災的詳細海報，內容包括當時記錄到的風力和氣壓資料，再加上所有沉沒或擱淺船隻的資料，鉅細無遺。海報曾經張貼在海軍船塢，讓大家以史為鑑。根據海報，當時維港的潮水高度達 13 呎，比一般情況的 7 呎 6 吋高出 5 呎 6 吋，中環海旁的干諾道中甚至德輔道中被水覆蓋，中央郵局的地牢和干諾道中的店舖被水淹浸；九龍彌敦道南端亦水浸，風力強勁得竟然可以把海裏的小魚吹上岸邊樓宇二樓。而新界方面，大埔漁村傷亡慘重，所有樓房被毀，潮水和巨浪高度達 18 呎，九廣鐵路有一哩的路堤被沖走，鐵路服務亦因此停頓十日。

丁丑風災後九廣鐵路的路堤被沖走
圖片來源：香港大學圖書館

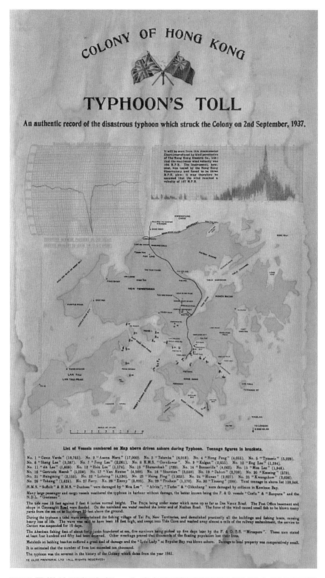

丁丑風災的詳細海報，內容包括當時記錄到的風力和氣壓資料、沉沒或擱淺船隻的資料和各區破壞的描述。
圖片來源：香港天文台
鳴謝‧Family of J. S. Snook

丁丑風災過後，貨船安利（SS *An Lee*）擱淺於近香港中華總商會前面的中環海旁。
圖片來源：岑智明

丁丑風災過後，大埔漁村的慘狀。
圖片來源：岑智明

　　丁丑颱風對船的影響最大，當年適逢上海被日本軍隊入侵，很多輪船因此來到香港。從舊照片可以看到維港和離岸海域到處都是擱淺了的輪船，其中一艘名叫安利的貨船因風暴潮和大浪，被沖上中環海旁，擱淺於近香港中華總商會前面的干諾道中，即現在交易廣場位置。當時報紙亦有報道風災對水陸均造成重大損失，船隻擱淺數字多不勝數。我們能從舊照片及報紙中一窺大埔風暴潮的慘狀——水退後，路面依然水跡斑斑，市民搬運着屍體，大埔整整一條村被捲沒了。

　　上文提及謝非士台長的報告比較了 1936 及 1937 年兩個颱風：基於天文台的記錄，它們的風力好像相差不遠，但丁丑颱風在北角記錄的風力卻比 1936 年的颱風強。它們主要的分別在於丁丑颱風在吐露港造成巨大風暴潮，死傷無數——只差毫釐的路徑就能造成這麼大的分別。其實 1936 年的颱風亦不容小覷，同樣在維港有造成風

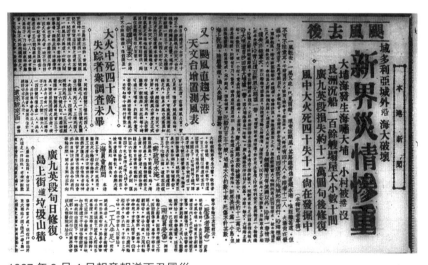

1937 年 9 月 4 日報章報道丁丑風災

圖片來源．《華僑日報》，1937 年 9 月 4 日

天文台第四任台長謝非士
圖片來源：香港天文台

暴潮，潮水比正常高出 5 呎。1937 年颱風的風力比溫黛稍強一點，當年天文台的風速計被吹得「爆表」，無法記錄最高風速，所以當年天文台參考了北角香港電力公司的風速計來記錄最高風速。今日樓宇的風力設計標準依舊是以丁丑颱風的最高風力作為參考。總括而言，對於香港 1936 及 1937 年兩個颱風的分別就像天鴿和溫黛的分別。

　　丁丑風災之後未到四年，在 1941 年 6 月，剛好是香港淪陷前半年，謝非士台長因中風在香港離世。我在網上找尋天文台歷史時，無意中發現謝非士台長的墳墓原來在香港墳場，並且找到了它的確實位置，於 2020 年初得到古物古蹟辦事處同事協助把它清理好，及進行了拓碑和激光雷達掃描，最終也能把謝非士墓碑的拓印送給其後人，於我退休前達成了這個心願。墳墓究竟是如何找到的？首先是多得有心人派翠西亞·利姆（Patricia Lim）[24] 將所有香港墳場的墓碑碑文和詳細位置都記錄下來，並由 Gwulo.com 的網主貝大衛（David Bellis）先生放上該網站。謝非士的墳墓位於很少人會到訪

的 37 段，尋找的過程頗為困難，很多墓碑的字因風化作用都已變得模糊不清，難以辨認，雖然有墳場的地圖幫助，也需要用上一個下午才找尋得到。我亦從網上找到謝非士台長逝世時的訃告，令我們更能認識他的成就，包括於 1938 年在世界氣象組織的前身「國際氣象組織」（L'Organisation Météorologique Internationale）出任遠東區委員會的主席。[25] 除此之外，他也參加共濟會（Freemason），於 1930 年代曾經出任多個共濟會會所的高級職位。[26]

七、1906 年丙午風災（1906 年 9 月 18 日）
鳴放風砲：1906 年 9 月 18 日 08:40 [27]

與溫黛和丁丑颱風一樣，1906 年的丙午颱風同樣是「無遮無擋」地經過呂宋海峽吹襲香港。丙午風災對香港的破壞極大，我們可以透過舊照片，看到整個維港兩岸都有大大小小的船隻沉沒或擱淺，甚至連戰艦都因而沉沒，幾乎無一倖免。其中最有名的是法國魚雷艇投石號（SS *Fronde*），五位官兵的死亡導致了軒然大波。專門為了紀念投石號事件而建造的方尖碑，曾經長時間擺放在九龍加士居道，後來搬到香港墳場。該方尖碑記錄了死亡官兵的名字。另外，聖公會會督霍約瑟主教（Bishop Joseph Hoare）的小船亦因風災在屯門以東沉沒，與其他四位聖保羅書院的學生一同溺斃，現在於會督府能看到相關的碑文。就算有避風塘，船隻亦無一倖免，更何況很多地方的避風塘根本不夠用，當年東華醫院在海上撈了很多屍體。風災下傷亡慘重亦引起很多投訴，港督決定調查這次事件。根據調查報告中的氣壓紀錄，1906 年的颱風來得極急，兩個小時之內氣壓急降後急升，整個颱風過程亦就此結束。亦有日本人記錄過這件事情，在風災照片卡上寫道：「香港暴風後慘狀（約二時間內）」。[28] 颱風為甚麼來得這麼急呢？我們正在做的重新分析發現它是一個很

小規模的颱風，烈風半徑只有數十公里，很可能屬於一個侏儒颱風（midget typhoon）。[29] 在當年沒有雷達、人造衛星和實時船隻觀測報告的情況下是沒有可能作出預警的。有一個類似的情況，就是於1974年聖誕節在澳洲達爾文的氣旋特雷西（Cyclone Tracy），摧毀了達爾文市近七成的房屋及交通基建，並造成 66 人死亡。與丙午風災不同的是當時達爾文已經有雷達覆蓋，特雷西的環流清晰可見。[30]

歷史往往有很多疑問甚至懸案，丙午風災也特別多。首先，文獻上有說 1906 年的風暴潮很厲害，維港的最高風暴潮增水達 1.83米，而吐露港更高達 6.10 米，這個超過 6 米的數字比天文台所有的紀錄還要高。我和天文台的舊同事正在利用歷史資料重新分析丙午颱風的路徑、強度、結構和影響。我們透過翻查和整理所有與丙午颱風有關的歷史數據，如戰艦記錄嘗試去重組當時的情況，但我們還未能重現如此高的風暴潮紀錄，而相關的研究仍在進行中，希望遲些研究結果發表後，可以解答這個歷史問題。

第二個問題：當時的台長杜伯克博士[31]（Dr. William Doberck）是我們的第一任天文台台長，在任長達 24 年，於 1907 年退休，回到英國倫敦西南部薩頓市（Sutton）繼續研究天文，[32] 他當年只有 55歲。他為甚麼那麼早便退休呢？雖然丙午風災的調查委員會在完成調查後並不認為他失職，但他可能是被鼓勵提早退休的。[33] 時任港督彌敦在調查委員會發表報告後仍然表示對杜伯克失去信心，[34] 看來他提早退休與港督的態度不無關係。還有一個關於他和港督的逸事：杜伯克在香港早期經常自稱政府天文學家（Government Astronomer）而不是天文台台長，而被時任港督德輔（Des Voeux）責罵。[35]

另一個疑團：我近年在公開講座不時收到市民詢問是否有台長因風災死傷無數而畏罪自殺，有些更指明是溫黛——我在這裏重申並無此事！這個傳聞的其中一個來源是日佔時期《香島日報》一篇關於丙午風災的文章，[36] 說：「後來聽說那個天文師，因為自己感覺失

丙午風災後法國魚雷艇投石號損毀嚴重。　　丙午風災後英國戰艦鳳凰號（HMS *Phoenix*）沉沒。
圖片來源：岑智明　　　　　　　　　　　　圖片來源：岑智明

日本人稻津直三郎在丙午風災照片卡上寫道：「香港暴風後慘狀（約二時間內）」。
圖片來源：岑智明

天文台第一任台長杜伯克博士
圖片來源：香港天文台

職，結果自殺了。」從上文的討論，杜伯克台長在 1907 年退休回到英國，風災的調查報告也不認為他失職，所以這個說法只是謠言，但這謠言竟然傳播了超過七十年！

　　至於杜伯克台長的貢獻，首先他在 1883 年建立了香港天文台，樹立了穩固的根基。其次，設立天文儀器和香港子午線作觀象授時，亦是他的功績，我亦曾在 *Journal of the Royal Asiatic Society Hong Kong* 發表過一篇有關香港子午線的文章，[37] 有興趣的朋友還可看看杜伯克台長於 1884 年在《自然》（*Nature*）期刊的一篇有關天文台成立的文章，也包括一些關於香港子午線的資料。杜伯克台長對颱風也很有研究，他於 1889 年基於幾年的氣象觀測資料，在《自然》期刊發表了一篇有關香港颱風的文章，而且圖文並茂地把颱風的螺旋結構展示出來，相當了不起。

結語

　　研究風災的歷史可以讓我們以史為鑑。現今的「大數據」時代為我們帶來研究歷史天災一個新契機，我們也在探索利用歷史檔案裏的數據重新發現歷史。由於氣候變化，將來強勁的颱風會更多、風暴潮會更厲害、海平面繼續上升，我們一定要防患於未然，汲取歷史教訓，使香港更安全、更宜居。

注 釋

1　天文台選址尖沙咀的其中一個主要原因，是考慮天氣觀測的需要。香港的發展起初集中在香港島，之後才慢慢發展至九龍界限街以南。天文台成立之前，香港亦有不同的天氣觀測，例如在香港島的醫院、監獄及山頂都有。若天文台選址於港島，很難找到四面無遮擋的位置來觀測天氣。那山頂行不行呢？當年若選址於山頂，氣象儀器的運作和維修都非常困難，甚至二戰後天文台希望重建山頂觀測站亦未能成功。九龍半島之優勢就是當時尖沙咀一帶都是軍事用地，土地由軍方擁有，艾爾尊山的地勢又比鄰近位置較高，因此現在的選址能帶來更勝一籌的觀測。

2　*The Hongkong Government Gazette*, no. 184, 19 March 1909, 173.

3　關於香港子午線，由於受前海事博物館館長戴偉思博士（Dr Stephen Davies）啟發，我們最近發現了一些歷史遺蹟，包括在天文台總部的北子午線標記。以前我們並不了解它的真實作用，以為它是用來綁住風球，後來才了解它是子午線的標記之一。之後，地政總署的測量師加入研究，並成功發現了寶雲道上的南子午線標記。北和南子午線標記都是由杜伯克台長設立的，先後在 1884 年建成。兩塊子午線石和上文提及過的中星儀（用來制定時間的望遠鏡），這三件物品組成了香港第一條子午線，而它的路線是經過信號山的。若大家有留意信號山上的時間球塔，它就在子午線的附近，但並不是完全重疊。後來天文台發現，維港上船隻所排放的黑煙不時會影響望遠鏡的校對觀測，於是於 1913 年在畢架山山腰和天文台總部，分別設立新的北和南子午線標記。同時我們亦在天文台總部發現一個三角測量標記，即零號三角網測站，經過地政總署的測量後，證明它就在子午線上。中星儀早被拆除掉，我們到底如何知曉望遠鏡的原來位置呢？從文獻得知，望遠鏡有個用磚頭砌成的地基，最近我們因為需要在天文台總部施展工程將子午線刻在

地上，而得以將磚砌地基顯露出來，從而確定中星儀的位置——香港子午線的組成部分都被完整地發現了。

4　中星儀在二戰時被日軍拆除，下落不明；赤道儀原是於 1885 年從英國格林威治皇家天文台借用的，在 1914 年已經歸還格林威治皇家天文台，現今保存在英國科學博物館。

5　地磁偏角指地球上任何一處的磁北方向和正北方向之間的夾角。

6　在西北太平洋（包括南海），早期颱風是沒有名字的，那就是我們使用年份去命名的原因，如甲戌、丁丑、丙午風災。戰後開始使用美國聯合颱風警報中心的命名，起初都是使用女性的名字，如溫黛、瑪麗；後來有人投訴為何只用女性而不用男性的名字，因此從 1979 年開始便交替用女性名字和男士名字命名颱風，例如哥頓、約克等等。自 2000 年開始採用由中國香港向颱風委員會提議的一個新命名方法，颱風名字由亞太區的 14 個成員國或地區命名，不再採用以前的名字。現時每年都預先制定一個颱風名字的名單，輪流採用該 14 個成員提供的名字，香港所貢獻的名字包括獅子山、啟德（已停用）、馬鞍、鳳凰等等。名字的種類各有不同，有花、鳥、水果等，而不再是男女名字。

7　自 2002 年 1 月 1 日起，天文台不再懸掛實體熱帶氣旋警告信號，所以在此之後技術上應該稱為「發出十號颶風信號」。

8　我掛的第一個十號風球是 2012 年的強颱風韋森特（Vicente），破壞力不及天鴿和山竹。

9　清華大學公共安全研究院、北方工業大學新興風險研究院和民政部國家減災中心：《澳門「天鴿」颱風災害評估總結及優化澳門應急管理體制建議》終期總結報告（澳門：澳門特別行政區政府，2018）。

10　排行第一是 1962 年的溫黛。

11　當年沒有儀器記錄潮汐，風暴潮是利用潮汐桿（tide pole）作人手估計。

12　何佩然：《風雲可測：香港天文台與社會的變遷》（香港：香港大學出版社出版，2003）。

13　〈1962 年　颱風溫黛〉，香港天文台網站，擷取自 https://www.hko.gov.hk/tc/100YearsTCSignals/collection/wanda.htm（瀏覽日期：2021 年 3 月 10 日）。

14　Garrett, R. J., "Sha Tin – The building of a New Town," *Journal of the Royal Asiatic Society Hong Kong Branch* 55 (2015), 115–133.

15　Peterson, P. and Cheng, T. T., *Typhoon Wanda: Supplement to Meteorological Results 1962* (Hong Kong: Royal Observatory, Hong Kong, 1966).

16　Watts, I. E. M. (Director of the Royal Observatory), *Hong Kong Annual Departmental Report for the Financial Year 1962–63* (Hong Kong: Government Printer, 1963), 12: "The No. 10 local storm signal was hoisted at 6.15 a.m. when 'Wanda' was centred about 50 miles away and still moving directly towards the Colony. The closest approach was expected to coincide with high tide and a warning was issued at 6.30 a.m. stating that the water would rise 6 feet above normal high tide in the harbour and much higher in Tolo Harbour with flooding over low-lying land."

17　即今天的「科學主任」職位。

18　Watts, I. E. M., *Equatorial Weather: With particular reference to Southeast Asia* (London: University of London Press, 1955).

19　Heywood, G. S. P., *It Won't be Long Now: The Diary of a Hong Kong Prisoner of War* (Hong Kong: Blacksmith Books, 2016).

20　*The China Mail*, 17 September 1953, 1.

21　這亦是天文台最後的一次燃放炸藥。

22　同注 10。

23　Jeffries, C. W., *The Typhoon of August 16–17, 1936 and September 1–2, 1937 (Appendix II to Hong Kong Meteorological Results)* (Hong Kong: Royal Observatory, Hong Kong, 1937).

24　Lim, P., *Forgotten Souls: A Social History of the Hong Kong Cemetery* (Hong Kong: Hong Kong University Press, 2011).

25　President of the Far East Regional Commission de l'Organisation Météorologique Internationale.

26　Worshipful Master of three Lodges and District Grand Master of the Grand Lodge of Mark Master Masons of Hong Kong and South China.

27　數字颱風信號在 1917 年 7 月 1 日開始使用，在此之前，當熱帶氣旋逼近香港的時候，天文台以鳴放風砲（1884–1906）或燃放炸藥（1907–1937）警告香港居民烈風將會吹襲本港。

28　即是在兩小時之內。

29　American Meteorological Society 的 *Glossary of Meteorology* 定義 midget tropical cyclone 為 "tropical cyclones ⋯ having a radius to the outermost closed isobar of less then 200 km"。見 American Meteorological Society, "midget tropical cyclone," https://glossary.ametsoc.org/wiki/Midget_tropical_cyclone（瀏覽日期：2021 年 3 月 10 日）。

30　National Archives of Australia, "Fact Sheet: Cyclone Tracy, Darwin," accessed 10 March 2021. https://www.naa.gov.au/sites/default/files/2020-05/fs-176-cyclone-tracy-darwin.pdf

31　作為一個丹麥人，為甚麼杜伯克能夠出任英國殖民地官員呢？查實他是經過一個由英國皇家天文台長主持的甄選程序，五位候選人中杜伯克只排行第二，但因排行第一的不接受任命，於是他就獲得香港天文台長一職。文獻也提及當時的確有人介意有「外國人」出任香港政府官員，但看來這個問題沒有影響他的委任。杜伯克於 55 歲提早退休返回英國研究天文，沒有回到祖家。

32　MacKeown, P. K., "William Doberck – Double Star Astronomer," *Journal of Astronomical History and Heritage* 10, no. 1, (2007), 49–64.

33　MacKeown, P. K., *Early China Coast Meteorology: The Role of Hong Kong* (Hong Kong: Hong Kong University Press, 2011) 提到 "Doberck retired in 1907 at age fifty-five. It may have been that he felt twenty-four years in the tropics were enough, or he may have hankered after the life of a gentleman astronomer, which was to be his fate. But equally likely, he may have been encouraged to go; his original contract did provide for retirement on full pension at age fifty-five. However the compulsory retirement age at the time was sixty-five, one which Plummer attained in his service." 。

34　MacKeown, P. K., "William Doberck – Double Star Astronomer" 提到 "Several, for the most part unfriendly, communications followed, including one from the Governor: "I must express my surprise at the tone adopted in the minute of the Director of the Observatory … The language used by Dr Doberck is calculated to shake one's confidence in his fitness to occupy the position he fills …" (Governor's minute, 1907)" 。

35　MacKeown, P. K., "William Doberck – Double Star Astronomer" 提到 "In November 1887 we again have a concerned minute from the Governor: … I observe that Dr Doberck signs himself as Government Astronomer and I request that he will cease so to sign himself, so giving a wrong idea of his position. He is Director of the Observatory and was appointed as such for specific purposes, though, after these are provided for, there is, of course, no objection to his giving his spare time to the general interests of science. (Governor's minute, 1887; his underlining)" 。

36　《香島日報》，1943 年 1 月 22 日。

37　Davies, S., Shun, C. M. & Yip, T. P., "Hong Kong's meridian marks – Traces of time past," *Journal of the Royal Asiatic Society Hong Kong* 61 (2021), 7–43.

嘉諾撒聖瑪利書院百年歷史

張學明

前言

嘉諾撒聖瑪利書院（St. Mary's Canossian College，簡稱 SMCC）建校於 1900 年，至今已逾 120 年歷史。這間書院並不只是教育知識，其學生亦不只是學習機器。在學生成長的過程中，她們都在不斷改善與周圍的人和物之關係——書院強調的是「心靈成長」的教育。

首先，筆者會介紹嘉諾撒聖瑪利書院自 1900 年以來的發展歷史，重點尤在其「話劇傳統」（Drama Tradition）。嘉諾撒聖瑪利書院早於第二次世界大戰之前已開始其「話劇傳統」。1969 年，書院開始參加校際話劇計劃。1970 年代，書院更組織兩個話劇會去推動及發展話劇文化。1979 年，校長黎義德修女（Sr. Ida Sala, FDCC）開始邀請 Geoff Oliver 為導演，奠立了書院的「偉大話劇傳統」，每年三、四月都有一星期的話劇表演，迄今已有四十多年了。由此可見，嘉諾撒聖瑪利書院在過去一百多年已成功地推動和發展「心靈教育」，是香港中學教育的模範。

嘉諾撒仁愛修會（Canossian Daughters of Charity）來自

嘉諾撒聖瑪利書院主樓（Main Building），攝於 1940 年代。當時面向柯士甸道的主樓立面上是寫着「St. Mary's School」的。主樓建於 1930 年，並在 2010 年確定為一級歷史建築。
鳴謝：羅沛雰

嘉諾撒聖瑪利書院校舍，攝於 2021 年。面向漆咸道南、紅色屋頂的建築物是舊座（Old Building），即聖米高樓（St. Michael Building）。該樓建於 1925 年，是書院現存最古舊的建築物，並於 2010 年確定為一級歷史建築。
鳴謝：陳奕康

意大利北部城市維羅納（Verona），是嘉諾撒的聖瑪大肋納（St. Magdalen of Canossa, 1774-1835）創辦的一個天主教女修會。修女於 1860 年到香港傳教，創立香港嘉諾撒仁愛修會。嘉諾撒修女早年為貧民提供教育、醫療和孤兒院等服務，後來則以辦學為主。嘉諾撒屬會學校都以校風嚴謹的傳統見稱，深得家長和社會認同，所以大多是地區甚至是全港傳統名校。其中歷史最為悠久的三所學校──聖心、聖方濟各和聖瑪利最廣為人熟悉。本文以 1900 年建立的聖瑪利書院為個案，在遍求各種歷史資料的同時，引入訪問所得，簡述聖瑪利書院的歷史、探究其「戲劇傳統」以及其折射出的「心靈教育」光芒，從而更深入了解香港的天主教教育為學生提供的知識和心靈「教」與「育」。

1887 年，嘉諾撒仁愛修會在尖沙咀近海地區買下一塊地皮，建立了厄瑪烏修院（Emmaus House）。隨着區內人口增加，修會認為有需要為居民提供教育服務；嘉諾撒聖瑪利書院因而在 1900 年正式建立，初稱聖瑪利學校（St. Mary's School）。在建校首學年，收男女生共 30 人。[1]

1903 年，甘曼斯醫生（Dr. Anthony S. Gomes，書院的重要贊助人）建議在九龍的校址上建立一座新教學樓。新大樓在甘曼斯醫生的財政支持下建成，並以甘曼斯醫生已故長女 Maria Helena Gomes 命名。1923 年，在嘉諾撒仁愛會的財政支持下，學校在漆咸道築起了一座兩層高的教學樓，作為小學校舍。1930 年，位於柯士甸道的書院主樓中央部分亦告竣工，主樓右翼則於 1935 年完成，書院的學生數目在同年已達 900 人。漆咸道校舍進而於 1938 年加建頂層，令學校的收生數目達約一千人的水平。在日治時期（1941-1945），書院與絕大部分中學一樣，停止教學。光復後，書院在 1945 年 9 月重開，當時學生數目為 426 人；書院在短時間內重回正軌，一年後學生數目即急升至 1,235 人，此數目更在 1953 年躍至 1,500 人。

**嘉諾撒聖瑪利書院校長
（1979–1990）黎義德
修女（Sr. Ida Sala）**
圖片提供：張學明

　　書院在 1960 年正式定名為「嘉諾撒聖瑪利書院」（St. Mary's Canossian College），以取代舊稱「聖瑪利學校」（St. Mary's School）。[2] 1979 年，黎義德修女出任書院校長，並在戲劇總監 Geoff Oliver 的協助下，為書院確立其優良的「戲劇傳統」。從此，Geoff Oliver 每年都會替書院監製一齣戲劇。書院每年更設有「戲劇週」（Drama Week），令學生更好地承傳這個文化。而書院每年的表演，都吸引大批的教職員、家長、舊生及學生觀賞。

一、抵港初年至抗日戰爭前夕的發展

　　嘉諾撒仁愛女修會的六名修女，在 Mother Luigia Grassi 的指引下，於 1860 年抵達香港，展開傳道工作，是香港第一個來自意大利的女修會。[3] 因為郵誤關係，修女在 4 月 12 日抵達香港的消息，沒人得悉，所以她們在抵達香港時，並未得到接待。與修女自新加坡同船到香港的 Collenoni 伯爵通知本港的傳教士，他們亦只是半信半疑地遣使迎接。當時香港宗座監牧（Apostolic Prefect）盎神父（Rev. Ambrosi Luigi）得知修女來到香港後，雖然非常欣喜，但因為未能

及時安排，連基本的住所亦未能提供。[4] 幸好，一個葡萄牙籍的教友 Leo D'Almada e Castor 得悉後，即借出堅道的家族產業予修女暫住。修會的工作亦由這座「借來的房子」展開，建立初學院，並於 4 月 29 日收 Emily Aloysia Bowring 小姐為第一位初修生。[5] 其後即於 5 月 1 日在堅道成立「意大利嬰堂學校」（Italian Convent School），[6] 由 Sr. Aloysia Bowring 負責教授英文，另有兩名年輕女士教授葡萄牙文，而中文部亦於修女在 5 月 10 日接收首三位華籍孤兒後成立。[7] 這所學校亦即嘉諾撒聖心書院（Sacred Heart Canossian College）的前身，此亦標誌着修會在港興學的開端。

1887 年，修會在尖沙咀鄰近海旁的位置購入地皮，並就此事舉辦了一場義賣活動。地皮上本來已建有一座中式建築物，幾經商討後，將該唐樓定名為厄瑪烏修院（Emmaus House）。修院初時只為修女及孤兒作避暑之用，這個用途維持了數年。初抵港而感到水土不服的修女，據說亦多在此休養，她們受益於溫和的海風，得以恢復健康。

隨着九龍半島的人口不斷增加，不少港島居民放心到九龍半島居住，其中尖沙咀更成為最理想的移居地。修會亦察覺到尖沙咀人口的增加，認為有必要在該區設立一所學校，為居民提供教育。修會終於在 1900 年將厄瑪烏修院的兩間房間改建為課室，並把學校定名為聖瑪利學校，書院的歷史亦由此展開。學校開課第一年，共收男女生 30 人，為書院的第一批學生。但因當時大量的葡籍居民由港島灣仔區遷至九龍的尖沙咀，書院並未能為葡語學生提供足夠的學位。在開學不久後，修會已感到有需要擴張學校規模。

學校開辦初年，已得到甘曼斯醫生的慷慨支持。甘曼斯醫生在長女 Maria Helena Gomes 於 1890 年不幸去世後，決定將原本給予愛女的嫁妝，全數用於慈善事業。他在 1903 年向學校提出，在九龍聖瑪利學校的地皮上，正式建造一座學舍，工程旋即展開，原

校內的聖母像
圖片提供：張學明

本殘破的房子盡數清拆。新校舍以甘曼斯醫生的愛女 Maria Helena
Gomes 命名，校名則沒有改變，仍稱聖瑪利學校。[8]

　　1905 年，教區在書院隔鄰建成了九龍玫瑰堂（Rosary Church）。

　　1923 年，修會資助校方在漆咸道建築兩層高的小學校舍。但到
了 1920 年代末年，甘曼斯醫生捐建的兩座校舍均已不足應付學校的
發展，校方唯有決定清拆重建；第三座聖瑪利學校校舍即在此環境
下建成。新校舍主樓部分在 1930 年落成，而學校亦逐漸轉為女子學
校。德信學校（一所位於柯士甸道的男子小學）成立後，聖瑪利安
排大部分在校男生轉讀該校；而留下來的學生，在年紀稍長後，亦
陸續升讀正式成立於 1932 年的喇沙書院（La Salle College）。[9]

　　校舍重建工程在 1930 年代陸續完成的同時，收生數目亦不斷
增加。1935 年主樓右翼落成後，學生數目達 900 人；1938 年，在

Mother Louise Sadorin 的主持下，漆咸道校舍加建頂層，用作中學五、六及七年級的課室。在 1941 年，學生總數達 1,100 人。[10] 但其後因日本侵佔香港，學校發展一度停滯。

　　學校在戰前的教授課程中，語文是重點科目，學生一般需兼習法文、中文及葡萄牙文，全部科目皆以英文授課。除課本知識外，學校亦相當重視學生的體能教育，當時的體育科稱為「體育文化科」（Physical Culture），上課地點為舊體育館；此館在戰前已不足應付學生的上課需要，有重建或擴張的必要。除體育館外，學校亦設有大操場、網球場和籃球場。當時的學生十分喜歡聚集在一個慣稱「Indoors」的休息室。休息室中設有舊式唱碟機（Gramophone）、乒乓球桌及水族箱；學長們經常選擇在休息室內，度過她們的假期。[11]

　　在戰前時期，學校已不時安排戲劇表演。當時的臨時可移動舞台，一般設於現在學校禮堂及體育館所在的大空地上。戰前的一次重要舞台演出，乃為紀念會祖嘉諾撒瑪大肋納（Magdalene）息勞歸主百周年，以及香港嘉諾撒會抵港傳教 60 周年的鑽禧慶典。整套戲劇共分為七個部分，主要介紹會祖由 14 歲開始的事跡。[12] 可見，書院透過戲劇表演以進行心靈教育的傳統，實源來已久。

二、第二次世界大戰至今的發展

　　第二次世界大戰期間，日軍侵佔香港，學校被迫在 1941 年 12 月 8 日起停課。當時，不少港人逃至當時為葡萄牙殖民地的澳門，令澳門嘉諾撒聖心學校（Canossian Sacred Heart School）的學生人數急增，校方對教師的需求亦相應增加。學校部分的修女，如 Mother Adolfa Veronese，因應這情況而暫時離開香港，到澳門任教。[13]

　　戰後學校旋即於 1945 年 9 月宣佈復課，但當時的學生數目只有 462 人。不過，學校迅速重回正軌。[14] 次年學生人生即達 1,235 人；

踏入 1940 年代末，學生的總數更高達 1,500 人。為應付未來的教學
需要，校方在 1950 年代初便積極擴充學校的硬件設施。戰前學校只
有 18 個課室，[15] 尚足應付授課需要，但戰後學生人數的急速增加，令
對新校舍的需要亦變得急切。1953 年，校方決定在一塊於 1946 年時
由瑪利諾神父教會（Maryknoll Fathers）處接收的土地上，新建一
幢校舍。同年，新學校禮堂及體育館亦告落成，而舊禮堂及體育館
則轉作小教堂，為學生提供設施更全面的學習環境。

　　1950 年代開始，校方亦積極在這所女校中，完善理科教學設
施。1955 年設立化學實驗室，一年後又再成立物理實驗室。不過，
在女校提倡科學相關科目並不容易。惟自 1960 年代開始，科學與科
技漸漸成為社會發展不可或缺的一環，書院為此亦嘗試用多元教學
的方式，期望可以提高同學對科學的興趣。書院更於 1968 / 1969
年度開始參加了當時每年一度的聯校科學展（Joint School Science
Exhibition），[16] 可見書院對學生於數理能力方面的發展，甚為重視。

　　踏入 1960 年代，校方作出了一個重要的決定，即在 1960 年正
式採用現行的校名，以嘉諾撒聖瑪利書院（St. Mary's Canossian
College）取代舊校名（聖瑪利學校，St. Mary's School）。當時的
學生一如往昔，十分關注社會發展，特別是在戰後這個較為動盪的
社會。學生十分熱心於參與社會公益項目，如跟隨修女在星期日放
假時間，參與社會團體（如 Poor Children's Club）的慈善活動；
並出入寮屋區及貧民窟，協助那時的難民及其他貧苦大眾。[17] 而同
學之間，亦抱着相助互愛的精神，彼此相勉共進。[18] 為進一步加深
學生在學校的宗教生活體驗，學校在 1968 年 2 月 28 日成立天主教
社團（The Catholic Society）。社團的成立得到多方友好的支持，
如在兩周年慶典時，香港中文大學的新亞書院與崇基學院亦有派代
表出席慶典。[19] 時至今日，學校的天主教團體共有六個，服務的範
圍與對象亦趨多元化，包括輔祭組（Altar Service Club）、代禱組

（Apostleship of Prayer）、早會合唱團（Assembly Choir）、聖母軍（Legion of Mary）、[20] 嘉諾撒會（Magdalene of Canossian Club）及嘉諾撒義工團（Young Canossian Helpers）。

值得一提，1970 年代以前，書院以舉行賣物會的方式為 Blessed Magdalene Club 籌款。但在 1970 年代初開始，則以小型食物博覽會的方式取代。在 1970 年的試運成功後，1971 年開始便舉辦多場的「小食博」。每次的「小食博」均由兩班同學主理，由食物的準備到宣傳，皆由她們一手策劃。部分女生更看準「午餐市場」，在兩日前逐班宣傳預購飯票，終令午餐銷售成為收入的大宗。[21] 此舉除能令學生為慈善出一分力，亦令她們得到了一些「營商」和待人接物的經驗，實為一舉多得。

1970 年代初，凌蕙彤修女（Sr. Fatima）致力協助同學復辦學生報。學校原有一份學生報刊 *St. Marian's Digest*，但已停辦多時。在凌校長的鼓勵和協助下，新一份的學生報刊 *Vox St. Mary's* 正式在 1969 年 12 月出版。不過，這份報刊不久亦告停辦。直至 1970 年代後期，校報 *The Sun*（中文版稱《暉》）出版，學校才算有一份較具規模的學生報。[22] 至 1987 年，又以 *Forward* 取代 *The Sun*，而中文版則仍稱《暉》。[23]

伴隨着物質條件的改善，學校的心靈教育則顯得相對薄弱。1970 年代末在書院任教的羅婉明修女，指出當時的學生過分着重學業成績，而相對地忽略了對社會的關懷，修女亦指出師生關係亦須改善。[24] 這些環節，顯然成為了 1980 年代校方開始重點關注的地方。

學校為使學生有更舒適的學習環境，自 1987 年開始分三期執行校舍空調計劃。計劃預算經費高達 400 萬元，為此，舊生會舉辦了四項籌款活動，共籌得三百多萬元經費。首階段為禮堂及體育室，次階段為漆咸道校舍，最後則為柯士甸道校舍；整個計劃在 1992 年 8 月完成。[25]

　　家長教師會在 1992 年 10 月 17 日正式成立為學校發展中的重要里程碑。據校長凌蕙彤修女指出，家教會成立的主要目的，在於加強學校與家長間的聯繫及協調學校及家庭教育。[26]

　　1998 年，學校進行了另一次重要的校園改進計劃。學校在舊化學實驗室和舊物理實驗室所在的地方，重建了一座樓高五層的新教學大樓，並命名為 St. Magdalen Building。新大樓設有家政室及多個活動室，進一步改善了學校的教學環境。[27]

　　千禧年代開始，書院更在教育軟件與硬件兩方面，雙管齊下，革新及改善教育效率。在校長區綺婷修女（Sr. Bernadette Au）的帶領下，學校引進了多種創新的教學方式，包括跨課程學習模式（Learning Across Curricula）、專題研習模式（Project-based Learning），強調培養學生的自主學習能力。聖瑪利學生在過往，一直給人在學習上過於依賴教師的印象，[28] 透過自主式及研習式的學習經驗，有效地加強了書院學生的自學能力。而學校亦在硬件上配合新教學模式，安裝隨選視訊（Video on Demand）和隨選軟體（Software on Demand）等伺服器系統，以更有效地利用多媒體資源，以配合學生學習所需。[29]

三、書院的戲劇傳統與心靈教育

　　書院的同學參與戲劇製作與演出，實已源來久遠。如前述，學校早在戰前已舉辦過大型的戲劇表演。而至 1969 年，中學聯校戲劇計劃（Joint School Drama Project）成立，每間成員學校派出兩名代表參與戲劇製作與表演，書院即是計劃的 12 間創會成員學校之一。後來參與計劃的學校愈來愈多，在 1971 年增至 15 間。而學校亦在 1970 年代初，先後成立中國話劇社（Chinese Drama Club）及戲劇社（Drama Club），推動學校的劇戲文化發展。而在 1984

年前，學校的戲劇節比賽，主要以班際或級際形式進行，自 1984 年 2 月 17 日開始，則主要以社際形式舉行，是屆四社的參賽劇目為：白社：*A Midsummer's Night Dream*、藍社：*Caucasian Chalk Circle*、紅社：*Alice in Wonderland*、黃社：*A Christmas Carol*。[30]

　　1979 年，黎義德修女成為校長，她和 Geoff Oliver 一起正式確立了嘉諾撒聖瑪利書院優良的戲劇傳統。之後，每位校長都十分支持一年一度的戲劇排練和演出，給無數的同學留下了關於中學時代戲劇演出的集體回憶。聖瑪利書院的戲劇傳統，在三十多年間形成了一種書院文化，而這種文化的形成和延續，居功至偉的是 Geoff Oliver。三十多年來，他一直擔任導演，和同學們一起創造出一次又一次的輝煌演出，也給同學、舊生、老師和家長留下了珍貴的回憶。

嘉諾撒聖瑪利書院歷任校長

就任年份	中文姓名	英文姓名
1900–？	不詳	不詳
1929–1937	不詳	Sr. Louise Sadorin
1937–1949	不詳	Sr. Agnes Menato
1949–1966	馬修女	Sr. Virginia Maffei
1966–1969	不詳	Sr. Laura Piazzest
1969–1970	凌蕙彤修女	Sr. Fatima Ling（或稱 Sr. Esther Ling）
1970–1973	葉致知修女	Sr. Amelia Ip
1973–1977	謝錫慈修女	Sr. Rosangela Cesati
1977–1979	不詳	Sr. Joy Shelley
1979–1990	黎義德修女	Sr. Ida Sala

（續上表）

就任年份	中文姓名	英文姓名
1990–2000	凌蕙彤修女	Sr. Esther Ling（或稱 Sr. Fatima Ling）
2000–2007	區綺婷修女	Sr. Bernadette Au
2007–2015	王少玉女士	Ms. Catherine Wong
2015– 現在	黃慧珍女士	Ms. Janet Wong

　　1980 年代初，為了增加學生的歸屬感和豐富學校的文藝氣息，Geoff Oliver 帶頭推動四社各級同學自編、自導、自演英文名劇，藉以發揮潛能，提升團隊精神和英語能力。於是，每年大約有二百名師生參與、約三千人次觀賞的戲劇一年一年延續下來。單是截至 2010 年，上演過的戲劇已有 26 部：

嘉諾撒聖瑪利書院 1980–2010 表演之戲劇

＊以下全由 Geoff Oliver 監導

年份	劇目	製作類型	其他資料
1980	Easter Evensong	含音樂的詩歌劇	劇本由 Geoff Oliver 撰寫。
1983	Cats	詩歌、舞蹈、歌唱	當年有六班參加了以 T. S. Eliot 詩作 Old Possum's Book of Practical Cats 為主題的校際朗誦節。同學以參賽詩作為藍本，糅合安德魯・萊特・韋伯（Andrew Lloyd Webber）的音樂劇 Cats 的風格表演。
1985	West Side Story	30 分鐘音樂劇	作為才藝表演的三分之一。
1987	The Tempest	莎士比亞劇目（完整演出）	劇本由 Geoff Oliver 刪減。
1988	Hansel & Gretel	完整劇目	劇本由 Geoff Oliver 改編。

（續上表）

年份	劇目	製作類型	其他資料
1990	*Double Trouble*	30 分鐘劇目	書院在聯校戲劇比賽的參賽劇目；是次比賽中，為書院取得最佳導演、最佳服裝、最佳編劇、最佳特別效果等多個獎項。
1991	*A Christmas Story*	30 分鐘劇目	劇本由 Geoff Oliver 撰寫；結合對白、音樂與舞蹈的聖誕劇。
1992	*Christmas Trees*	30 分鐘劇目	含音樂的詩歌劇（Verse play with music）；劇本由 Geoff Oliver 撰寫。
1992	*A Midsummer Night's Dream*	莎士比亞劇目（完整演出）	劇本由 Geoff Oliver 改編；場景建在三重旋轉舞台（Setting was built on a triple revolving stage）。
1993	*The Night Visitors*	30 分鐘聖誕劇目	劇本由 Geoff Oliver 改編；原劇本為吉安・卡洛・梅諾蒂（Gian Carlo Menotti）歌劇 *Amahl and the Night Visitors*。
1994	*Orpheus*	音樂劇，據希臘神話改編	劇本由 Geoff Oliver 撰寫；而音樂則由書院學生 Temmy Chan 等負責。
1994	*The Lonely Star*	30 分鐘聖誕劇目	劇本由 Geoff Oliver 撰寫。
1995	*Angel Praise*	30 分鐘聖誕劇目	劇本由 Geoff Oliver 撰寫。
1996	*Animal Farm*	30 分鐘音樂劇	劇本由 Geoff Oliver 據喬治・歐威爾（George Orwell）的同名小説改編而成。
1997	*Under The Spell*	音樂劇	劇本由 Geoff Oliver 撰寫。
1998	*Antigone*	完整劇目	劇本由 Geoff Oliver 據 Sophocles 及 Anouilh 的版本改編而成。
1999	*Arion & The Dolphin*	音樂劇，據希臘神話改編	劇本由 Geoff Oliver 撰寫。

（續上表）

年份	劇目	製作類型	其他資料
2000	*Orpheus 2000*	據 1994 年劇目 *Orpheus* 改編	劇本由 Geoff Oliver 撰寫。
2001	*The Egyptian Queen*	音樂劇，據埃及法老王 Hatshepsut 改編	劇本由 Geoff Oliver 撰寫。
2003	*Christmas Trees 2*	30 分鐘聖誕劇目	由 1992 年的劇本改編而成。
2003	*Two by Two*	音樂劇，據聖經諾亞方舟故事改編	劇本由 Geoff Oliver 撰寫。
2005	*Psyche*	音樂劇，據希臘 *Psyche & Cupid* 神話改編	劇本由 Geoff Oliver 撰寫。
2006	*Nefertiti*	音樂劇，據埃及法老王 Akhenaten 及其妻 Nefertiti 改編	劇本由 Geoff Oliver 撰寫，並作為其退休歡送表演。
2008	*The Disenchanted Fairy*	音樂劇	劇本由 Geoff Oliver 撰寫；其退休後回校執導的首個劇目。
2009	*The Other Side*	音樂劇	劇本由 Geoff Oliver 撰寫；其退休後回校執導的第二個劇目。
2010	*A Midsummer Night's Dream*	莎士比亞劇目	Geoff Oliver 退休後回校執導的第三個劇目。

資料來源：Geoff Oliver

　　三十多年來，戲劇排演已經成為聖瑪利書院的傳統。稱其為傳統，是因為書院的話劇有幾個方面是有歷史傳承在其中的。筆者設計了一份問卷，對聖瑪利書院的話劇傳統提出了一些問題，其中最主要是想通過這些問卷去檢視聖瑪利書院的學生如何看待這種傳統，以及戲劇傳統給她們帶來了甚麼。「獨一無二」（unique）是同

嘉諾撒聖瑪利書院話劇傳統的靈魂人物——戲劇總監 Geoff Oliver

鳴謝：盧穎霏

學回答問卷時經常出現的詞語，她們認為戲劇傳統在香港中學中是非常特別的，如此大型、如此精彩，都是由同學擔任主要創意和演出人員，這是一個獨一無二、使人自豪的傳統。通過查閱資料和尋訪同學，可以歸納出聖瑪利書院的話劇傳統的獨特之處：

1. 一年一度。30 年間，共演出劇碼 26 部，幾乎是一年一部。這說明戲劇演出已經成為該校一年一度的指定文化學術活動之一，排演話劇成為具有傳統特色的課外活動。

2. 從其選材來說，這些劇目大多是取材自文學名著、西方神話或者歷史故事，可以讓同學更切實的把握西方文化的精髓，故鋪陳、英文對白、歌舞穿插、服裝道具、環境佈景等等，都是按照西方戲劇的程式進行；而這對於就讀英文學校的學生來說，無疑是一次課堂知識與課外實踐的結合。就具體劇碼來說，有的偏重歌唱、有的偏重對白；有的主題嚴肅、有的主題浪漫。這些不同可以讓具

有不同天賦的同學展示自己的才華。

3. 同學如流水般來了又去，導演卻一直是 Geoff Oliver。可以說，他是話劇演出的靈魂人物。所以，導演對於戲劇成功的定義尤其重要：

> 我認為一套話劇的評價，最重要的並非演出的結果，而是我們怎樣製作，即是把話劇搬上舞台的過程（這是在現實生活中一項艱巨的工作，亦是唯一評估成功的途徑）。所以對我來說，台前幕後個人對工作的投入和熱忱、對話劇作出的承擔、排練時的勤奮和參與程度，以及準備功夫等等，都應該被考慮為成功的因素。[31]

這樣一種教學理念下話劇的排演真正體現着心靈教育的內涵——寓學於演、淨化心靈、發展團隊協作、學習為人處世。

Geoff Oliver 在校刊中不止一次寫到他在演出之後會有悵然若失的感覺，謝幕之後，燈光轉暗，解決這種空虛和低落的辦法就是明年再來！[32] 因而年復一年，傳統由此而生。

4. 同學作為主力：除了導演和幾名指導老師，從佈景到燈光、從作曲到演唱、從編舞到後台、從化妝到服裝，全部都是由同學來完成。通過彼此協調、統一行動，鍛煉了同學們的團隊精神和提高了他們的合作意識。很多具備如繪畫、音樂以及演唱等藝術天賦的同學，都會擔任佈景、作曲、演奏和演出角色等工作，而其他長處不一的同學也可以參與其中，從事場記、錄音、對白、燈光等工作，大家彼此合作愉快。

話劇傳統與心靈教育

在心靈教育理論中，很多理論家認為教育的目標和學校的任務不僅僅是傳授知識，更是心靈接受洗禮和教育的過程。例如

David Hay 和 Rebecca Nye 闡釋心靈教育就是孩子建立與事物、其他人、自我和神之間的關係，這種「關係的意識」（Relational Consciousness），[33] 是闡釋心靈教育理論的重要代表。推而廣之，不管是對成年人還是學生，心靈教育都是認識並建立其本身、與他人、與社會以及與超自然四個維度的關係。在對這四種關係的調校中達到對人、對事、對人生、對世界的通透認識。於是，作者在此分析導演、老師、同學和觀眾四個方面對話劇排演和傳統的看法，從中觀察話劇對同學們心靈教育的啟迪。

導演

導演的想法和話劇排演息息相關。從 Geoff Oliver 的想法中，我們看到從心靈教育角度分析話劇傳統確實是一個合理的切入點。從演出的目的來說，他表示原則都是以學生為首，希望鼓勵她們去控制整套話劇製作，啟發她們的創作天分，培養她們成為一個有責任心、懂得與人合作、跟同伴有着同一目標共同努力的人。導演直言：「我並非要製造閃亮的明星，我要嘗試令整個團隊閃耀光芒。」[34]

除了能夠幫助同學們協調彼此關係、建立團隊精神外，Geoff Oliver 還認為排演話劇對於個人成長也是大有裨益：「我當然認為參與話劇製作對品格的培養有幫助，這就是我如此醉心話劇製作的主要原因。它是一個教導人們認識自己的媒體」，在排練和演出中，「學生們偶然會發現一些他們不喜歡的東西（關於自己和別人），但這些壞東西可能比發現一些好東西對她們更有益處。」[35] 他在談論話劇製作的好處的時候也用「關係」來形容：

> 學會空間的關係、人際關係、個人的關係、社會的關係、權力的關係、演詞的製作和變化、沉默的可貴、靜態、動態、自我反省、經濟、壓力的處理、失敗的處理、成功的認知、團隊精神、時

間管理、面對群眾、組織技巧、發揮創意、創意思維、批判性思考、判斷力、燈光和音效的技術、團隊合作等等！[36]

導演對於話劇所體現出來的主題甚為關注。比如他仔細斟酌過 2005 年 *Psyche* 的取材。他說當時同學們希望能夠演出像 1994 年和 2000 年那樣的關於愛情的故事，[37]所以他又回到希臘神話中尋找靈感。這些神話很多都很殘忍，但是亦有強烈的道德支撐，對合理與否有明確的指引，這對學生們確立價值體系有積極的作用。此外，導演尤其強調，雖然那些故事發生在古希臘時代，中間仍然明確的反映出人類和神的關係。所以當年他在創作劇本時，就選取了 *Psyche* 和 *Cupid* 的故事，希望從中引出一系列相關討論：父母與孩子的願望相悖、早戀導致無法預計的結果、激情或會導致盲目、嫉妒和恐懼導致猜疑、懺悔達成寬恕等等，「對於現今生活來說可以引發許多共鳴，可以說這個故事跨越時代。」[38]

1998 年 *Antigone* 台前幕後合照
鳴謝：盧穎霏

參與話劇排演的同學

　　除了導演和幾位幫忙的老師，整部劇都是由同學來參與的。從舞台管理到演員，從排舞到作曲，事無巨細，均由同學負責。於是，不同的崗位就有了不同的心得，這些都是話劇排演帶給她們的收穫。她們有的認為最大收穫是提升了自我控制能力，有的認為是增強了自己的責任心，也有認為自己得到朋友的關心和鼓勵是最大得着，有的則認為是重拾了信心。對於失去，有的認為同時面對排練和繁重的功課會產生壓力和情緒困擾，克服這些會讓自己更堅強，有的認為錯過了和朋友及家人相處的時間，得不到朋友的諒解是最大的損失。

　　筆者從《家長教師會會訊》中找到一些同學的回饋。其中有位舞台管理組長，她最想多謝的人便是 Geoff Oliver。她解釋出任舞台管理組長期間難免出錯，但 Geoff Oliver 不但沒有責怪她，反而給予她信心，令她更用心地完成任務。舞台管理組長形容自己的工作：

> 　　要時刻保持頭腦清晰，要清楚怎樣安排各個同學的分工，維持後台的秩序等等，是十分具挑戰性的任務。在學業與話劇的平衡方面，盡量上課留心以彌補參與話劇後溫習時間之不足，期間作業的分數或會下跌，但只要之後努力追上，亦覺得是值得的。籌備話劇最辛苦莫過於睡眠時間不足，上課時很疲憊。[39]

　　也有排舞的同學認為 Geoff Oliver 是她話劇旅途上一個重要人物，原來她的家人並不支持她參加話劇組，但就是因為 Geoff Oliver 的讚賞，認為她有潛質，媽媽才覺得她是有這方面的才能。她還認為這樣大型的話劇是聖瑪利書院所獨有的，是其他學校的學生所羨慕的，故此能成為話劇組成員是值得自豪的。雖然排演佔據了很多時間，但是「她們異口同聲地表示在演出前反能專注學業，因為她

們不想令別人覺得演出話劇會影響學業。所以只要時間分配得宜，便能兼顧排練與學業。」[40]

在《家長教師會會訊》中還有一段富有感情的描述，也可以體會到這些中學生在全力以赴參演話劇的過程中之心路歷程，讓人印象深刻：

她們為了使家人安心，承諾每晚八時前返家、保持學業成績和身體健康；換來默許的支持及愛心湯水。她們為了使工作順暢，學會收斂過分的自我、與人研討分歧和商量解困；換來提升情緒智商及處事的準快。她們為了使學妹得益，改變自己倔強或軟弱的性格；客觀地與人多溝通；換來多認識朋友及更快達成共同目標。她們為了使效果完美，敢於聯手與導演爭辯、不斷提升建議和堅持信念；換來意見被接納及絕對的信任。[41]

1998 年年度劇目 *Antigone* 劇照
鳴謝：盧穎霏

擔任音樂監製的同學在訪問中提到，「很喜歡整體同學們參與其中的氣氛，大家不分年齡、程度，通過這個機會各展才華。在數個月的話劇排練裏，就像生活在一個小社會，從中培養出溝通技巧及責任感，學會應付面對壓力，知道做任何決定之前都要想清楚。」[42]也有很多同學提到她們學會了在開展一件複雜任務前要仔細籌劃、細緻安排，以及在執行過程中學懂了服從和忍耐。

老師

和同學一樣，老師也要應付繁重的教學工作和時間緊、任務重的壓力，所以參演話劇對老師來說也是一個繁重的任務。一位老師坦言：「參與話劇製作無疑加重了工作量，在有限的時間及資源下，壓力愈來愈大是無可避免，但看見同學們的全情投入，老師及同學見證了壓力的正面影響——在有限的時間及資源下壓力是可轉化成推動力的。」[43]作為老師，見證學生們在課餘生活中的進步，最開心的莫過於同時見到學生沒有忘記學習的主業了：「排練的時候看見同學們偷閒時竟然認真地溫習及做功課，老師們心裏很高興。」而且這些排演，也增加了老師和同學在一起的凝聚力，增加了對學校的歸屬感：「演出的成功就是最大的回報，令大家以身為聖瑪利一份子為榮，對學校增加了歸屬感。」[44] 1999 年話劇 *Arion and the Dolphin* 的副導演 Ms. Julia Cheung 在接受校刊訪問時說：「當時我是負責 Form 7 同學的功課，有很多工作要做，像批改家庭作業和考試試卷。當時很多同學唱得嗓子都啞了，對整個過程也感到枯燥⋯⋯我的作用就是鼓勵她們。」[45]

家長和觀眾

其實每位參與演出的同學的家長也是從頭到尾見證着話劇上演的全部過程，他們也有很多感受。一位家長接受訪問時說：「最叫

我驚訝的是，有些觀眾居然是來自畢業多年的舊生，令我深深感受到嘉諾撒聖瑪利書院音樂劇的非凡魅力……當 Geoff Oliver 致謝辭時，台上無論是主角、配角、幕後的工作人員，甚至是台下的觀眾，無不被他感動得流下淚來！」[46]

另一位家長黃太說：「女兒參加話劇後，獲益良多。整出話劇都以英語表達，透過不斷的聯繫，在英語運用上比以前進步不少。為了提高英語水準，還會利用課餘時間，閱讀英文圖書和收看英語電視節目，此舉既能學習英語，又可舒緩壓力，確是一舉兩得。」黃太還認為只要在時間管理上安排得當，所遇到的問題都可以迎刃而解。人生總會遇到挫折和困難，只要勇敢承擔及懂得與人分享，直至問題解決而達致完滿。[47]

可見，學生參演話劇對家長來說也是一次心靈之旅：可以觀察到孩子的進步，在幫助孩子的過程中也可以加強親子關係。演出成功的喜悅帶給家長的也是欣喜的淚水。筆者問卷所涉及的同學，有些沒有參與具體的排演工作，只是台下的觀眾，但是她們也認為話劇對她們的中學時代來說，是個美好的回憶，即使坐在台下觀看，也一樣跟着激動和流淚，因為話劇已經成為聖瑪利書院的象徵符號，每個聖瑪利人都會感到一種身份認同和情感認同。

結語

托馬斯‧默頓（Thomas Merton）曾經指出：「教育的目的是向一個人展示如何真正而自然地界定自我和這個世界的聯繫，而不是去灌輸一個對世界的預設的界定，亦或是對個人的武斷的界定。」[48]他被現代人廣為推崇的教育思想主要有兩點，一是全人教育（Holistic Education），二是自我發現（Self-discovery）。這兩點都是在基督教靈性和心靈教育的視角中闡發的。當今世界，教育的危

險在於「如此簡單地混淆了手段和目的」，更可怕的是，「它只是為大規模生產沒有受過教育的畢業生而付出」，靈魂已經被從教育中抽離，因為我們認為教育就是關於技術和資訊的，不是關乎深切的感受和想像。[49] 所以顯而易見，聖瑪利書院的戲劇傳統體現了天主教教育關注人性的宗旨，不是僅僅注重技術和知識，更注重發掘學生的天賦，也創造了機會讓學生去發現自己，去發現自己和周圍世界的關係。

幾乎所有的同學在接受採訪或者回答問卷時，都有提到演話劇可以增強自信和提高團隊合作，也指出話劇可以把整個書院凝聚在一起，無論是台前還是幕後，甚至是台下的觀眾，也是一起興奮、一起成長，每個人都以自己身為聖瑪利人而感到自豪，從而增強了歸屬感。

在嘉諾撒聖瑪利書院家長教師會副主席張志洪跟王少玉校長和學生會顧問老師李孔嘉寶的訪問中，已經明確指出了話劇的意義：「愉快學習，全人發展。」[50] 教育的目的不僅僅就是知識的羅列和灌輸，學生也不是學習機器，她們需要在成長過程中不斷的調校對自己、他人、周邊和超自然的關係，是一種心靈教育。《家長教師會會訊》是從德育、智育、體育、群育、美育的角度來分析參演話劇帶來的益處，本文則從「關係」這個角度，來分析話劇傳統帶來的正面能量，希望這個偉大的話劇傳統繼續發揚光大。

總括而言，嘉諾撒聖瑪利書院自 1900 年至今成功地推行「全人及心靈教育」，樹立逾一百二十年「教」導與培「育」的榜樣，成為一個優良的「教育」典範。

注 釋

1　《嘉諾撒聖瑪利書院一九七九至一九八零》，頁 128。

2　同上，頁 129。

3　同上，頁 128。修女們由米蘭外方傳教會的 Borghinoli 神父陪同，自 1860 年 2 月 26 日由威尼斯出發，經亞歷山大城至開羅，再到蘇彝士，後轉乘 Colombo 號過紅海，再至錫蘭轉乘 Cadiz 號至新加坡，其後在中國海歷多場暴風雨。見《嘉諾撒遠東傳教百週年紀念刊：[1860-1960]》（香港：嘉諾撒仁愛女修會，1960）。

4　《嘉諾撒遠東傳教百週年紀念刊》。

5　Emily Aloysia Bowring 亦即第四任香港總督寶寧的千金，見《嘉諾撒遠東傳教百週年紀念刊》。

6　Sala, I., "Historical data of Canossian Missions in Hong Kong," in *History of Our Canossian Missions, Hong Kong, 1860–1910, Volume 1* (Hong Kong: Sisters of the Canossian Missions, 1998), 1.

7　《嘉諾撒遠東傳教百週年紀念刊》。

8　《嘉諾撒聖瑪利書院一九七九至一九八零》，頁 128。

9　同上，頁 146。

10　《嘉諾撒聖瑪利書院一九七一至一九七二》，頁 125。

11　《嘉諾撒聖瑪利書院一九七九至一九八零》，頁 146。

12　同上，頁 147。

13　《嘉諾撒聖瑪利書院一九七一至一九七二》，頁 9。

14　當時整個港澳地區的嘉諾撒仁愛女修會的學校皆急待重修或擴建，幸得李寶椿先生慷慨解囊，多所學校得以迅速恢復運作與進行擴建工作。見《嘉諾撒遠東傳教百週年紀念刊》。

15　《嘉諾撒聖瑪利書院一九七九至一九八零》，頁 146。

16　《嘉諾撒聖瑪利書院一九六九至一九七零》，頁 18；《嘉諾撒聖瑪利書院一九七一至一九七二》，頁 10。

17　Sr. Laura Piazzest 的信件，《嘉諾撒聖瑪利書院一九七九至一九八零》，頁 150。

18　許錫慶：〈一件小事〉，《嘉諾撒聖瑪利書院一九七九至一九八零》，頁 157。

19　《嘉諾撒聖瑪利書院一九六七至九七零》，頁 102。

20 聖母軍是學校首個宗徒組織，成立於 1949 年 1 月 18 日，而中文部的聖母軍則成立於 1 月 19 日。見詹秀璉：〈嘉諾撒仁愛女修會在香港的使命及貢獻〉，載《香港天主教修會及傳教會歷史學術研討會議文獻》（香港：香港中文大學天主教研究中心，2009），頁 88。

21 《嘉諾撒聖瑪利書院一九六七至一九七零》，頁 102。

22 《嘉諾撒聖瑪利書院一九七九至一九八零》，頁 101。

23 《嘉諾撒聖瑪利書院一九八六至一九八七》，頁 107。

24 《嘉諾撒聖瑪利書院一九七九至一九八零》，頁 157。

25 《嘉諾撒聖瑪利書院一九九二至一九九三（中文版）》，頁 16–18。

26 《嘉諾撒聖瑪利書院一九九二至一九九三》，頁 148–149。

27 《嘉諾撒聖瑪利書院一九九九至二零零零》，頁 39。

28 《嘉諾撒聖瑪利書院一九七六至一九七七》，頁 14。

29 《嘉諾撒聖瑪利書院二零零一至二零零二》，頁 10。值得一提，書院在利用高新科技配合教學一方面，一直是不遺餘力。舉例說，早在 1983 年，書院已設立電腦學會（Computer Club），向同學介紹電腦科技的發展，見《嘉諾撒聖瑪利書院一九八二至一九八三》，頁 111。

30 《嘉諾撒聖瑪利書院一九八三至一九八四》，頁 105。

31 蘇秀琴譯：〈電郵訪問 Mr. Geoff Oliver〉，《嘉諾撒聖瑪利書院家長教師會會訊》，第 33 期（2009 年 7 月），頁 2。

32 《嘉諾撒聖瑪利書院二零零零》，頁 170。另外也有其他關於演出後空虛感的記載，見《嘉諾撒聖瑪利書院二零零四至二零零五》，頁 86。

33 Hay, D. & Nye, R., *The Spirit of the Child* (Revised Ed.) (London; Philadelphia: Jessica Kingsley Publishers, 2006). 這部書於 1998 年初版，開篇已提出甚麼是靈性等問題，對於解讀靈性和心靈教育頗多建樹。

34 〈電郵訪問 Mr. Geoff Oliver〉，頁 2。

35 同上。

36 同上。

37 1994 年和 2000 年都是關於希臘神話 Orpheus 的愛情故事。

38 《嘉諾撒聖瑪利書院二零零四至二零零五》，頁 84。

39 林瑞珊：〈訪問舞台管理組長洪雅文〉，《嘉諾撒聖瑪利書院家長教師會會訊》，第 33 期（2009 年 7 月），頁 6。

40 蘇秀琴（蘇秀琴、姜志華、李紅珍訪問）：〈訪問演員：池桂玲、吳慧棕、李泳棋、黃雪崎〉，《嘉諾撒聖瑪利書院家長教師會會訊》，第 33 期（2009 年 7 月），頁 4。

41　姜志華:〈解「謎」:聖瑪利英文話劇演出近一世——訪問製作統籌楊寶霖、易順祺和助理導演蔡凱明、羅子蔚〉,《嘉諾撒聖瑪利書院家長教師會會訊》,第 33 期(2009 年 7 月),頁 5。

42　林瑞珊(林瑞珊、陶俊慧訪問):〈訪問音樂總監李坤蒔和蘇詠恩〉,《嘉諾撒聖瑪利書院家長教師會會訊》,第 33 期(2009 年 7 月),頁 6。

43　方黃麗娟(姜志華、方黃麗娟訪問):〈訪問製作聯絡人楊雁明老師和潘慧中老師〉,《嘉諾撒聖瑪利書院家長教師會會訊》,第 33 期(2009 年 7 月),頁 4。

44　同上。

45　《嘉諾撒聖瑪利書院一九九八至一九九九》,頁 153。

46　鄧伯釗:〈觀眾感言(一),中一戊,鄧曉晴家長〉,《嘉諾撒聖瑪利書院家長教師會會訊》,第 33 期(2009 年 7 月),頁 7。

47　陶俊慧(林瑞珊、陶俊慧訪問):〈訪問設計師古汝婷和阮家儀〉,《嘉諾撒聖瑪利書院家長教師會會訊》,第 33 期(2009 年 7 月),頁 7。

48　Upton, J. A., "Humanizing the university: Adding the contemplative dimension," *The Merton Annual: Studies in Culture, Spirituality, and Social Concerns* 8 (1995), 75–87. 默頓是美國天主教神父,對現代社會問題十分關注,著作頗豐,是一位偉大的天主教神學家、文學家和社會評論家。他從天主教的視野出發,關注社會正義、教育以及文化交流問題,廣受歡迎。

49　Moore, T., *Care of the Soul: A Guide for Cultivating Depth and Sacredness in Everyday Life* (New York: Harper Collins Publishers, 1992), 208.

50　張志洪:〈訪問王少玉校長和學生會顧問李孔嘉寶老師〉,《嘉諾撒聖瑪利書院家長教師會會訊》,第 33 期(2009 年 7 月),頁 1。

尋檔案・話廣華

史秀英

前言

　　廣華醫院在 1911 年成立，為市民提供中西醫服務，而其豐富的檔案對開發香港醫院發展史、中西醫醫療史等有重要啟示。下文將會透過東華三院文物館館藏的檔案，講解廣華醫院的成立背景，以及新近修復的廣華醫院的檔案帶來的重要歷史研究契機。

一、廣華醫院的成立背景

　　很多人都知道東華醫院是港島第一間為華人而設的醫院，建於 1870 年，提供免費中醫藥服務。九龍半島於 1860 年按《北京條約》割讓予英國及其後新界於 1898 年租借予英國後，人口大幅增加。至 1905 年，港島人口約為 21 萬，九龍及新界人口約為 18 萬。那麼第一間照顧九龍及新界龐大人口的醫院是哪一間呢？又是何時成立？答案是 1911 年成立的廣華醫院。據《1911 年度廣華醫院緣起及徵信錄》所載，東華醫院有見九龍人口增加而未有醫院，遂向政府提出在油麻地興建醫院。關於這個構想的源起時間，翻查東華醫院的

檔案，發現最早出現相關資料的東華醫院董事局會議紀錄是丁未年（1907 年）十二月二十三日，不過時任主席譚鶴坡提出議案時，只簡單說是華民政務司來函交來醫院地圖及緣部，向總理勸捐。

　　就在這次會議前的一個月左右，時任港督盧吉（Frederick J. D. Lugard）致函他的上司殖民地事務大臣埃爾金伯爵（Earl of Elgin），具體說出香港政府認為急需為九龍半島及鄰近地區華籍居民提供醫療服務。那麼究竟是政府還是東華醫院提出在九龍興建醫院？其實早在 1905 年，華民政務司蒲魯賢（Arthur W. Brewin）鑑於九龍人口日漸增加，已開始構想建設一間醫院。他建議由華商出資，推舉何啟、韋寶珊、劉鑄伯等 18 人出任籌建醫院值理，其中大部分曾任東華醫院主席或總理，蒲魯賢本人則出任主席。

　　這裏有兩個玄機，一是何啟為西醫生，估計新醫院一開始就提供西醫服務；二是很多籌建醫院值理為東華醫院前任主席或總理，意味東華醫院將要積極參與其事，而醫院可能也像東華醫院一樣提供中醫服務。1911 年廣華醫院成立後證明，新醫院同時提供中西醫服務，政府也立法訂明將廣華醫院交由東華醫院接管，東華有管理廣華的權力並負有同樣的義務及財務責任。

　　要解構以上兩個玄機，必須由東華醫院說起。1870 年，政府通過《華人醫院則例》，成立東華醫院以中醫藥免費治療貧病華人。1872 年東華醫院落成啟用，提供中醫門診及住院服務，最特別的是同時提供「贈種洋痘」（即「免費接種牛痘疫苗」）服務。19 世紀後期香港深受天花困擾，華人感染天花死亡率很高。政府鼓勵東華創院後立刻推出贈種洋痘服務，1871 年，即東華醫院未落成啟用，已為 500 名華人接種，翌年更有 900 名。到東華醫院種洋痘的人遠比到國家醫院的多，東華還在 1878 年開始派痘師到廣東為城鎮及村落免費為民眾種痘，減少病毒因兩地民眾來往頻繁而從廣東輸入香港的機會。後來政府更批准東華醫院設隔離病房收容天花患者。當時

廣華醫院緣起

油蔴地居香港之北相隔一水其地為新安土股之極端而廣九鐵路
之起點也居民居繁庶不亞於香港而是地向無醫院其有疾病皆來港
就醫時或疾風暴雨驚濤浪欲清無舟嚴寒酷暑中途阻滯者不知
凡幾 同人 等懇焉傷之均以為是地醫院之設較之港埠尤刻不容緩
云然茲事體大未可吒立辦也乃本港
華民政務司蒲公聞之以為先得我心引為同志極力贊助爰蒙
大英政府允准撥給荒地一段以為醫院基址董撥欵三萬員為開辦
經費又歲撥六千五百員為常年經費餘由 同人 等勉力撐任共籌巨
欵以卒底於成是院也基址廣袤共十餘方畝建築經費歷十三萬金

廣華醫院徵信錄　序

計經始於丁未年　月　日落成於辛亥年八月十八日頤日廣華醫
院開幕以來於今　載規模犄備善舉條興使貧民就醫無寒暑風濤
之阻賜旅疾困有養生送死之安此固由　政府之一視同仁而尤賴
蒲公之藥為勸助然後我 同人 等得以各盡綿力共觀厥成亦云幸矣
然而山雖九仞政謂崇高海絕千尋不自滿假况茲小就詎謂大成所
冀四海仁人勵其不逮同堂善友日益擴充使施濟之願日宏推解之
仁愈廣則 同人 等所共深瞻觀者矣是為引

勸捐

《1911 年度廣華醫院緣起及徵信錄》

丁未十二月廿三禮拜日會議

主席譚鶴坡翁
在座陳洛川翁　伍漢墀翁
黃兆棠翁　崔仲嶙翁　陳殿卿翁　李耀堂翁
張祥芝翁　余達才翁　謝詩屏翁　吳秀芝翁
洪子良翁　張詩穫翁　李茂之翁　謝明初翁

議：華民政務事宜當眾宣讀批准施行
一將前次貯議西連來油蔴地廣華醫院地圖
一張緣部奉　宇清向總理有未捐助者勸捐公議向各位

《丁未年（1907）十二月廿三日東
華醫院董事局會議紀錄》

倡建廣華醫院總理

鄧志昂　劉鑄伯　李鳳珊　潘寅存　招頤侯
馮華川　韋寶珊　黃麗川　陳啓明　李鳳珊　古輝山
李右泉　何蕚樓　周少岐
胡海籌　唐麗泉　何甘棠　周甘棠　謝纘卿

《1911 年度廣華醫院徵信錄》
倡建廣華醫院總理名單

華人抗拒西醫，但東華能獲得市民信任願意種痘，對政府防治天花幫助很大。1894 年香港發生鼠疫，東華協助政府推行種種防疫措施，華人激烈反對，也不滿東華沒有保障他們。事件平息後，港督羅便臣（William Robinson）於 1896 年 2 月委任五人調查委員會研究東華的存廢問題，成員包括輔政司及華民政務司駱克（James Stewart Lockhart）、署理庫務司譚臣（A. M. Thompson）、定例局議員遮打（Catchick Paul Chater）、威歇（T. H. Whitehead）及何啟。半年後，委員會未能達成一致意見，駱克、譚臣和何啟提交一份聯名報告，批評之餘亦讚揚東華克盡己職，照顧貧病華人，應當保留，但建議派西醫常駐；遮打和威歇則對東華持負面意見。值得留意的是，主要代表政府和東華日常聯絡的是華民政務司，他較明白東華醫院在華人社會的作用，而何啟日後也理解到由東華醫院接管廣華醫院帶動西醫服務，較易為華人所接受。

　　東華醫院與政府的關係持續改善，相信是政府考慮在九龍建設醫院時認定由東華醫院肩負重任的主要原因。事實上，即使到 1920 年代初，一群灣仔華人要求政府撥地興建醫院時，政府的回應是香港應以東華醫院為唯一慈善機關，港島東建設醫院亦應統屬於東華醫院。東華東院最後由東華醫院開辦，於 1929 年開幕。1931 年三間醫院統一，稱為東華三院。而在鼠疫過後，東華醫院實行政府提出的三項建議，包括增設管事一職監管院內衛生，由政府出資聘請一名華裔西醫，以及接受外科醫官每日到院巡視。自此，東華醫院成為中西醫兼備的醫院，醫院的病人死亡數目逐漸下降，這當然可能由於華人願意到醫院求醫，但醫院改革漸見成效也是不爭事實。另外，政府按調查報告書建議於 1906 年成立顧問委員會，委任 16 位顧問出任這個非正式諮詢組織的成員，其中八人曾經擔任東華醫院主席，而當中部分成員正是廣華醫院的創建值理。有了這個諮詢組織連繫東華醫院、政府和社會，估計政府對東華的監控更有信心，

其後對東華支持有加。改革後約十年，東華醫院和其他醫院合作，送部分病者到國家醫院、堅尼地城醫院治理，也進行切除腫瘤、結石等外科手術。政府顯然對東華醫院發展西醫服務感到滿意，華民政務司及潔淨局又批准東華醫院在灣仔、西營盤和九龍城設立分區診所。原來這些分區診所除治病外，還有一個特別功能，就是聘請通曉英語的書記教導貧困華人遵守潔淨屋宇的法例，更不要匿藏染疫患者，以免疫症傳播。

自從丁未年（1907年）末東華醫院主席在董事局會議上，報告華民政務司來函邀東華就油麻地新醫院勸捐，之後有兩次董事局會議紀錄分別提及華民政務司着東華邀請前任總理勸捐和分班勸捐，頗令人感受到東華承受籌款壓力。

至庚戌年（1910年）十月初八的會議，主席劉鑄伯仍請大家再設法向各行勸捐，三年間董事局甚少討論建設新醫院的細節，相信一切由政府主導。至辛亥年（1911年）四月二十三日會議，主席報告撫華道謂仍欠22,000元，其後由東華醫院董事局通過撥款借出。當一切看似仍未準備妥當，政府就在1911年8月24日頒佈《1911年東華醫院擴充法規》，正式宣佈東華醫院接管廣華醫院及相關權力和義務。

東華檔案裏有一份辛亥年（1911年）九月初二由蒲魯賢主持的會議紀錄，說明醫院開幕後仍然面對財政困擾。東華醫院主席陳啟明報告合蒲魯賢之力募捐巨款及董事局勸捐，已經籌募得所欠的30,000元。但最困擾的其實是政府承諾每年經常費資助只有8,000元，而東華預算營運新醫院每年要20,000元。另外，蒲魯賢提出一個油麻地及紅磡街坊籌款方案，並謂區鳳墀要幫助一切。區鳳墀為廣華醫院第一任總司理，本在撫華道工作，根據東華的檔案，他由華民政務司推薦而來，顯示政府對新醫院的管理非常着緊。在同一份會議紀錄，也流露蒲魯賢對東華催迫甚殷，其時東華在地盤搭建

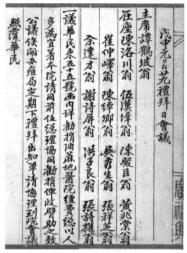

《戊申年（1908）元月廿九日董事局會議紀錄》

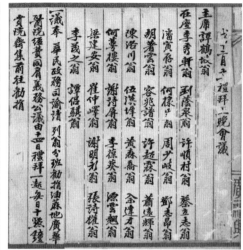

《戊申年（1908）二月十七日董事局會議紀錄》

No. 38 of 1911.

For the establishment of a Hospital for the care and treatment of Chinese Patients in the Kowloon Peninsula.

[25th August, 1911.]

WHEREAS subscriptions have been raised to build a Hospital for the care and treatment of Chinese patients in Kowloon; AND WHEREAS His Majesty the King has been graciously pleased by way of endowment of the said Hospital to consent to the grant of a piece of Crown land as a site for the erection thereof; AND WHEREAS the buildings of the said Hospital are now nearing completion and the subscribers desire to surrender the said Hospital to the Tung Wa Hospital; AND WHEREAS it is desirable to make special provision for the management of the said Hospital:—

1. The Tung Wa Hospital Extension Ordinance, 1911.

2.—(1) The Hospital in course of erection on Kowloon Inland Lot 1213 shall be known as the Kwong Wa Hospital.

(2) In this Ordinance " Board " means Board of Direction of the Tung Wa Hospital.

3. The Tung Wa Hospital shall possess the same powers and rights and be subject to the same liabilities and responsibilities in connexion with the Kwong Wa Hospital as it possesses and is subject to with regard to the Tung Wa Hospital; and the Board shall have and exercise the same powers and rights and be subject to the same liabilities and responsibilities in connexion with the Kwong Wa Hospital as they have and exercise and are subject to in connexion with the Tung Wa Hospital, and the provisions of sections 14, 16 and 17 of Ordinance No. 1 of 1870 shall apply to the Kwong Wa Hospital in the same way as such provisions now apply to the Tung Wa Hospital.

《1911 年東華醫院擴充法規》

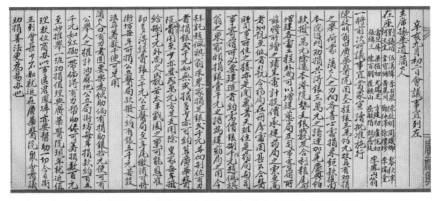

辛亥年（1911）九月初二由撫華道蒲（魯賢）大人主持的會議紀錄。

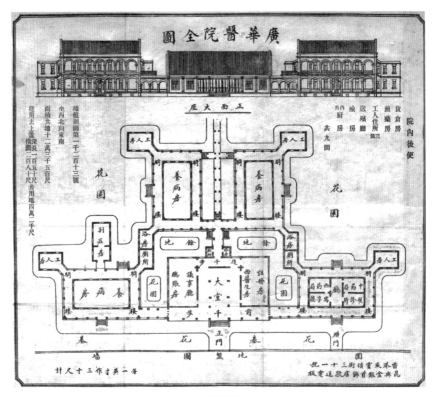

1911 年廣華醫院平面圖，設計與早年東華醫院相近。

帳棚作贈診所，蒲魯賢謂「今日街正（作者按：症）到會甚少」，要立刻在醫院商議勸捐辦法。

　　1911 年末，廣華終於竣工，醫院以傳統中國式庭園三進佈局設計，同時配置西式設備。10 月 9 日廣華醫院舉行開幕典禮，由港督盧吉主禮，華民政務司蒲魯賢等政府官員出席，華人商界精英雲集，場面盛大。首屆值理會主席是陳柏朋，值理有方建初、崔秩山、梁植初、余植卿和香文五人，除余植卿和香文外，其餘四人為東華醫院 1910 年總理。不過，廣華並非東華初創時的翻版，至少在醫療服務方面就有所不同。廣華在啟用時已經同時辦理中醫及西醫診症，更備有華人西醫駐院。廣華佔地 123,500 平方呎，設有 72 張

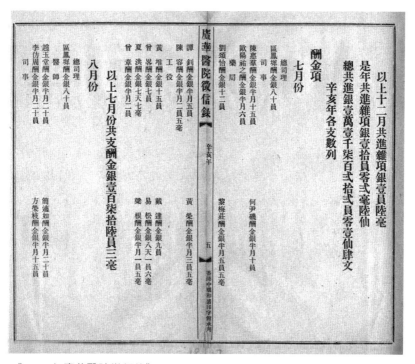

《1911 年廣華醫院徵信錄》

病床；又有包括割症房（外科手術房）、西醫生房、西藥房、沐浴房及水廁等在內的設備，在當時而言是相當現代化的西醫院配置。

今日由東華三院文物館保存的檔案中關於廣華醫院的不算少，由於廣華醫院董事局聽命於東華醫院董事局，東華醫院的董事局會議紀錄有不少關於廣華醫院的討論，如果把政府檔案、《東華醫院董事局會議紀錄》、《廣華醫院董事局會議紀錄》及《廣華醫院徵信錄》等資料拼湊在一起，就大概看到早期醫院運作的面貌。徵信錄類似今天的年報，載有很多規條和醫院運作資料，例如《1911年廣華醫院徵信錄》顯示當年七月醫院未啟用時已聘用區鳳墀為總司理，八月份有中醫四名，而西醫估計尚未到職。

二、修復廣華醫院的醫療檔案

2011年，廣華醫院發掘到的一批檔案，意義更為重大。當年適逢廣華醫院成立100周年及正籌備可能於數年內展開的重建計劃。該院行政部聯絡東華三院檔案及歷史文化辦公室，邀請東華三院檔案及歷史文化委員會成員及顧問參觀其冊籍房，希望他們就該院處理一大批舊檔案提供意見。出席者有委員會成員及顧問，包括香港中文大學歷史系客席教授丁新豹博士和時任康樂及文化事務署文物修復辦事處總監陳承緯先生。大家進入冊籍房時異常驚訝，滿眼是估計盛載歷史紀錄的公文袋。專家認為整體儲存環境不太理想，打開部分檔案後發現紙張受潮及蟲害嚴重。委員會認為眼前所見的一大批醫院總冊，可能是當時香港唯一曝光的醫院紀錄，對發掘香港和東華三院醫療史以及廣華醫院歷史有莫大的幫助。

2011年5月，廣華醫院將第一本醫院總冊（1917年1月至4月）移交文物修復辦事處，開展一項修復先導計劃。

一開始修復專家發現總冊蟲蛀嚴重、蟲卵污物藏於書腦內、紙本

2011 年 1 月，廣華醫院冊籍房內的醫療檔案。

2011 年，廣華醫院檔案的狀況。

《1917 年廣華醫院總冊（第壹本）
（由丁巳年正月初一至三月初七止）》
（1917 年 1 月 23 日至 4 月 27 日）

脆裂、霉爛、頁面有缺失、書本卷曲不平、欄線顏色容易暈開、書皮
破爛，這些狀況都使檔案難以開啟。專家定下五項修復目標，包括：
（一）去除蟲卵髒物，清理表面污漬;（二）修補蟲孔及頁面缺失部分;
（三）恢復紙張柔韌性，鞏固書頁結構;（四）修復書皮，重整定冊;
及（五）全本檔案整舊如舊。經過專家幾個月的努力，康樂及文化事
務署於 2012 年 1 月將修復完成的檔案交回東華三院保存。

　　修復的總冊是 1917 年正月初一至三月初七（1 月 23 日至 4 月
27 日）的第一本，但無從確認 1911 至 1916 年是否有相同或不同
模樣但已散失的資料。總冊記錄每天出入院病人的姓名、性別、籍
貫、住址、擔保人及病徵，還有為病人提供膳食、使用燃料的日常
支出，及為不治病人施棺代葬等細節。這些除了是廣華醫院的醫療
發展史外，也是一個世紀前九龍地區醫療狀況、地區發展及民生變
遷的珍貴民間第一手資料。

　　醫院秉承東華贈醫施藥的慈善精神，以二月初三（2 月 24 日）
的紀錄為例，向 21 位入院的內科病人贈醫（11 男 10 女），他們全
部選擇中醫，另院內共施藥 32 劑及藥丸 28 服。醫院也向亡者施棺
贈殮，以正月初三（1 月 25 日）為例，是口 11 名入院病人，最終有

上：丁巳年正月初三（1917 年 1 月 25 日）的入院紀錄。入院病人個人資料包括病人姓名、年齡、性別、籍貫、地址及經手人；入院原因及負責中醫師及西醫；「病症」有分娩、痰、寒熱、腰病、外科、咳、腹脹、中風、瘧疾及發熱。

左下：丁巳年二月初三（1917 年 2 月 24 日）的贈醫及施藥紀錄

右下：丁巳年正月初三（1917 年 1 月 25 日）的贈殮紀錄

六人不治，三人可以自理棺木和葬地，另外三人由醫院施贈棺木和代葬義地，並編有碑號。「內入」可能是指死者於醫院內入殮。以上的資訊可以同時於當年廣華醫院徵信錄中印證，包括 1917 年正月份的酬金項可印證醫院有一名西醫生和兩名中醫師，另外是醫院為不治病人提供義地安葬的資料。

有見於第一本修復後的總冊包含的資料極為豐富，東華三院遂撥出資源予廣華醫院於 2013 年起聘請專家修復餘下 156 本中式總冊。當中修復步驟極為繁複，包括分拆書頁、表面除垢、拼砌資料、托裱背紙、上牆風乾、裁齊書邊等等（見頁 162）。

2016 年，正值醫院總冊修復期間，廣華醫院在取得醫院管理局的同意後，正式將 1,249 冊從 1917 至 1991 年的醫療檔案，移交東華三院檔案及歷史文化辦公室。這批檔案中除醫院總冊外，最大的一批為產房的出生紀錄，記錄了產婦名字、年齡、胎數、住址、丈夫職業、接產者姓名等資料。

《1917 至 19 年度廣華醫院徵信錄》

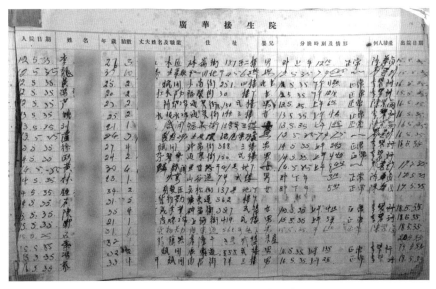

1935 年 5 月廣華接生院（廣華醫院產房）紀錄（部分）

在修復產房紀錄期間，檔案及歷史文化辦公室將檔案全部數碼化，並提供一套副本予廣華醫院，而原件則保留在東華三院何超蕸檔案及文物中心。

結語

廣華醫院本身和東華三院相關的檔案極為豐富，期望將來這些檔案對開發香港醫院發展史、中西醫醫療史、醫院管理局成立前補助醫院的營運與發展，以及社區與人的故事帶來啟示。

廣華醫院總冊修復過程

查核狀態

分拆書頁

表面除垢

拼砌資料

托裱背紙

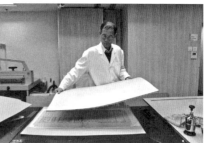

吸水壓平

上牆風乾

裁齊書邊

平齊書口

訂位打眼

按序穿線

裝訂完成

圖片提供及鳴謝：東華三院文物館

舊日足跡
街角故事

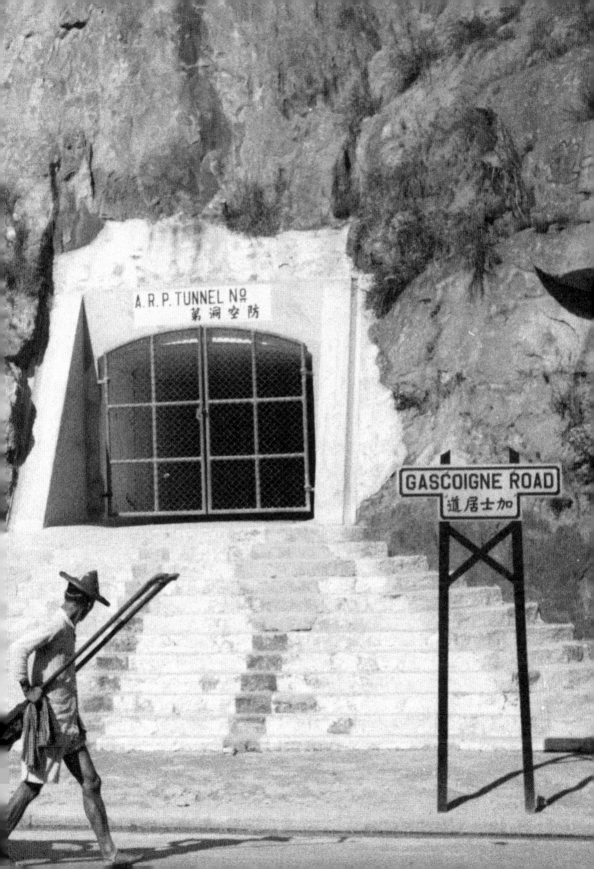

滄海桑田：
油尖旺地區的早期開發初探

丁新豹

前言

　　位於九龍半島南端的尖沙咀和相連的油麻地及旺角（原稱芒角），是英人憑藉 1860 年簽訂的《北京條約》取得的。在探究油尖旺地區的開發前，需要先了解英人為甚麼要奪取九龍半島的南半部。那得從英國人割佔香港島說起。總的來說，英人感到十三行時代在廣州的營商環境和生活受到種種制肘，諸多不便，有意物色一個距離廣州不遠的島嶼，以便自行立法治理。他們看中了香港優越的地理位置及港島和九龍半島之間水深港闊的海港，有利於發展轉口港貿易，乃通過武力脅迫清廷簽署《南京條約》，割佔了香港島。[1]在開埠前，香港島上的人口大部分是漁民，還有少量農民和小商販，散居於島上多處，尤以南面的赤柱和東面的筲箕灣人口較多。[2]香港島北岸，尤其是中上環，是開埠後才開發並逐漸發展為城市的中心，那麼英國人在開發港島北岸的同時為甚麼要奪取九龍？這可從以下四位人生提出的說法找到答案。

　　首先，從第二次鴉片戰爭英軍旗艦加爾各答號（HMS *Calcutta*）

的艦長賀爾（Hall）的說法可見，軍方立場的重點是放在建設更多軍營及防衛維多利亞港之上：

> 九龍半島可提供濱海土地供興建商業樓宇及更多兵營，佔領尖沙咀可避免颱風季節時船隻停泊於尖沙咀會受到不良分子的威嚇，海軍船塢可遷移往九龍，現址可改作軍營之用。昂船洲可作檢疫所及加強港口防衛。[3]

第二，同時期的港督寶寧爵士（Sir John Bowring，亦稱包令）提出以下看法，而他亦坐言起行，與時任兩廣總督勞崇光談判，成功年租九龍半島：

> 佔有對岸的細小半島日益重要，除了海上及陸上防衛，它具有強大的商業及衛生價值，而對中國來說卻毫無價值，反而是盜賊窩藏之所，我期望可以通過實際行動取得這塊土地。[4]

第三是第二次鴉片戰爭英軍總司令格蘭爵士（Sir Hope Grant）的看法，其中最後一點最為有力：

> 在四分之三英哩外的對岸，是我急不及待亟欲佔領的九龍半島。首先，它對維港及維多利亞城的防衛至關重要；其次，它是一個空曠衛生的海港，正適合快將抵達的軍隊駐紮的理想營地；其三，在戰爭結束後，它是為駐港軍團興築軍營的理想地方；最後一點，我們不爭取的話，會被法國人奪去。[5]

最後，1860年《北京條約》簽署後，軍方與港府雙方都想爭取九龍半島。軍方強調九龍是他們打下來的，而港府則希望增加更多

土地。因此港督寶寧的接任人夏喬士‧羅便臣爵士（Sir Hercules George Robert Robinson）有以下說法：

> 佔取九龍這個主意最初是由港府，而非軍部提出來的，當時已考慮過市民大眾和軍部各自的需求。《北京條約》明確註明九龍是屬於香港殖民地的一部分，九龍對港人福祉至關重要，它可讓英美居民擁有一塊不受華人干擾的地區安靜的生活。九龍半島可提供土地興建更多倉庫、船塢、醫院、私人住所，空氣更清新，更多空間做運動。[6]

開埠之初，華人聚居於太平山及上環一帶，隨着華人人口不斷增加，有一些富有華商從外籍人士手中購入中環土地，形成華洋雜處現象。港府為了避免華人遷入原來洋人居住的地區，希望物色土地專供洋人居住，這是當時華洋分治的構思。[7]九龍作為新取得的土地，港府可以在那裏進行規劃，「興建更多倉庫、船塢、醫院、私人住所，空氣更清新，更多空間做運動」。這是港府的設想。

港府及軍方對九龍半島各自有不同的盤算，最後雙方各自取得部分土地。在了解歷史背景之後，就能明白為何尖沙咀至官涌之間有一個面積達 13.3 公頃的九龍公園。其前身是威菲路軍營（Whitfield Barracks），是英國軍方霸佔的「黃金地段」，軍方在尖沙咀的另一邊，在現今加士居道、漆咸道及柯士甸道中間的一座山崗，命名為槍會山（Gun Club Hill），亦佔有一大片土地。該軍營現仍有駐軍。

尖沙咀之名首見於明代萬曆年間郭棐著的《粵大記》一書所附的廣東沿海圖，[8]也見於嘉慶二十四年（1819）《新安縣志》，[9]它提及九龍有六條村落，三條位於九龍半島南邊的村落（即界限街以南）分別是尖沙頭、芒角村及土瓜灣，都在 1860 年割讓給英國，從《北京條約》粘附的地圖可見。當時所劃訂的邊界（即後來的界限街）

是以昂船洲北端的緯線東西畫界，南邊是尖沙咀，與它相鄰的土地便是紅磡。英國人最喜歡濱海土地，因海旁地段（Marine Lot）可以興建船塢及倉庫。尖沙咀三面環海，在戰略上具有重要性。在英人的盤算中，他們已奪取了香港島，但九龍半島仍在清政府管轄之下，夾在中間的維多利亞港缺乏安全保障。

為了守衛維多利亞港，英國人在開埠後不久便在港島設置了兩個砲台，一個位於今日的燈籠洲（今遊艇會所在地），另一個則是中環的美利炮台。英國人取得九龍半島後，這兩個炮台失去作用，終被棄置，留下炮台里之名，見證美利炮台的歷史。由此可見，在英人的立場，只有維港兩岸都在他們的管治下，才能百分百保障維港的安全，這的確是英國人割佔九龍半島的重要考慮。

一、尖沙咀的開發

港府在接收九龍半島後，隨即派人作實地查勘，於 1862 年 4 月完成土地調查報告，內容詳細列出當時的村落，並發現大部分土地由鄧氏宗族正式以紅契於當時新安縣政府登記持有，共 276 英畝，其他姓族持有的紅契土地也有 176 英畝，白契內的土地面積共 90 英畝。[10] 在當地農田耕作的是佃農，《北京條約》提及如何補償原居民，這是以前《南京條約》從未有過的。尖沙咀的農地在哪？1863 年的九龍規劃圖顯示尖沙咀的農地分佈在前水警總部（現 1881 所在）至天文台山（前名伊利近山）之間，[11] 該處地勢較為平坦，而且水源充足，英人取得九龍半島南部後，決定開發面朝維港的尖沙咀，乃把尖沙咀區的村民遷往油麻地，夷平原有村落，再規劃成一個個地段進行拍賣，增加政府收入。張瑞威的《拆村：消逝的九龍村落》指出：

當時尖沙咀區有多個鄉村，包括尖沙咀、尖沙頭、澳仔、左排

和泡浮角等等。1864 年 4 月 20 日總測量官基化厘已經制訂出整個尖沙咀填海、道路以及地段規劃的發展藍圖。[12]

其實港英政府在早年發展香港島時亦曾有類似做法，他們在 1844 年把原來住在中環街市對上山坡的居民強行遷往太平山，以配合維多利亞城的城市規劃。[13] 開發九龍半島時政府故技重施，把原尖沙咀村民全數遷往油麻地，從而使油麻地成為整個英屬九龍（British Kowloon）人口最多的地方。港府隨即於 4 月 25、26 及 29 日三天拍賣尖沙咀土地，共售出 26 幅海旁地段（Marine Lot）及 39 幅內陸地段（Inland Lot），收入為 18,793 元。[14]

英國人在取得九龍半島南部後，馬上作出初步規劃，主要策略是填海平整海岸線。原來尖沙咀的西岸是彎曲的海灘，港府進行填海把海岸線拉直。1874 年，強颱風襲港，原來的碼頭全毀，港府於是把尖沙咀西岸海旁劃為海旁地段 M. L. 9–11、20–21、21A 和 22 號。[15] 1886 年，保羅・遮打爵士（Sir Catchick Paul Chater）和怡和洋行（Jardine Matheson & Co.）合作，成立香港九龍碼頭及貨倉有限公司（Hongkong and Kowloon Wharf and Godown Company Limited），分別以港幣 29,025 元和 24,025 元購入海旁地段 M. L. 20–21 號，興建碼頭及倉庫，其後再陸續購入海旁其他地段，佔有幾乎整個尖沙咀的西岸。[16]

巴斯人多拉治・那路治・米地華拉（Dorabjee Naorojee Mithaiwala[17]）在 1871 年購入一艘機動渡輪，開始提供來往港島與九龍的渡輪服務。因初期多接載九龍倉的工人，九龍方面的碼頭設於九龍倉範圍內；1881 年，他購入九龍倉隔壁一幅地皮，興建渡輪碼頭。1888 年，正式成立九龍渡海小輪公司，到 1898 年被九龍倉收購，易名為天星小輪公司。[18]

尖沙咀的南端有兩個山崗，靠西面是舊水警總部，靠東面是訊

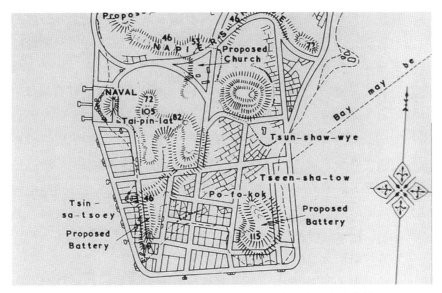

1863 年的九龍尖沙咀規劃圖，圖中以虛線標誌出計劃填海後之海岸線。
圖片來源：*Mapping Hong Kong: A Historical Atlas*

號山。水警總部落成於 1884 年，座落在一個具有戰略價值、可俯瞰
維港的小山崗之上。[19] 英人在佔領九龍半島後，於 1868 年在此處興
建了一座堡壘式的警署，這也是九龍的第一間警署。而在此之前，
原來林則徐任兩廣總督時，曾在道光二十年三月在此地建造懲膺炮
台，以防禦停泊在附近海面的英艦威脅，但琦善繼任後，認為不足
禦侮，後來坍塌拆毀。[20] 水警總部前方建有報時塔，上置時間球，每
天下午一時，時間球卸下，向停泊在維港的船隻報時。[21]

　　訊號山原名黑頭角（Blackhead Point），土名「大包米」，地勢
比水警總部為高，停泊在維港的船隻均可望見。由是，1907 年天文
台在這裏興建了一座訊號塔，以取代原位於水警總部的報時塔，訊
號山由是得名。另外，天文台在這裏豎立了颱風訊號杆，以向船隻
發出熱帶氣旋預警。[22]

　　訊號山和舊水警總部之間原是個沙灘，是外籍人士當年海浴的
地方。這個沙灘在 1890 年代填平，並在 1895 年修築馬路。此地毗
鄰天星碼頭，交通方便，在九廣鐵路通車後，遊客日增，猶太裔殷
商羅蘭士‧嘉道理（Lawrence Kadoorie）看好尖沙咀的發展前景，
投資建成半島酒店，1926 年啟用，成為香港最高級的酒店。[23] 此外，
尖沙咀的東面海岸原是一個長長的海灘，從訊號山山腳伸延至槍會
山，這條馬路最初命名為德輔道，後改以工務司漆咸命名。[24] 漆咸道
原位於海邊，政府在 1890 年代進行填海，以便九廣鐵路的路軌可鋪
設至尖沙咀天星碼頭旁。九廣鐵路九龍車站在 1916 年落成啟用，其
旁興建了一座以紅磚及花崗岩建成高 44 米的鐘樓，[25] 以取代不久前拆
卸位於畢打街和大道中交界的舊鐘樓。

　　尖沙咀區內丘陵起伏，除了在尖沙咀西面的威菲路軍營和上面

Kowloon Station and Time Ball, Kowloon

Sold by Graça & Co., Hongkong, China

尖沙咀水警總部及時間球塔，圖中的沙灘即今天的中間道。
鳴謝：岑智明

約 1910 年的訊號山、時間球塔和颱風訊號杆
鳴謝：岑智明

提及過的舊水警總部，還有東面的訊號山和位於尖沙咀中部的天文台山，前稱伊利近山（Mount Elgin）。1874 年 9 月 22 及 23 日，香港受到颱風吹襲，損失慘重，死亡人數達二千多人，大多是漁民，當年香港未有天文台，更沒有颱風警告之設。是次風災促使港府認真考慮設立天文台。[26] 經過周詳考慮，政府決定在尖沙咀中部的伊利近山上設天文台，認為該地適合進行科學監測。港督麥當奴爵士（Sir Richard Graves MacDonnell）原打算剷平此座山崗，以興建夏季別墅，後來改變主意，選擇在太平山頂興建。[27] 天文台的位置北緯 22.30 度及東經 114.17 度，便成為香港的標準方位。

因此，自 1880 年代，港府陸續興建了德輔道（後名漆咸道）、花園道（漢口道）、遮打道（北京道）、伊利近道（海防道）、東道（河內道）、中間道、加拿芬道、金馬倫道、加連威老道、金巴利道及天

文台道；1895 年開闢梳（利）士巴利道。尖沙咀彌敦道以東及威菲路軍營以南地區的街道基本成形。[28]

　　在芸芸非華裔外籍人士中，最早在香港落地生根的是葡萄牙人。他們來自與香港一水之隔的澳門。在香港，他們服務於各政府部門及外資商行，大多從事文職工作，也有少量開設商行，或為專業人士。落戶香港的葡人起初多聚居在港島的擺花街、威靈頓街及堅道一帶。[29]九龍納入英國管治後，部分葡裔家族在九龍購地建屋。20 世紀初，遷到九龍尖沙咀的柯士甸道、加連威老道、亞士厘道、諾士佛臺、金巴利道一帶。1911 年的人口統計指出共有 490 名葡人居於九龍界限街以南地區。[30]而 1921 年的人口統計報告指出：「九龍京士柏以南增加了 1,048 名非華裔居民，其中大部分是葡人，尖沙咀興建了大量歐式屋宇。」[31]1931 年戰前進行的最後一次人口登記的報告說：「大部分葡人已搬往九龍，由於過去十年有大量華人挾巨資從廣州移

1900 至 1905 年的德輔道（後易名漆咸道），後方是槍會山和嘉諾撒聖瑪利書院。
鳴謝：岑智明

居香港，香港島的業主大幅加租，葡人首當其衝，只好從港島搬往九龍。」[32] 可知葡人與九龍半島早期的開發有着密不可分的關係。

最早移居尖沙咀的葡人是馬蒂斯‧阿薩維多（Mathias A. Azevedo）。[33] 阿薩維多昆仲早在 1840 年代已從澳門移居香港，他們對於九龍的前景充滿信心。在 1860 年代購得尖沙咀訊號山山腳一塊內陸地皮（位於彌敦道和北京道交界），興建四幢建築，大宅以其妻子的名字瑪麗‧露絲（Mary Rose）命名為露絲台（Rose Terrace）。據阿薩維多的描述，移居九龍之初，他的房子十分接近沙灘。阿薩維多去世後，其後人仍住在這裏，後來以高價易手。這四幢房子直至太平洋戰爭爆發前夕才拆卸，戰後興建了重慶大廈。

另一位早年在尖沙咀置業的葡人是沙嘉士（F. X. Chagas）。[34] 他購入的土地位於槍會山山腳，是以農地地段（Farm Lot）購入。大約 1885 年前後，他把這幅土地轉售與嘉諾撒仁愛女修會（Canossian Daughters of Charity）。修女們在此飼養牲畜及休假，其後於 1900 年開辦嘉諾撒聖瑪利書院，[35] 為居住在尖沙咀區的葡裔及華裔女童提供教育機會。槍會山軍營駐有愛爾蘭兵，他們都是天主教徒，軍營內原設有小教堂，但隨着尖沙咀的天主教徒（主要是葡裔人士）漸多，小教堂不敷應用，最終由嘉諾撒聖瑪利書院讓出旁邊一幅土地興建新教堂，由葡人安東尼奧‧高美斯（Antonio Gomes）捐資興建，以紀念他已故的父母及兄弟。教堂在 1905 年落成，命名為玫瑰堂（Rosary Church）。[36] 另外，喇沙會修士早在 1875 年在港島成立了聖若瑟書院，隨着居住在九龍的葡人愈來愈多，喇沙會於 1917 年在漆咸道距離玫瑰堂不遠處開辦了一間學校，有 65 名學生，這是後來喇沙書院的前身。[37] 葡裔人士與天主教在尖沙咀的傳播息息相關。

要數最早對九龍半島發展充滿信心，對尖沙咀開發貢獻良多的，首推保羅‧遮打爵士。亞美尼亞裔的遮打來自印度加爾各答，藉着過人的眼光，長袖善舞，短短數十年建構了商業王國。他向

港府提出中環填海建議，同時成立了置地及代理有限公司（The Hongkong Land Investment and Agency Company Limited），與當時香港最大的幾家公司如怡和洋行合資購買了不少中環土地。[38] 遮打在港島半山的大宅雲石堂（Marble Hall），美輪美奐，聞名遐邇。原來他在更早時已在尖沙咀購入大幅土地以興建度假別墅。

1875 年 6 月，大地產商堪富利士（Humphreys）（堪富利士道因而得名）把九龍 29 號花園地段（Garden Lot）轉讓與保羅‧遮打的兄弟約瑟‧遮打（Joseph Chater），範圍自聖安德魯教堂向北至柯士甸道一帶，涵蓋今天山林道一帶地方。[39] 遮打兄弟在購入這大片地皮後，廣植花卉樹木，設網球場及哥爾夫球場，更在靠近柯士甸道處興建了一座兩層高的別墅，週末渡海來此度假，還不時招呼好友和達官貴人。1881 年，甚至在這裏接待過夏威夷王，場面盛極一時。別墅更曾借與共濟會作聚會之用。雲石堂落成後，遮打較少往九龍度週末。1906 年，乃把度假屋一分為二租出。遮打去世後，此座大莊園由法國外方傳道會購入，並於 1931 年以 80 萬元轉售與一個以胡禮廷（譯音）為首的華裔財團，興建 80 座四至五層高有現代設施的半獨立屋，並開通了山林道和松林道。

遮打爵士還捐錢興建了九龍第一間基督教堂——聖安德烈教堂。隨着九龍的英國人愈來愈多，他們每個週日需乘渡輪往港島做禮拜，十分不便。1897 年，聖公會的霍約瑟主教（Bishop Joseph Hoare）有意在尖沙咀興建教堂，但資金不足。直至 1904 年遮打提出捐助 35,000 元作教堂建築費用，更獲政府以每年一元批出天文台山腳地皮予聖公會興建教堂之用，聖安德烈教堂在 1906 年 10 月 6 日落成祝聖，就座落在遮打爵士的別墅旁。[40]

二、尖沙咀的街道命名

　　香港島中環開發得早，街道的名字大多以維多利亞女皇、英國首相、殖民地部大臣或外交部大臣命名。香港港督的頂頭上司是殖民地部大臣，在 1855 年以前，港督同時兼任駐華商務總監，這個職位是歸外交部管的，所以香港開埠初年的頭四位港督既需聽命於殖民地部大臣，也要向外交部大臣彙報。[41] 此外，也有不少街道以港督及港府高官命名。英人在 1860 年割佔九龍半島南端，如上文所述，最早開發起來的是尖沙咀，計劃把尖沙咀打造成歐式住宅區。而早期本區的居民亦以非華裔為主，所以尖沙咀的街道，特別是 1909 年重新整合港九街道名字以前，全部按上述模式命名。1909 年後，在彌敦道以西，威菲路軍營以南的街道出現了北京道、漢口道、河內道、海防道等以地方名命名的街道，[42] 但其餘街道名稱維持不變，至今保存。下面介紹幾條較主要的街道名字來源。

　　梳士巴利道的命名從何人而來？梳士巴利侯爵（Robert Gascoyne-Cecil, 3rd Marquess of Salisbury），曾任英國首相（1885-1886、1886-1892、1895-1902），亦曾是外交部大臣（1878-1880）。[43] 早年翻譯為中文的時候，因為讀音錯誤，作梳利士巴利道，經修正為梳士巴利道。金巴利道的命名來自金巴利伯爵（John Wodenhouse, 1st Earl of Kimberley），他曾任外交部大臣（1894-1895）及殖民地部大臣（1870-1874、1880-1892），[44] 完全符合上述命名的條件。在 19 世紀末、20 世紀初，這裏興建了不少歐式房子，環境優美。

　　加拿芬道的命名來自第四代加拿芬利伯爵（Henry Herbert, 4th Earl of Carnarvon），他曾任殖民地部大臣（1866-1867、1874-1878）。[45]1915 年加拿芬道周邊環境有如置身倫敦。值得一提的是他的兒子第五代加拿芬利伯爵，他對考古情有獨鍾，曾投資及親身參與挖掘埃及的圖坦卡門陵墓。圖坦卡門在死前立下詛咒，所有闖入他陵

墓的人都會不得好死，結果事實也如此，第五代加拿芬利伯爵亦未能幸免於難，在發掘圖坦卡門陵墓不久，被毒蚊叮上，命喪黃泉。[46]

在 19 世紀晚期及 20 世紀初，尖沙咀一帶有大量兩層高的英式洋房。右頁這幀圖片後方的道路從前往後依序分別是金馬倫道（Cameron Road）、加連威老道（Granville Road）及金巴利道（Kimberley Road）；山上的建築物是天文台，天文台下方一整排的房屋則是諾士佛臺（Knutsford Terrace）。金馬倫道命名來自金馬倫少將（Major General William Gordon Cameron）。他曾任駐港、海峽殖民地及中國英軍司令，並在 1887 年 4 至 10 月署任總督之職。[47]加連威老道的命名來自加連威老伯爵（Granville George Leveson-Gower, 2nd Earl of Granville）。他曾任外交部大臣（1851–1852、1870–1874、1880–1885）。[48]而諾士佛臺的命名則來自曾任殖民地部大臣（1887–1892）的諾士佛子爵（Henry Holland, 1st Viscount of Knutsford）。[49]

彌敦道的命名來自香港歷史上唯一的一位猶太裔港督馬修・彌敦（Sir Matthew Nathan）。他的任期非常短（1904–1907），但頗有見樹。[50]1909 年，港府調整港九街道名字，曾經易名的街道都位於彌敦道的西邊，它們原來的命名與彌敦道東邊的街道一樣，都是殖民地官員的名字。直到 1909 年才出現以中國地方命名的街道，如北京道、漢口道、廣東道等。至於漆咸道的漆咸（William Chatham）是蘇格蘭人，在香港擔任了 20 年工務司（1901–1921），當年街道命名由工務司負責，所以港九有不少街道都以工務司名字命名。[51]

尖沙咀的天文台山原名伊利近山，和中環的伊利近街的名字是同一人，在中國文獻中譯作額爾金（James Bruce, 8th Earl of Elgin）或簡稱 Lord Elgin。[52]在第二次鴉片戰爭時，他是英國的首席談判代表和全權公使，也正是在戰爭末期帶兵進入北京城和下令火燒圓明園的人物。至於赫德道（Hart Avenue）的命名來自赫德爵

從訊號山北眺天文台，天文台下方的排屋是諾士佛臺。

鳴謝：岑智明

士（Sir Robert Hart），他不曾任職於英國外交部或殖民地部，但卻與中國歷史息息相關。[53] 他從 1863 至 1911 年是中國海關總稅務司（Inspector-General of Chinese Maritime Customs Service）。1860 年《北京條約》規定中國要賠款給英、法兩國各八百萬両，於是英國人接管了中國的海關，並每年在海關直接收取賠款。赫德爵士著有回憶錄，內容記述了他在北京的往事。

　　麼地道（Mody Road）的命名來自麼地爵士（Sir Hormusjee Naorojee Mody）。麼地是巴斯人，來自印度孟買，主要經營鴉片生意。他在香港發跡後，最膾炙人口的事跡就是捐款予香港大學。當時的港督盧嘉爵士（Sir Frederick Lugard）倉卒宣佈要興建大學，麼地立刻答應捐款，後來他亦出席了於 1910 年舉行的香港大學奠基典禮，並獲冊封為爵士，翌年去世，未及親睹大學落成。麼地葬於香港巴斯墳場，[54] 他對在香港生活了好幾十年及捐款興建香港大學非

常自豪。麼地亦曾與遮打爵士合夥成立了遮打・麼地洋行（Chater and Mody & Co.），主要投資地產，在尖沙咀購買了不少土地。

柯士甸道的命名來自輔政司柯士甸（John Gardiner Austin），在任期為 1868 至 1879 年。[55] 柯士甸道兩旁有不少休憩的地方，反映尖沙咀在 19 世紀末至 20 世紀初基本都是外籍人士生活區。英國人酷愛戶外活動，木球更是至愛。[56] 會所是他們生活不可或缺的一環，在 20 世紀初，尖沙咀區靠近京士柏成立了兩間大型會所，包括 1900 年創立的九龍草地滾球會及 1904 年成立的九龍木球會。九龍木球會的創始人及主要捐贈者是麼地，[57]1908 年他主持九龍木球會的奠基禮。為了紀念他對木球會的貢獻，該會入門處擺放了一個麼地的頭像。麼地是少數族裔，他捐資成立九龍木球會像他捐款創辦香港大學一樣，對他融入英國人社會，提升社會地位，大有幫助。

三、油麻地的發展

1819 年嘉慶版《新安縣志》沒有油麻地的名字；1863 年的九龍規劃圖有尖沙咀、芒角，也沒有油麻地，可見在港府把尖沙咀的原居民搬遷往油麻地之前，活動在本區的主要是漁民。油麻地，原名蔴地，顧名思義，蔴，就是蔴纜；油，是桐油，都是漁船的必需品。油蔴地，就是售賣麻纜和桐油的地方。油麻地本來人口不多，在未進行填海造地前，油麻地面積有限，從 1863 年的規劃圖，可見九龍半島的中部丘陵起伏，靠彌敦道以東山巒起伏，靠西臨海地勢呈狹長狀，可用土地不多，[58] 然而這區在 19 世紀晚期人口迅速增長。1864 年，從尖沙咀遷來的村民在油麻地落戶，這裏形成一個新的市集，政府在 1871 年前後興建街市和警署，據知當年油麻地走私異常猖獗。[59]1876 年，港府開始對油麻地進行規劃，[60] 開闢馬路，拍賣土地，吸引了一些居於港島的大地產商參與，包括在 19 世紀晚期富甲

香江的李陞。[61] 在 1906 年的人口登記報告的九龍人口分佈表中，油麻地的人口最多，共有 17,812 人，居舊九龍（Old Kowloon）之冠。[62] 油麻地人口的增長與土地的增加息息相關。從 1860 年起，油麻地先後進行過三次填海，原海岸線在上海街。1876 年，海旁地段的業主自行填海，海岸線向外伸延至新填地街。1900 至 1904 年，港府進行大規模填海，把海岸線從新填地街伸展至渡船街，範圍從佐敦道至旺角道，面積擴大了五倍之多。[63]

英人取得九龍半島後，油麻地社區的發展可從該地歷史最悠久的建築——天后廟的碑記知其梗概。油麻地同治庚午年（1870）〈重修天后古廟碑〉有以下記載：「蔴地當播越之初，為草創之始，人心渙而未萃，寢廟建而未宏。上棟下宇，以避風雨而已。」[64] 指的應該是九龍剛割讓時的情況，但這塊同治碑已記載了三百多個捐贈善信的名字，值事商號有 17 間，值事共 33 人，規模不少。1874 年，香港受到強颱風吹襲，造成廣泛破壞，油麻地天后廟也不能倖免。1875 年，街坊重修天后廟，是次捐助善信更有 900 人，有道院、打鐵店、賣肉店、客棧等商號；更以個人或商號設緣簿進行募捐，捐款人的名字可推斷有部分是漁民。[65]

1876 年，也就是天后廟剛進行修繕的翌年，港府對油麻地進行規劃，因開闢街道之需，把天后廟從原來的北海街與廟街交界遷至榕樹頭現址。油麻地天后廟在光緒十六年（1890）再次進行重修，「幸藉善信誠心簽助，共成美舉之資。將舊虧款項清還，完全廟宇。而神祠重整，煥然一新」。[66] 是次重修的善信和捐助者計有客棧、打鐵店、木廠、道院、茶樓、藥材舖、鴨蛋店、魚檔、紙紮店、雜貨店、剃頭店、當押店等，正反映了油麻地商業日益繁盛。1894 年，街坊更在天后廟旁加建公所，是油麻地五約聚會議事和仲裁地方糾紛之所，五約即油麻地、尖沙咀、官涌、旺角及深水埗，可知其時油麻地天后廟是九龍西岸地區華人居民的政治和宗教中心，港島的

中環和上環分別是洋人和華人地區，九龍的尖沙咀和油麻地也一樣。

　　1906 年，香港受到另一次颱風吹襲，傷亡慘重，尤以漁民因颱風來勢急勁，猝不及防，淹死者逾萬人，史稱「丙午風災」。港府亡羊補牢，在 1909 年興建油麻地避風塘，至 1916 年竣工後，招來大批漁艇停泊，帶來更多人口。有見及此，港府乃於 1906 年提議在油麻地興建華人醫院，由政府主催及負責興建工程，並交由對管理華人醫院素有經驗和卓有成效的東華醫院管理。[67]1911 年 10 月 9 日，廣華醫院落成，成為九龍區首間公立醫院，廣華醫院的值理皆為九龍地區人士，但 20 世紀初的九龍，尚處於開發初期，富商巨賈，大多居於港島。廣華甫開幕不久便面對經費支絀問題。1914 年，港府把油麻地天后廟之管理權移交廣華醫院，以該廟之嘗產收入，撥充廣華醫院經費，但油麻地街坊以廟宇為街坊捐建，不肯就範，曾公然違背政府指令，一直拖延，此事正反映油麻地坊眾凝聚力之強及作風之強悍。[68]

　　油麻地近官涌一帶所開闢的街道，在 1909 年前，只簡單地以第一街、第二街、第三街等數目來命名。[69]1909 年，港府藉整合港九街道名字，趁機為這些街道命名。主要以城市或地區命名，而它們大多都與香港在貿易上有所聯絡往來，如北海街、西貢街、寧波街、南京街、上海街等。北海位於廣西省雷州半島的西面，與漢朝海上重鎮合浦毗鄰，1876 年《煙台條約》開闢為商埠，設有海關。西貢是越南南方的大城市，香港不少南北行商在西貢有分號，其他都是中國的大城市。另外，新填地街標誌了第一次填海後的海邊，廣華街是因廣華醫院而得名，廟街是因天后廟而得名，在天后廟前方有一片廣場，即俗稱「榕樹頭」，因廣場之英文「square」一字亦可解作四方，譯者把公眾廣場街誤譯為公眾四方街，今已改正為眾坊街。

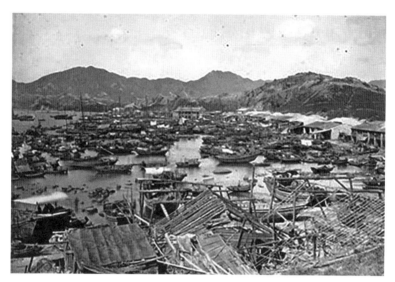

1874 年甲戌風災後的油麻地，滿目瘡痍。

鳴謝：蕭險峰

約 1930 年的廣華醫院。圖片左後方可看見東方煙廠的黑色屋頂。圖片
右後方則看見機器洗衣局的煙囪，這一帶街道名字多與洗衣局有關。

鳴謝：東華三院文物館

四、旺角的開發與街道命名

旺角，原稱芒角，見於嘉慶版《新安縣志》。顧名思義，就是芒草叢生的角落。在 20 世紀前，原屬油麻地的一部分，只有少量地區劃入規劃開發範圍，其餘多是農地。[70]1924 年命名的西洋菜街、通菜街、花園街正說明直至 20 世紀的 20 年代，這一帶仍有部分是菜地。[71]

旺角原劃分為芒角（即芒角村之所在地）和芒角咀兩個地方。芒角村位於今天弼街和花園街一帶，後者在彌敦道以西，鄰近海邊。芒角咀的開發較芒角村為早，在 1891 年的人口登記報告指出，在旺角咀有一些造船廠、木廠，還有豉油廠（豉油街由此得名）。[72]在 1911 年這裏有人口 11,050 人，而旺角村則只有 470 人，[73]可知旺角的居民都集中在彌敦道以西一帶。1921 年的人口登記報告指出，從油麻地警署到旺角村之間的沼澤地已經填平，正在興建大批房屋，旺角的人口增加了 14,533 人。[74]

葡裔人士不單與尖沙咀的開發息息相關，油麻地的開發也和他們有密切關係。計在 19 世紀下半葉在油麻地買地建別墅或大宅的，包括德爾菲諾·羅郎也（Delfino Noronha）、馬可斯·羅沙利奧（Marcus Calisto do Rosario）、約瑟·亞利孖打（Jose M. d'Almada e Castro）及 J. A. 李美度士（J. A. Remedios），其中羅郎也是最早購入油麻地農地的一個。

德爾菲諾·羅郎也是香港早期的印刷商，他開辦的印刷公司承印港府出版的書刊，深受港府器重，後來更被港府收購為政府印務局。[75]他在油麻地購入農地地段 F. L. 2-3 號，合共五畝地，後來又增購了農地地段 F. L. 1 號的五畝地，並邀請好友，開辦出入口洋行的羅沙利奧合股，並以兩人的名字合併成 Delmar 作為這個大莊園的名稱。羅郎也在莊園內興建了一幢具馬來風格的大宅，園內廣植各類樹木，包括澳洲冷杉、松、棕櫚及四時花卉，羅郎也悉心種植的花

卉更曾多次獲獎。政府後來決定發展九龍，把農地地段改為內陸地段，Delmar 被發展商看中可興建船塢，羅郎也最後以高價售與庇利羅士洋行，再把其中大宅部分，即農地地段 F. L 1 號招租。

　　Delmar 究竟在油麻地甚麼位置呢？查看 1887 年九龍地圖，[76] 可知其佔地頗廣，它的西面等於現今的上海街，當時尚未填海，已靠近海邊，所以他的外孫布力架（J. P. Braga）提到孩提時代常去外公的大宅游泳。在他的記憶中，Delmar 附近有不少農田，尤以種植西洋菜為多，西洋菜街正因而得名。此外約瑟‧亞利孖打及 J. A. 李美度士亦在油麻地一帶擁有土地，主要興建別墅作度假之用，但位置應在 Delmar 以北，在今天亞皆老街一帶了。

　　在 20 世紀初，旺角彌敦道以西興建了一排排的唐樓，是華人住宅區；但在彌敦道以東，廣華醫院以北逐漸發展成工業區。首先在此落戶的是 1902 年啟業的機器洗衣局，它的廣告表明歡迎「中西顧客、港府各部門」，[77] 規模頗大。與洗衣局相近的還有染布房，廣華醫院有旺角染布店所贈牌匾，[78] 這一帶的洗衣街、染布房街、白布街、黑布街顯然因而得名。座落在旺角佔地最廣、規模最大的工廠是東方煙廠（Orient Tobacco Factory），[79] 它佔地 307,000 平方呎，位於今天的登打士街、彌敦道、豉油街和廣華街之間，在 1924 年的九龍地圖清楚標示其位置所在。[80] 東主 Carl Ingenohl 是比利時籍德國人。煙廠大概開辦於 20 世紀初，二戰時結業。東方街和煙廠街因而得名。

結語

　　九龍的開發，由南而北，英人重視濱海地區，故優先開發三面環海的尖沙咀，興建兵房、碼頭、倉庫和環境優美的歐式住宅區，以容納一批要求較佳居住環境而財力稍遜的外籍人士，其中尤以葡裔為多；緊隨其後的是油麻地，原是漁船停泊處，港府把尖沙咀的

原居民遷往油麻地後，人口逐漸增加，經三次填海，油麻地的面積擴大了，成為九龍人口最多，商舖雲集的地方。九龍的尖沙咀和油麻地分別是歐洲人區和華人區，涇渭分明，正好跟港島的中環和上環相類似。旺角原稱芒角，顧名思義，這裏原本人煙稀少，在英治九龍中，它是開發得較晚的，在 19 世紀晚期，靠近海岸的地區出現了輕工業，但其餘地方仍是片片菜田。踏入 20 世紀後，隨着界限街以北地方納入英國管治，九廣鐵路開通，旺角（原稱油麻地站）設站，避風塘落成，菜田被填平建屋，旺角也逐漸發展起來，人口雖仍不及油麻地，但距離已大為拉近，[81] 還要待戰後，旺角才成為名實相副的旺角。

注 釋

1 丁新豹：〈歷史的轉折：殖民體系的建立和演進〉，載王賡武編：《香港史新編（增訂版）（上冊）》（香港：三聯書店，2017），頁 67–72。

2 "The Hongkong Government Gazette, no. 2, 15 May 1841," in *The Chinese Repository* vol. X (1841), 287–289.

3 Eitel, E. J., *Europe in China* (Hong Kong: Oxford University Press, 1983), 357. [First published by Kelly & Walsh Limited and Luzac & Company in 1895.]

4 Ibid., 358.

5 Ibid., 358–359.

6 Ibid., 361.

7 丁新豹：〈歷史的轉折：殖民體系的建立和演進〉，頁 118–121。

8 [明] 郭棐纂：〈卷三十二：政事類　海防〉，載 [萬曆]《粵大記》（北京：書目文獻出版社，1990），頁 541。

9　[清‧嘉慶] 舒懋官、王崇熙等編：《新安縣志》〈卷之二〉，載張一兵校點：《深圳舊志三種》（深圳：海天出版社，2006），頁 656。同頁亦有芒角村、牛池灣、蒲崗村、九龍寨、衙前村、土瓜灣、長沙灣及古瑾村，均為位於九龍的官富司管屬村莊。

10　張瑞威：《拆村：消逝的九龍村落》（香港：三聯書店，2013），頁 65。

11　Empson, H., *Mapping Hong Kong: A Historical Atlas* (Hong Kong: Government Information Services, 1992), 178.

12　張瑞威：《拆村》，頁 65。

13　丁新豹：〈歷史的轉折：殖民體系的建立和演進〉，頁 118。

14　張瑞威：《拆村》，頁 66。

15　1887 年九龍地圖，見 Empson, H., *Mapping Hong Kong*, 179。

16　何佩然：《地換山移：香港海港及土地發展一百六十年》（香港：商務印書館，2004），頁 89。

17　編按：又譯打笠治‧那路之‧米地華拉，跟鄭宏泰〈摘下「天星」組小輪：打笠治發跡故事〉一文中的打笠治為同一人。

18　Johnson, D., *Star Ferry: The Story of a Hong Kong Icon* (Auckland: Remarkable View Ltd., 1998), 24–25. 米地華拉生平，見 Shroff-Gander, S., "Mithaiwala, Dorabjee Naorojee (Nowrojee)," in *Dictionary of Hong Kong Biography*, ed. M. Holdsworth and C. Munn (Hong Kong: Hong Kong University Press, 2012), 322。

19　水警總部，見 Ward, I., *Sui Geng: The Hong Kong Marine Police 1841–1950* (Hong Kong: Hong Kong University Press, 1991), 37–45。

20　丁新豹：〈歷史畫中的香港歷史 1816–1846〉，載丁新豹、蕭麗娟編：《香港歷史資料文集》（香港：香港市政局，1990），頁 75–76。同時修築的還有位於官涌的臨衝炮台，俯瞰油麻地近官涌一帶，今炮台街由此得名。

21　時間球，見 Dyson, A., *From Time Ball to Atomic Clock* (Hong Kong: Government Printer, 1983), 102–103。

22　颱風訊號，見同上，頁 24–25。

23　Green, J., "Kadoorie, Lawrence," in *Dictionary of Hong Kong Biography*, ed. M. Holdsworth and C. Munn, 216–217.

24　1902/1903 年九龍地圖，見 Empson, H., *Mapping Hong Kong*, 180。漆咸是在位最長的工務司，詳見馬冠堯：《香港工程考 II ——三十一條以工程師命名的街道》（香港：三聯書店，2014），頁 247–261。

25　鐘樓，見 The Industrial History of Hong Kong Group, "The Kowloon-Canton Railway (British Section) Part 3 – the construction of Kowloon Station", https://industrialhistoryhk.org/kowloon-canton-railway-british-section-3-kowloon-station/（瀏覽日期：2021 年 10 月 12 日）。

26　Dyson, A., *From Time Ball to Atomic Clock*, 18–22.

27 Ibid., 22.

28 1887 年九龍地圖，見 Empson, H., *Mapping Hong Kong*, 179。

29 香港葡萄牙人的來龍去脈，見丁新豹、盧淑櫻：《非我族裔：戰前香港的外籍族群》（香港：三聯書店，2014），頁 39–56；葉農：《渡海重生：19 世紀澳門葡萄牙人移居香港研究》（北京：社會科學文獻出版社、澳門：澳門特別行政區政府文化局，2014）；Braga, J. P., *The Portuguese in Hongkong and China* (Macao: Fundação Macau, 1998)。

30 "Report on the Census of the Colony for 1911," *Sessional Paper* (Hongkong: Hongkong Government, 23 November 1911), 5 & 10.

31 "Report on the Census of the Colony for 1921," *Sessional Paper* (Hongkong: Hongkong Government, 15 December 1921), 154.

32 "Report on the Census of the Colony of Hong Kong, 1931," *Sessional Paper* (Hong Kong: Hong Kong Government, 1931).

33 Braga, J. P., *The Portuguese in Hongkong and China*, 232–233.

34 Ibid., 233；丁新豹：〈歷史的轉折：殖民體系的建立和演進〉，頁 118–121。

35 Chien, T., "Institute of the Canossian Daughters of Charity: Their mission and contributions, 1860–2000," in *History of Catholic Religious Orders and Missionary Congregations in Hong Kong (Volume One: Historical Materials)*, ed. L. Ha and P. Taveirne (Hong Kong: Center for Catholic Studies, the Chinese University of Hong Kong, 2009), 350.

36 Ibid., 228–231.

37 Tierney, P. & Tam, P., "The Lasallian Story, 1875–2007," in *History of Catholic Religious Orders and Missionary Congregations in Hong Kong (Volume One)*, ed. L. Ha and P. Taveirne, 113–114.

38 遮打爵士是 19 世紀末至 20 世紀初叱咤風雲的人物，他雖然不是英國人，但政治及社會地位比英人有過之而無不及，其生平見 Nield, R., "Chater, Sir Catchick Paul," in *Dictionary of Hong Kong Biography*, ed. M. Holdsworth and C. Munn, 78–80。

39 Chater, L., *Marble Hall Hong Kong – A Pictorial Review and Other Residences Associated with Sir Catchick Paul Chater* (Chater Genealogy Publishing, 2012), 10–27.

40 Vesey, C., *Celebrating St. Andrew's Church: 100 Years of History, Life and Personal Faith* (Hong Kong: St Andrew's Church, 2004), 1.

41 丁新豹：〈歷史的轉折：殖民體系的建立和演進〉，頁 86–87。

42 *The Hongkong Government Gazette*, no. 184, 19 March 1909, 173.

43 梳士巴利侯爵生平，見 "Robert Gascoyne-Cecil, 3rd Marquess of Salisbury"，https://en.wikipedia.org/wiki/Robert_Gascoyne-Cecil,_3rd_Marquess_of_Salisbury（瀏覽日期：2021 年 10 月 12 日）。

44　金巴利伯爵生平，見 "John Wodehouse, 1st Earl of Kimberley"，https://en.wikipedia.org/wiki/John_Wodehouse,_1st_Earl_of_Kimberley（瀏覽日期：2021 年 10 月 12 日）。

45　第四代加拿芬伯爵生平，見 "Henry Herbert, 4th Earl of Carnarvon"，https://en.wikipedia.org/wiki/Henry_Herbert,_4th_Earl_of_Carnarvon（瀏覽日期：2021 年 10 月 12 日）。

46　第五代加拿芬伯爵生平，見 "George Herbert, 5th Earl of Carnarvon"，https://en.wikipedia.org/wiki/George_Herbert,_5th_Earl_of_Carnarvon（瀏覽日期：2021 年 10 月 12 日）。

47　金馬倫少將生平，見 "William Gordon Cameron"，https://en.wikipedia.org/wiki/William_Gordon_Cameron（瀏覽日期：2021 年 10 月 12 日）。

48　加連威老伯爵生平，見 "Granville George Leveson-Gower, 2nd Earl of Granville"，https://en.wikipedia.org/wiki/Granville_Leveson-Gower,_2nd_Earl_Granville（瀏覽日期：2021 年 10 月 12 日）。

49　諾士佛子爵生平，見 "Henry Holland, 1st Viscount of Knutsford"，https://en.wikipedia.org/wiki/Henry_Holland,_1st_Viscount_Knutsford（瀏覽日期：2021 年 10 月 12 日）。

50　彌敦爵士生平，見 Green, J., "Nathan, Sir Matthew," in *Dictionary of Hong Kong Biography*, ed. M. Holdsworth and C. Munn, 333–334。

51　本港多條道路以工務司名字命名，詳見馬冠堯：《香港工程考 II》。

52　額爾金伯爵生平，見 "James Bruce, 8th Earl of Elgin"，https://en.wikipedia.org/wiki/James_Bruce,_8th_Earl_of_Elgin（瀏覽日期：2021 年 10 月 12 日）。

53　赫德爵士生平，詳見汪敬虞：《赫德與近代中西關係》（北京：人民出版社，1987）。

54　廖地生平，見 Sweeting, A., "Mody, Sir Hormusjee Naorojee," in *Dictionary of Hong Kong Biography*, ed. M. Holdsworth and C. Munn, 322–323。

55　柯士甸生平，見 "John Gardiner Austin"，https://en.wikipedia.org/wiki/John_Gardiner_Austin（瀏覽日期：2021 年 10 月 12 日）。

56　港督盧嘉在九龍木球會開幕禮致詞中說：「我們都知道無論英國人在哪裏建立殖民地，首先必設立馬場、馬球場和木球場……」，見 Hall, P. A., *Kowloon Cricket Club: A History*（Hong Kong: Kowloon Cricket Club, 1980）, 13。

57　九龍木球會緣起，詳見同上，頁 10–13。

58　Empson, H., *Mapping Hong Kong*.

59　Smith, C. & Hayes, J., "Nineteenth Century Yaumatei," in *In the Heart of the Metropolis: Yaumatei and Its People*, ed. P. H. Hase（Hong Kong: Joint Publishing, 1999）, 105.

60　Ibid., 107.

61　Ibid., 102；李陞生平，詳見丁新豹：〈十九世紀香港首富：李陞家族初探〉，載鄭宏泰、周文港編：《文咸街里：東西南北利四方》（香港：中華書局，2020），頁 200–231。

62 "Report on the Census of the Colony for 1906," *Sessional Paper* (Hongkong: Hongkong Government, 1907), 273.

63 詳見何佩然：《地換山移》，頁 88；Smith, C. & Hayes, J., "Nineteenth Century Yaumatei", 109。

64 〈重修天后古廟碑〉，載科大衛、陸鴻基、吳倫霓霞編，香港博物館編製：《香港碑銘彙編（第一冊）》（香港：香港市政局，1986），頁 147–151。

65 〈乙亥春月重建天后古廟碑記〉，同上，頁 157–166。

66 〈重修天后聖母古廟碑記〉，同上，頁 239–247。

67 丁新豹：《善與人同：與香港同步成長的東華三院（1870–1997）》（香港：三聯書店，2010），頁 170。

68 同上，頁 175。

69 同注 42。

70 1902/1903 年九龍地圖，見 Empson, H., *Mapping Hong Kong*, 180。

71 *The Hongkong Government Gazette*, no. 492, 29 August 1924, 461.

72 "Report on the Census of the Colony for 1891," *The Hongkong Government Gazette*, no. 361, 22 August 1891, 747.

73 "Report on the Census of the Colony for 1911," *Sessional Paper* (Hongkong: Hongkong Government, 23 November 1911), 24.

74 "Report on the Census of the Colony for 1921," *Sessional Paper* (Hongkong: Hongkong Government, 15 December 1921), 154.

75 Braga, J. P., *The Portuguese in Hongkong and China*, 231. 留意羅郎也購入這幅土地時，仍稱油麻地，實際其位置在登打士街以北，今天已屬旺角了。

76 1887 年九龍地圖，見 Empson, H., *Mapping Hong Kong*, 179。

77 The Industrial History of Hong Kong Group, "Hong Kong Steam Laundry Companies from 1864 to the early 1930s – a history of insurmountable vicissitudes," accessed 12 October 2021. https://industrialhistoryhk.org/hong-kong-steam-laundry-companies-from-1864-to-the-early-1930s

78 牌匾乃由旺角染布店晉興隆、廣生財和公興祥於 1911 年所贈，見東華三院檔案及歷史文化辦公室：《胞與為懷——東華三院文物館牌匾對聯圖錄》（香港：中華書局，2016），頁 58–60。

79 The Industrial History of Hong Kong Group, "The Orient Tobacco Manufactory Company – updated information," accessed 12 October 2021. https://industrialhistoryhk.org/orient-tobacco-manufactory-company

80　1924 年九龍地圖，見 Empson, H., *Mapping Hong Kong*, 181。

81　"Report on the Census of the Colony of Hong Kong, 1931," *Sessional Paper* (Hong Kong: Hong Kong Government,1931), 104.

天上地下：
1941 年的一宗防空審查懸案

蔡利民

前言

因應日本與英國開戰的危機逼近，港府於 1938 年開始加強作戰及防衛準備，首度成立防空署（Air Raid Precautions Department，簡稱 A. R. P. D.），組織防空救護隊並廣招成員。為保護市民一旦遇上空襲時有避難容身之所，當局在港九市區大興土木，加緊興建防空隧道。

政府倉卒間投入巨大資源，工程緊迫而繁重，在缺乏有效的監管下，貪污舞弊浪費等醜聞不斷，為市民所詬病，政府於是成立防空審查委員會，以副按察司祈樂壽（Justice Paul E. Cressall）為主席，對相關官員及承辦商進行研訊；而來自英國就任防空署總監一職的史柏堅（Alfred Horace Steel Steele-Perkins），成為牽涉其中的關鍵人物。研訊期間，多位當事人先後出庭作供，揭發許多不為人知又層層糾纏的問題。整個研訊在結束剛好一個月後，日軍猝然入侵香港。

且看香江歷史如何在此非常時期，在甚麼社會和個人因素的影響下，造就一宗涉及千萬生靈性命攸關的懸案。

至於何以稱之為懸案，讀者在閱畢本文後，自有分曉。

一、防空隧道的規模

今天走在繁囂的彌敦道上，經過加士居道／彌敦道休憩公園東側，仍然可見一幅偌大的山坡，老樹爬滿藤蔓，行人道旁有一堵舊磚牆，昔日曾是名為「加士居道防空隧道（編號 K1）」的一個入口，隧道穿越山體向北延伸達 180 米，另一邊的出口在彌敦道與眾坊街交界以東，即油蔴地街坊會學校正門附近，此北面入口外牆今已不存在，惟有趣的是，在現時一些香港網上地圖上，仍可看見有「隧道口 Tunnel Portal」等字眼。[1]

沿彌敦道再往北走便到達永星里，該處地下亦有防空隧道（編號 K1A），全長 275 米，南至北共有三個入口，北面入口臨近窩打老道油蔴地消防局背後。這是一條類似「山」字形的防空隧道，如

2021 年站在加士居道／
彌敦道休憩公園東側，
路旁就是昔日防空隧道
的入口。
圖片提供：蔡利民

加士居道防空隧道（大約攝於 1941 年）。圖中可以清楚看到洞口上的文字（「A. R. P. TUNNEL No.」、「防空洞第」）和裝置，以及「加士居道」的路牌。
圖片來源：AGSL Digital Photo Archive - Asia and Middle East (Digital ID: fr211559)
鳴謝：American Geographical Society Library, University of Wisconsin-Milwaukee Libraries

此形狀設計的好處是可以提供多個入口，隧道內有交匯點，萬一某一出口被炸塌而堵塞，亦有其他替代出口。據稱像這樣規模的防空隧道，每條可容納千人以上。[2]

政府在 1940 年曾調查全港各住宅區鄰近之街道、空曠地、遊樂場、公園等，[3] 發現最理想的隧道興建地點為山邊，隧道鑽入山坡後有最少 40 尺的岩體置於其上，確保可抵禦重型炸彈從天而降的威脅。[4] 不過，香港的情況較為特殊，當局估計由發出空襲警報到敵機抵達，時間只有 7 至 8 分鐘，[5] 要在極短的預警時間內疏散最大數量的人群進入防空洞，政府得依據人口普查所得之資料，選擇在人口

最稠密的地區而又最靠近合適山邊的地點，興建大型防空隧道。

　　1941 年 3 月 13 日，港府指示防空署進行了戰前最後一次人口調查，全港（香港、九龍及水上）人口總數為 1,444,337，香港島佔 709,294 人。是次調查並不包括新界，推測其人口為 19.5 萬人，即以上總計全港人口約為 164 萬人，考慮到此次調查約有百分之十的遺漏，因此全港人口估計接近 180 萬人。[6]

　　直到 1941 年日軍入侵前夕，全港已興建（包括未完工）的防空隧道合共 31 條，[7] 九龍佔 6 條，而香港島則有 25 條。為甚麼港島的防空隧道數目是九龍的四倍有多？這個分佈大抵也是迫不得已的，相比九龍半島，港島山多，而且大量人口都是集中在極狹窄的沿岸土地上，故在山邊挖掘隧道是最為實際的方法。

1970 年代加士居道防空洞外觀（左中天橋底位置），正中為循道中學。
圖片來源：Photographs of Tsim Sha Tsui, Jordan, Yau Ma Tei, Mong Kok, Prince Edward Mass Transit Railway Work Sites (HKRS1158-1-9 #666)
鳴謝：政府檔案處歷史檔案館

歷史不由分說地在此開了一個玩笑。當年入侵的日軍勢如破竹，自 1941 年 12 月 8 日襲港起，不出三天已推進至九龍，守軍於 13 日全線撤退回港島抵抗，直至 25 日香港投降為止，18 天的戰鬥期間，九龍的防空隧道並未發揮多大作用，相反港島在戰役後期受到猛烈轟炸和來自九龍半島的炮擊，數量較多的港島防空隧道，反而適切地為市民（包括由九龍撤退過來的民眾）提供避難場所。諷刺的是，防空工程承建商於戰前三個月時宣告，港島上所興建的防空隧道能為 20 萬人提供庇護，[8] 但在最激烈的港島戰鬥期間，聚集在這蕞爾小島上的人口，卻超過隧道容量的四倍有多。

截至開戰前夕，全港已建成的防空隧道，總長度已超過 11 英里（約 18 公里），假若將所有隧道連成一直線，就足足等於由尖沙咀到新界大埔的距離。[9]

戰前分佈在港九各處的防空隧道狀況概覽

防空隧道編號	位置	長度（米）	闊度（米）	高度（米）	現今長度（米）	備註
1	皇后大道中	450	1.6	2	–	部分被填封
2	軍器廠街／皇后大道（東）	–	–	–	–	機密檔案
3	灣仔道	820	2.5	1.9–2.7	~210	部分被填封／拆除
4	西營盤	336	2.2	2	~310	部分被填封
5	卑路乍街	1130	2.4–5.5	1.7–2.1	–	部分被填封／拆除
6	南里	180	2.4–2.8	1.9–2	–	部分被填封
7	山道	223	2.4–3.1	1.9–2.5	–	部分被填封
8	下亞厘畢道及政府山下	–	–	–	–	沒有檔案資料

（續上表）

防空隧道編號	位置	長度（米）	闊度（米）	高度（米）	現今長度（米）	備註
9	星街	555	2.5-6	2-2.7	~420	部分被填封
10	皇后大道東（東）	1750	2.4-4.5	2-2.2	~1340	部分被填封
11	禮頓山	1265	2.4-3.5	2	~620	部分被填封
13	雲咸街	260	1.5-2.4	2	~10	部分被填封
14	卑路乍街（南）	825	2.4-3.5	1.8-2.4	~590	部分被填封
15	醫院道	610	2.3	2-2.5	~450	部分被填封
16	砵典乍街	75	2.3	1.8	–	被填封
18	成和道	1015	2-4.5	1.9-2.7	~825	部分被填封
21	士美非路	–	–	–	–	被填封
23	香港仔舊大街	680	2-5.6	1.7-2.3	~470	部分被填封
24	香島道	–	–	–	–	沒有檔案資料
26	香港仔工業學校	75	3	2.3	~75	無襯砌之隧道
27	堅尼地道	80	2.5	1.8-2.4	–	隧道內狀況未知
28	筲箕灣（筲箕灣大街以南）	–	–	–	–	沒有檔案資料
29	海晏街	420	2-3.5	2-2.5	~405	部分被拆除
30	新成街	280	2.5-4	2-2.3	–	部分被填封
34	普慶坊	–	–	–	–	被填封
K1	加士居道	180	2-2.4	1.9-2	~165	部分被填封
K1A	彌敦道	275	1.5-2.4	1.9-2	~235	部分被填封

（續上表）

防空隧道編號	位置	長度（米）	闊度（米）	高度（米）	現今長度（米）	備註
K2	柯士甸道	930	2-2.6	2	~550	部分被填封
K2A	廣東道	800	2-2.4	2-2.3	800	因位處九龍公園地下而得以保存
K4	漆咸道	435	2.4	2	~330	部分被填封／拆除
K5	山谷道	480	2.4	2	0	因建何文田站遭拆除

資料來源：根據黃淑霞[10]及土木工程拓展署各有關隧道之維修報告而編成

二、防空署及防空工程

　　1938 年 3 月 16 日，受英國殖民地部委派來港的空軍中校（Wing-Commander）史柏堅履新，出任防空署總監。[11] 當時的香港總督是羅富國（Geoffry Northcote，任期 1937–1941），他的備戰態度並不積極，大致符合當時英國所採取的綏靖主義立場。但隨着日軍之後在大亞灣登陸，廣州、深圳接連失陷，日軍其實已經到了香港的門口。

　　根據當局的公告，[12] 防空署總監的職責主要為監督防空工程的建造，其次是組織防空救護隊（Corps of Air Raid Wardens）並舉行各種演習。史柏堅到任後最首要的工作，是策劃興建防空設施，而決定在哪些地點構築防空隧道，正正是他的職責。

　　防空救護隊的主要任務是管理防空洞和大約二千個防空救護站，同時教導市民應付空襲及防空的準備，及拯救空襲後的傷者等。[13] 防空署定期舉辦講座，訓練防空救護員，使他們掌握防範空襲及防禦毒氣的知識。當局招募防空救護員的目標是 8,000 人，但初期很少人去應徵，其後當局增加宣傳，加入防空救護隊的人數才漸多。

在 1941 年 10 月 22 日晚上舉行的一次全港燈火管制演習中，防空救護隊全體隊員出動，共有 4,316 人參與演習，[14] 可見即使到了戰事爆發的一個多月前，距離招募 8,000 名防空救護員的目標還相差很遠。

防空署開展工作後，在興建防空設施方面，曾經誇下海口，說計劃在快活谷（跑馬地）山上，興建香港防空總部，並聲稱該總部規模龐大，其設備之完善，將為世界之冠；又稱擬建的新總部可抵禦 500 磅重型炸彈直接轟炸，並能容納 1,200 人，五個月內即可建成使用。[15] 年復一年，興建「超級」防空總部一事再無下文，無緣無故，最後無疾而終。

史柏堅於 1940 年 9 月到訪重慶，考察當地的防空措施，回港後寫成《1940 年重慶防禦空襲報告書》。[16] 報告書指出香港要效法重慶，為全體居民興建防空洞是「不設實際」的。香港只有極短的空襲預警時間，實際上限制了香港的防空避難所，只能夠設置在極之接近民居的地點，而短促的走避時間，往往就是造成民眾恐慌、增加傷亡的主要原因。報告書務實地指出，因應香港的特殊情況，應盡量設立並運用一切就近可用的防禦設施，包括隧道、防空壕、掩蔽體、加固的建築等，只要該類防禦設施不易倒塌，有效防爆、防碎片即可。

於是接着的整整一年，在港九各地興建防空隧道的工程，如火如荼地展開。1940 年 10 月 5 日，當局公告將在九龍京士柏山，即加士居道至公眾四方街（今眾坊街）及永勝里（今永星里）至窩打老道口兩處，各建一「U」字形防空隧道，每條隧道可容千人以上。[17] 當局又指在灣仔街市側興建的防空洞正按計劃展開工程，該處所發掘的大型隧道將直通過海軍醫院（今律敦治醫院）山下面至活道口，長千餘尺，可容納數千名避難者。[18] 同月，立法局財委會通過追認防空設備費 100 萬港元以增闢防空洞，估計當遇上空襲時，至少可以容納 100 萬名市民作避難之用，當局稱工程限期在年半內完成。[19]

1940 年 4 月至 1941 年 3 月期間，總督羅富國曾休假返英養

病，由岳桐中將（Lieutenant-General Edward F. Norton）代理總督一職。羅富國返港復職半年後，終因病辭職，接任的楊慕琦（Mark Young，任期 1941–1947）定於 1941 年 9 月 6 日來港履新。

這邊廂，人事侘傺，夏去秋來，檢視防空工程的進度，絕大部分未能如期竣工，當局的計劃和承諾，幾乎沒有一項能夠達成；那邊廂，時間催人，工程加緊，引致意外頻生。舉凡在砵典乍街（又稱「石板街」）的爆破工程令附近樓宇出現裂痕、[20] 在香港仔大街興建中的防空洞發生大爆炸導致多名工人被炸至重傷等，[21] 種種意外證明防空工程推行得太過倉卒，社會非議，更惹來立法局議員的猛烈抨擊。

1941 年 8 月 14 日，政府刊憲依總督之令成立「防空審查委員會」（Commission of Air Raid Precautions Inquiry，下稱「委員會」），[22] 就防空署建築部人員被指受賄進行研訊，所謂受賄一事乃月前發生之「滙豐銀行大廈案」，當時滙豐銀行大廈按防空署命令熄滅燈火，本應收到 500 元賠償，最後卻只收到 87 元，滙豐向政府報告，政府即向防空署建築工程師合士（C. C. A. Hobbs）查詢，合士竟在 8 月 21 日（即研訊展開後一星期），吞槍自殺身亡。[23]

三、防空審查委員會

據憲報所載，委員會的職權範圍乃就防空署建築部之政府人員被指受賄一事進行私下或公開研訊，委員會亦將審查防空工程承辦商在獲得政府合約及其在承造工程中，是否有對政府人員作出賄賂。[24] 委員會由三人組成，主席為副按察司 [25] 祈樂壽，另外兩名委員分別為巴林美（L. Bellamy）及羅士（S. Ross）。

研訊於 1941 年 8 月 14 日正式展開，地點在最高法院的副按察司堂（Puisne Judge's Court of Supreme Court），首四次研訊在內庭進行（即閉門聆訊，evidence heard in private），至 9 月 1 日及之

後才改為公開庭訊，直到 11 月 8 日主席宣佈委員會工作結束為止，期間共進行了 33 場庭訊，過程中被傳召出庭作供的政府人員、承辦商及相關人士等超過八十人。所有公開庭訊的內容，各大中英文報章均有詳盡的逐字報道。

要掌握如此「大陣仗」、歷時近三個月的審查研訊，需先了解防空工程的梗概，當中主要是興建防空隧道。挖掘大型隧道，涉及龐大的人力和物資、工地和倉庫，機器設備包括挖掘機器、工具（鶴咀鋤、鐵鏟、鐵筆）、鋼盔、風燈等；爆石用的炸藥、引線等；構築隧道及水泥防彈牆（concrete pen）用的三合土、磚塊、木材、沙包等；搬運挖出的石頭泥土之運輸安排；大量工人、工頭、科文（foreman）、監工 24 小時輪班工作不在話下，如何編配調度促進工程完成，政府獨力難以營建，故需要找有實力的承辦商負責。

工務局依照法定程序進行招標，選定馬士文公司為承辦商。馬士文公司經營礦業（包括隧道挖掘）、工程營造、機械出產、貿易及保險業務，總部設於菲律賓馬尼拉，在美國紐約等大城市均有辦事處，而香港的辦事處設於滙豐銀行大廈。

為加強協調及交換意見，「隧道小組」遂應運而生。這個每逢星期二便開會的小組，成員包括史柏堅（防空署總監）、金卑路（J. G. Campbell，工務局工程師）、皮亞士（H. J. Pearce，署理工務司）、一位水務工程師（Bishop），以及一位馬士文公司的工程師（Lavrov）。五人中金卑路是關鍵人物，因為他是整個防空建築工程的監督者，負責使工程能按計劃完成。

防空審查委員會的研訊，成為當年全港最矚目的時事焦點。作為政府代表的工程師金卑路，早前曾服毒獲救，但因還未康復而不能出庭應訊，更是備受社會關注。而另一位矚目人物——防空署總監史柏堅，則已應英國殖民地部要求，於 11 月初遠赴印度，執行當地的防空工程計劃。一般市民不明就裏，以為當事人一個畏罪自

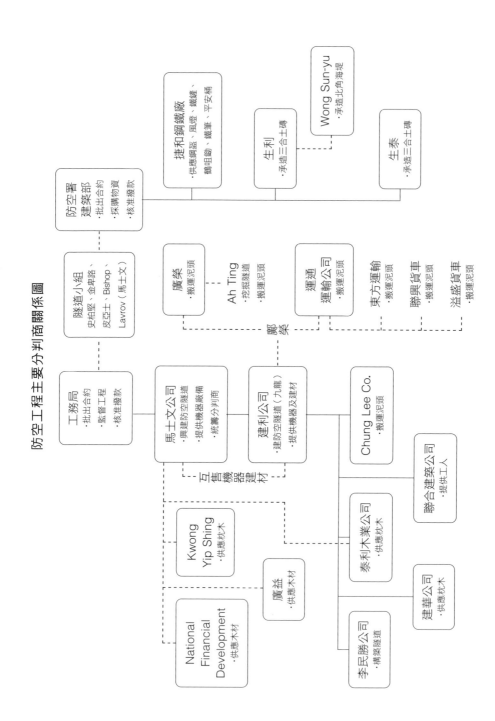

防空工程主要分判商關係圖

戰前高等法院四周築起了防彈牆，1941 年 12 月 1 日起法院被改作臨時救傷醫院。
圖片來源：AGSL Digital Photo Archive‐Asia and Middle East (Digital ID: fr200238)
鳴謝：American Geographical Society Library, University of Wisconsin-Milwaukee Libraries

殺，一個即將遠走高飛。

　　此際，港府公佈的財政數字顯示庫房入不敷支，7 月份政府收入為 7,111,746 元，支出卻達到 7,558,625 元；[26] 而由庫務司書記所呈上的支出數項，有關防空工程的累計支出，總數已達 8,651,077 元。[27] 研訊在此刻展開，大有山雨欲來風滿樓之勢。

四、研訊揭露的問題

　　筆者遍讀報章報道的研訊內容，提出了三個問題，分別是：一、政府如何付款？二、政府如何監管？三、承辦商如何取得合約？筆

者繼而從庭上各證人的答辯中，整理出三大問題癥結，相應為：一、分判層層盤剝；二、政府監管失效；三、貪污舞弊風行。綜合而言，有制度上的缺漏，也有人事上的過失。以下是筆者對三大問題癥結的整合：

1. 分判層層盤剝

　　政府跟馬士文公司所訂之合約容許其將工程分判，馬士文將九龍區的隧道挖掘工程給予建利公司包辦。無論政府和馬士文皆沒有限制建利不可將工程轉判，建利遂再找其他分判商提供工人和建材，如是者層層分判，大判之下，各式各樣的分判商不知凡幾。

　　自 1940 年 8 月 27 日起，政府修改了跟馬士文和建利所訂之合約條款，隧道工程本來以尺計付錢的方式，一律變為以成本外加百分之十利潤（cost plus 10 percent basis，下稱「照價加一」）的準則來付錢。政府此刻突然作此改動，是因為相信照價加一的付款方法，在戰時比較符合經濟原則之故。[28]

　　事實上，照價加一反而為分判商層層獲利大開方便之門。從右面一個簡單的圖表可以看到，假設馬士文之下再多三層分判，每層照價加一，最終工務局要支付 146 元，比起只支付給馬士文一間公司（110 元），要多出三分之一。

　　大判、二判和三判之間互買建材，例如馬士文轉賣炸藥給建利、建利把從建華購入的枕木轉賣給馬士文，無一不層層照價加一；[29] 更甚者，馬士文租用建利的機器，照價加一，雖然建利在購買這些機器之時早已向政府「照價加一」；而馬士文更明目張膽，其代政府添置的機器設備（時值 296,255 元），雖然明知這些生財工具是政府資產，馬士文只是代為採購而已，竟也照價加一，從中獲利。[30]

　　在整個防空隧道工程的支出中，勞工是大項之一，馬士文和建利要靠其他分判商提供勞動力，如是者建利不忘鑽空子，除了照價

層層分判如何令政府支出大增

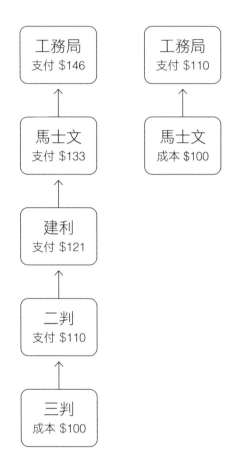

加一找其他分判商外，建利的工程總管鄺榮更私下成立空殼公司，一樣照價加一提供勞工，由這種判上判的方式累積牟取百分之十的佣金，[31] 總數加起來，比政府直接聘請勞工，不知多付幾許金錢。

　　換言之，在分判氾濫的背景下，「照價加一」的支付方法，成為分判商向政府榨取利潤的提款機。

2. 政府監管失效

　　興建隧道工程中，勞工成本佔頗大比重，建利將每一更開工的人數工時紀錄（一疊疊小紙條）、隧道推進尺數、鑽洞數目等報交工務局，工務局理應派員到場查核，確保分判商並無虛報，查核員需在各類字條及簡報表上簽署作實，然後工程師金卑路亦需在上簡簽以把關。事實上，在提交給委員會的紀錄中，發現政府人員並無做好核查的角色，更有上級人員在未有核查員簽名的紀錄上簽署批核，可見不誠實的承建商可乘機上下其手，令政府枉付大量金錢。[32]

　　政府監管一方常以人手不足或缺少高級監工為辯解，試圖推卸責任。被問及為何建利花了 18,000 元的炸藥於一條無需爆石的隧道時，工務局的一名科文供稱他每天要檢查五條隧道，忙時他只會在自己核對過的晨早報告上簽署，他強調每天的工資只有 2.5 元。[33] 同場作供的數名負責爆破的建利科文，則辯稱他們只負責提出所需炸藥的份量，核對與否屬於日夜兩更政府科文的責任，建利科文更聲稱他們的日薪只有 1.5 元。主席祈樂壽曾在公開庭訊中，直指政府官員沒有盡監管之責，疏忽職守、說謊推諉，浪費公帑。[34] 難怪祈官在另一天的庭訊中，對作供的政府科文不無諷刺地說：「閣下月薪八十大元，不啻是王子般的（princely）薪俸呢！」。[35]

　　至於由防空隧道挖掘出來的泥頭，一般經運輸公司貨車運至北角傾倒，負責核計傾倒泥頭的進程，全由馬士文公司僱員執行，政府並無派員在場監督。因此掘泥的數量、貨車是否已經載滿等，全是馬士文公司說了算。事實上大多數貨車只有半載，分判商卻訛稱輛輛載滿，向政府多索款項。被問到以上情況政府是否監察不力時，金卑路也無從否認。[36]

　　工務局會計師在庭上作供時承認，並非所有交來的單據都有簡簽，或已經由金卑路批核，假如分判商不提交單據以作稽核，或是政府工程師事先沒有將單據與賬目核對，庫房亦只會照支不疑。[37]

3. 貪污舞弊風行

委員會成立之初，建利工程總管酈榮涉嫌以 2,000 元行賄金卑路一案，正在中央裁判司署審理，[38] 但此非單一的刑事案，委員會多番庭訊，揭露出貪污舞弊的行為，酈榮案或許只是冰山一角。私下宴請政府官員、大時大節送禮等，似乎是當時習以為常的交際手段，有分判商直認曾送若干瓶威士忌酒和多罐香煙給金卑路，宣稱這是「中國人的傳統」；[39] 在建利、捷和鋼鐵廠等分判商的數簿內記載了金額可觀的飲宴酬酢支出，而且送禮次數甚頻，實在很難以「恆常做法」或「朋友之情」來解釋，祈官指這些所謂禮物或「茶資」，其實即等同賄賂。[40]

當委員會深入查究承建商的公司背景，以及其是否勝任之時，委員會的懷疑更顯得不無道理。生利公司從防空署投得承造三合土磚合約，但該公司的科文稱公司從無製作此等磚塊之經驗，他亦只是憑自學學懂造磚；另一承建商生泰也是不諳三合土磚的製法，卻承得合約並在短時間內賺了 20,000 元；[41] 建利的酈榮除了自行開設廣榮公司自接生意外，又將清倒泥頭的工作判給妻子的運通運輸公司（廣榮和運通辦事處屬同一地址），運通整間公司只承接這一項工作，但作為運輸公司，卻竟連一輛自置或租來的貨車也沒有。[42]

興建防空洞需要大量木材以作支撐之用。重慶國民政府在香港存有為數達 90,000 條之枕木，最初作價只是每條 1.9 元，大判頭馬士文早前錯過以此價買入，及後香港有幾間小型公司成立，逐步收集市場上的枕木，後來有公司竟以每條最高 6.15 元賣給政府。[43] 委員會質疑三間木業公司共用辦事處，背景關係令人懷疑，這些公司不少是新近才成立，進行買賣及收取費用後，便停止營業，更有司數員挾賬簿失蹤，逃避出席作供。[44]

眾多案例中最矚目的莫過於一名叫劉美美（Mimi Lau，原名劉金鈴，又名劉錦婷）的奇女子。捷和鋼鐵廠接連從防空署取得大宗

訂單，捷和跟防空署素無接觸，但劉美美卻跟防空署總監史柏堅相
識三年，而年前劉美美被捷和主事人鄭植之僱用，每次公司宴請史
柏堅時劉美美皆有陪席，史劉之間的不尋常關係，令人懷疑劉美美
是否收取了捷和佣金，賄賂史柏堅，以不正當手法協助捷和取得防
空署的合約。

五、誰應負責？

1941 年 11 月 8 日早上，祈樂壽在最高法院宣佈結束公開庭訊，
按理在未有發表正式報告之前，公眾不會知曉審查的結果，惟祈官
根據各關係證人的證供，當庭宣佈：「前時關於史柏堅之品行，有懷
疑之處者，現已大白，前疑盡釋。」委員會一致認為史柏堅在任內
並無越軌行為。[45]

名譽攸關，史柏堅對審查委員會極為重視。研訊期間，史柏堅
數度親自上庭，坦白作供，無非希望委員會能還他清白。細看史柏
堅的供詞，除私生活部分外，又真的找不到可以挑剔的地方；相反
他在任防空署總監時，盡忠職守，甚至贏得審查委員讚賞他「辦事
敏捷、精明能幹」，就連已離港的前總督羅富國，也在給英廷的報告
中讚揚史氏表現出色。史柏堅能在事件中置身事外，關鍵在於他指
出曾得到代督及財政司的口頭批准，於緊急情況下防空署批出工程
時可以繞過政府正常程序，而此事財政司上庭作供時亦予以確認；[46]
加上自 1940 年 7 月 1 日起，防空署負責建築工程的前總管已調到工
務局去，在防空隧道工程開始加快進行之日起，史柏堅跟防空洞建
設工程事實上已沒有多少轇轕。[47]

史柏堅看來只是無端被牽連，唯一不能解大眾之疑的，是他與
劉美美之間到底有沒有不可告人之祕密？當時社會上普遍認為史劉
之間有着令人懷疑的桃色關係，與此同時，社會又流傳一種說法，

稱政府為了逃避公眾的批評，刻意利用傳媒將注意力由審查舞弊事件，轉移至史劉之間的所謂豔史或醜聞上，使他倆成為香港政府的代罪羔羊。[48]

是故凡有史柏堅或劉美美現身的日子，法庭內外看熱鬧的人必定擠得水泄不通，加上傳媒紛紛渲染報道，[49] 形成一種怪異的社會現象。這種為滿足八卦好奇或為揭露別人私隱的心態，其實已背離了委員會成立的初衷，無怪乎主席祈樂壽在庭訊後期乃不得不鄭重聲明，説委員會「並不在意劉美美的過去歷史，而只會注意她與本審查事件有關之行為，及其與捷和之關係。」[50]

史柏堅的坦白，換來自身的清白，代價是私隱蕩然無存。史柏堅承認曾收過劉美美送贈的禮物，像領帶之類，但劉贈他價值 150 元之金錶，他斷然拒收，證明他沒有受賄。相反，史柏堅送給劉美美的禮物則名貴得多，包括價值 275 元之戒指和收據上註明售價 2,000 元之鑽石錶鈕，這位被朋友稱譽為「與中國人友善」的英國人，倒是一位慷慨得很的紳士。史柏堅視劉美美為「好友」，稱從沒有逾越朋友的界線，只覺得劉美美擁有愉快的個性，西人樂於與她交往而已。[51]

史柏堅將在港的日常工作生活起居娓娓道來，無意間道出了一段令人感觸的故事，側面反映了當年的社會現象。成立防空救護隊初期，招募情況並不理想，女性參與者更是少之又少，史柏堅相信要將民防工作做好，華人婦女的支持至為重要。史柏堅和妻子事實上做了大量工作以鼓勵女性參與，否則女防空救護員的比例不會那麼高（佔四分之一）。有一次總督大駕光臨前來檢閱，眼看不少防空救護員及童軍連黑鞋也無力購買，史柏堅夫婦唯有自掏腰包替他們添置。[52]

史柏堅離別在即，將私家車賣掉，得回 2,300 元，於 1941 年 11 月 10 日在皇后碼頭乘郵船赴印，候任防空署總監柏高（B. H.

Puckle）率防空救護隊及官商名人百餘人送行，劉美美亦有到場。[53]
史柏堅自 1938 年 3 月來港，至此剛好是三年零八個月。

　　史柏堅沒有受賄，劉美美是否也就清白了？從證人的供詞中，
還是有若干疑點未釋：這位奇女子的身世太過離奇，出席庭訊時
才 23 歲，據說 16 歲時便嫁予范德星將軍為繼室，不旋踵離婚後挾
5,000 元現金及價值不菲的首飾來港，在「偶然」的機會下認識史
柏堅（軍人），又在「偶然」的機會下受聘於捷和（有軍工生產背
景）。劉美美在捷和任閒職，很少返辦公室，工作只是幫老闆鄭植之
抄寫他母親壽宴的請帖和整理信函，及宴請史柏堅時陪同赴宴等，
但鄭植之卻給她每月 200 元的優厚薪酬。雖然劉氏在庭上發誓沒有
受賄，但主席祈樂壽宣稱，劉美美有否收受佣金，或與防空事件到
底有無關係，委員會尚需進行審查。[54]

中西報章均有詳盡報道每天的防空工程聆訊內容。
圖片來源：
左：*China Mail*, 4 September 1941
右：《工商日報》，1941 年 11 月 2 日

矛頭最後指向工程師金卑路。金氏因為中毒未癒，差不多到研訊的最後一星期才出庭作供。他在庭訊中對各項指控加以否認，對於在工作上行權宜之計亦證明曾得上司批准，在履行監督職責如核簽報表單據等事情上，工作繁重或人手不足等都成為金氏免責的理由。金卑路以未康復之軀出庭應訊，盡力向委員會解釋種種原委，委員會對其作供之坦白甚為滿意，然而尚有懸疑未解之處，關乎到挖掘隧道所使用的炸藥和引線，涉及龐大的金額。政府發出的炸藥數量比實際需要的數量超出 3,000 磅（價值 4,176 元），懷疑有人將虛報所得的炸藥轉售給漁民圖利；政府發出的引線比實際用量為多，又令政府多付 8,781 元。委員會曾邀請礦業專家進行研究並在庭上提交報告，但金卑路對專家的計算和意見，表示並不認同，雖則他承認自己對炸藥的認識，都只是從書本上學得。[55]

六、一段教人唏噓的歷史

委員會主席祈樂壽是整個研訊的中流砥柱，委員會只具調查性質，並非法庭，故沒有原告或被告等人，但祈官積極主導，經常扮演主控的角色盤問證人，加上祈官思路敏捷、詞鋒銳利，使出庭作供的人定必將實情和盤托出。

祈官義正辭嚴，具有鍥而不捨的精神。多間分判商的負責人言詞閃爍，問到賬目數簿、銀行帳戶等細節時，往往狡猾推搪，不是說記不起、不能即時作答，就是帳戶收據及支票存底等通通遺失了；祈官也非省油的燈，當庭下令證人限時呈上，否則會發傳票向銀行索取，證人亦只好乖乖就範。[56] 委員會夙夜匪懈，研訊期間曾經到港九兩地防空隧道及紅磡工場視察，更於 9 月 15 日着警方上門搜查運通運輸公司報稱的辦事處，而當日適值颱風襲港，掛起九號風球，強風將一艘 14,600 噸的英國輪船吹到青洲島岸上。[57]

與酈榮在庭上舌劍脣槍的一幕，充分表現祈官的機智和凌厲，值得在此註記：[58]

主席：你是否同意，假若政府將機器給予你的分判商，工程費會便宜得多？

酈榮：政府從何取得這些機器？

主席：買之！

酈榮：政府不可能買得那些機器的……

主席：你知道政府有權徵用物資嗎？

酈榮：是嗎？

主席：你知悉《防衛條例》嗎？

酈榮：知悉。

主席：你知道政府有絕對權力可以徵用任何機器嗎？

酈榮：是的。

主席：倘若政府徵用機器並將其給予你的分判商，便無需多付你 10% 佣金。

酈榮：是的。

主席：只要有本委員會在，我保證你永遠無法層層收佣！

連場精彩的庭訊由仲夏延續到深秋，庭訊結束後，委員會進入研判證人供詞以及撰寫報告的階段，按日程推算，待委員會調查完竣後，報告將呈港府及英帝國殖民地部，當局批覆後可望在立法局宣讀。到底誰人要對事件負上責任？一般市民大眾，都很期待報告書出爐。

1941 年 12 月 2 日，馬士文公司的老闆馬士文抵港，[59]視察其公司興建防空隧道工程的進度，部分隧道仍未竣工。12 月 8 日，日軍兵臨城下，市區遭到不斷的轟炸及炮擊，由重慶來港的新聞工作者薩空了在日記中寫下了他的親身經歷：

12 月 11 日……一個炮彈爆炸，恰巧將駕着一輛摩托車經過的 A. R. P. 打翻……馬路過往的人都在跑，因為炮聲顯著愈來愈緊，隨着人的洪流我被擁進了一個防空洞，外面寫着第五十六號洞。……在形式上來看，這種防空洞比重慶的防空洞設備好。士敏土作的地面和頂上的撐架，明亮的電燈，通風的設置，洞口有鐵柱和鐵絲製成的柵門，洞內還建有廁所。這時洞內已擠滿了人，戴着 A. R. P. 鋼盔的便裝英國人和穿着 A. R. P. 制服的中國人在維持秩序。被打翻的，騎摩托車的 A. R. P. 也被抬進了洞，由洞內的幾個救護人員，為他包紮傷處。[60]

當時就讀香港大學的張愛玲也成為了防空員，她在一篇散文裏記下了空襲時的經歷：

飛機往下撲，砰的一聲，就在頭上。我把防空員的鐵帽子罩住了臉，黑了好一會，才知道我們並沒有死，炸彈落在對街。……飛機繼續擲彈，可是漸漸遠了。警報解除之後，大家又不顧命地軋上電車，惟恐趕不上，犧牲了一張電車票。……政府的冷藏室裏，冷氣管失修，堆積如山的牛肉，寧可眼看着它腐爛，不肯拿出來。……各處的防空機關只忙着爭柴爭米，設法餵養手下的人員，哪兒有閒工夫去照料炸彈？[61]

結語

一直備受爭議的防空工程，到底使多少人在炸彈橫飛的日子裏能免於凶難？恐怕永遠無法確知。最終，香港難逃淪陷之劫，不管是副按察司祈樂壽、政府高層人員，抑或是商人馬士文，都成為日軍的階下囚。

祈樂壽攜同防空審查的報告書初稿，在赤柱拘留營渡過艱苦的

歲月，[62] 可以想像他在夜深人靜之時，偷偷地拿着報告書的文稿，在燈前推敲，或在某些關鍵處反覆琢磨，祈官之形象，是何等鮮活！法治遭逢戰亂，歷史曾經寫下正義的一章。

1943 年 4 月 8 日，祈樂壽不幸逝世，享年四十有九。[63]

祈樂壽死於拘留營內，他未完成的報告書亦消失無蹤，戰後有關防空審查的研訊，政府不再提及，也就隨着時間的流逝而漸漸被人遺忘。[64] 曾經轟動一時的防空審查事件，就這樣曲終人散，成為了懸案。

祈樂壽英年早逝，他的事跡沒有多少人知曉，一位令人肅然起敬的大法官，今天長眠於赤柱軍人墳場。人在墓前，臨風遙想，彷彿仍能一瞻祈官的風采。素淨的墓碑，沒有墓銘，留下多少令人想像的空間，一如詩人泰戈爾所言：

天空沒有翅膀留下的痕跡，但我已經飛過了。

祈樂壽墓碑
圖片提供：蔡利民

1　中原地圖網站，擷取自 http://hk.centamap.com/gc/home.aspx（瀏覽日期：2021 年 1 月 8 日）。

2　Mott, Hay & Anderson Far East, *Final Report on Investigation of Disused Tunnels – Network No. K1 Gascoigne Road* (Hong Kong: Highways Office of Public Works Department, 1979).

3　"Each Individual His Own Air Raid Shelter Point," *The Hong Kong Sunday Herald*, 20 October 1940, 4.

4　"Air Raid Tunnels," *The Hongkong Telegraph*, 12 October 1940 (Final ed.), 7.

5　Faber, S. E. & Steele-Perkins, A. H. S., *Report on Air Raid Precaution Services in Chungking 1940* (Hong Kong: Air Raid Precautions Department, 1940), 358.414 REP, Hong Kong Public Records Office.

6　趙雨樂、鍾寶賢、李澤恩編註（王琪、張利軍譯）：《軍政下的香港——新生的大東亞核心》（香港：三聯書店，2020），頁 53–54。另見〈本港居民之領証問題〉，《工商日報》，1940 年 10 月 28 日，港聞版。香港戰前最後一次人口普查於 1931 年進行，當年香港人口為 849,751 人。

7　Various reports from Mott, Hay & Anderson Far East, *Final Report on Investigation of Disused Tunnels* (Hong Kong: Highways Office of Public Works Department, 1979).

8　"Tunnels at 'Cost Plus': Slower the More," *China Mail*, 5 September 1941 (Late night final), 6.

9　Searls, G., "Wartime Network of 'Streets under Fire'," *Hong Kong Standard*, 6 April 1992, C3. 原文稱「尖沙咀到新界大埔的距離」是指地圖上直線的距離，據舊新界環迴公路（起點為尖沙咀碼頭），由尖沙咀到沙田馬料水為 12 英里，參考邱益彰＠道路研究社：《香港道路探索：路牌標誌 X 交通設計》（香港：非凡出版，2019）。另有學者稱總長度達 22,000 米，參考 Guilford, C. M., "A look back: civil engineering in Hong Kong 1841–1941," *Journal of the Hong Kong Branch of the Royal Asiatic Society* 37 (1997), 81–101。

10　Wong, S. H., "Disused Air Raid Precaution Tunnels: Uncovering the Underground History of World War II, Civil Defence Tunnels in Hong Kong," (Master of Science diss., The University of Hong Kong, 2010), 46–48.

11　"Expert to Teach Hongkong Air Defence: Wing Commander Perkins Given Three-Year Task," *Hongkong Telegraph*, 3 February 1938 (Final ed.), 7; "D.A.R.P. Giving Evidence," *Hongkong Telegraph*, 30 September 1941 (Late night final), 1.

12　〈史柏堅昨到庭作供　詳述來港經過及建築防空洞情形〉，《工商日報》，1941 年 10 月 1 日，港聞版。

13　民眾安全服務隊 60 周年紀念特刊編輯委員會：《民眾安全服務隊 60 周年紀念特刊

（1952–2012）》（香港：民眾安全服務隊，2012），頁 17、21。

14　〈防護員全體動員〉，《工商日報》，1941 年 10 月 22 日，港聞版。

15　〈應付緊急時期需要　本港建築偉大防空總部〉，《工商晚報》，1939 年 7 月 30 日，4。

16　Faber, S. E. & Steele-Perkins, A. H. S., *Report on Air Raid Precaution Services in Chungking 1940*, 9–10.

17　〈九龍京士柏山　建兩防空隧道〉，《香港華字日報》，1940 年 10 月 5 日，第 2 張第 3 頁。

18　〈繼續興築壕洞〉，《工商日報》，1940 年 10 月 28 日，港聞版。

19　〈立法局財委今日會議　追認防空設備費百萬〉，《工商日報》，1940 年 10 月 17 日，港聞版。

20　〈防空洞繼續發掘，減少炸藥量避免危險〉，《大公報》，1941 年 3 月 18 日。

21　〈香港仔防空洞發生爆石傷人慘案〉，《大公報》，1941 年 9 月 8 日，6。

22　"A.R.P. Inquiry Commences: Public Asked to Testify," *Hongkong Telegraph*, 15 August 1941 (First ed.), 2.

23　鄺智文、蔡耀倫：《孤獨前哨——太平洋戰爭中的香港戰役》（香港：天地圖書，2013），頁 93。

24　"A.R.P. Work Inquiry, Commission's Reference Terms Enlarged," *Hongkong Telegraph*, 21 August 1941 (First ed.), 2.

25　港英時代首席按察司為司法機關的首長，等同於今天的終審法院首席大法官。

26　〈七月份港庫　入不敷支〉，《工商日報》，1941 年 11 月 9 日，港聞版。

27　〈防空費用數目極巨〉，《工商日報》，1941 年 10 月 2 日，港聞版。到底當年的 865 萬元是怎樣的一個概念？1941 年 11 月 22 日的《大公報》報道，馬會因馬伕罷工而取消賽馬，罷工源於馬伕薪金太低無法生活，當時馬伕月薪為 20 元（正薪 16 元，另加津貼生活特別費 4 元）。

28　〈工務司皮亞士登堂作供　說明代督口頭授權問題〉，《工商日報》，1941 年 10 月 16 日，港聞版。另見 "Tunnels at 'Cost Plus'," *China Mail*, 5 September 1941 (Late night final), 1 & 6。

29　"Kowloon Tunnel Contract: Terms Changed," *China Mail*, 11 September 1941 (Late night final), 6.

30　"Tunnels at 'Cost Plus': Plant Purchases, 'Hiring Plus', Policy Clause," *China Mail*, 5 September 1941 (Late night final), 6.

31　"Dinner-Parties and Kin Lee Sub-Contracts to a Wife: Sub-Contracting, 'Did Not Do Job'," *China Mail*, 12 September 1941 (Late night final), 3.

32　"Vouchers, Initials and Debts: Gross Neglect of Duty Alleged," *China Mail*, 25 September 1941 (Late night final), 1.

33　"Close Questioning of P.W.D. Foreman at Inquiry," *China Mail*, 24 September 1941 (Second ed.), 9.

34　"Vouchers, Initials and Debts: 'Forgot to Initial'," *China Mail*, 25 September 1941 (Late night final), 1.

35　"Scandalous Rumour: 'Never Passed to Me'," *China Mail*, 18 September 1941 (Late night final), 13.

36　〈金卑路再登堂作供：監視工程未能盡責〉，《工商日報》，1941 年 10 月 31 日，港聞版。

37　〈工務員供述支費制度　稽查數目時難免錯誤〉，《工商日報》，1941 年 10 月 15 日，港聞版；〈會計制度尚欠完善〉，《工商日報》，1941 年 11 月 6 日，港聞版。

38　"A.R.P. Inquiry Witness is Charged," *China Mail*, 15 September 1941 (Late night final), 1.

39　"Presents to Govt. Servant," *China Mail*, 15 September 1941 (Late night final), 1 & 12.

40　〈林拔中供送禮與政府人員經過〉，《工商日報》，1941 年 11 月 7 日，港聞版。

41　"A.R.P. Enquiry Disclosures," *China Mail*, 8 September 1941 (Late night final), 1.

42　"Kowloon Tunnel Contract," *China Mail*, 11 September 1941 (Late night final), 1 & 6; "Dinner-Parties and Kin Lee Sub-Contracts to a Wife," *China Mail*, 12 September 1941 (Late night final), 3, 9 & 11.

43　"Witness Declines Answer: Timber Purchases," *China Mail*, 17 September 1941 (Late night final), 9.

44　"Deal in Sleepers for A.R.P.," *China Mail*, 19 September 1941 (Late night final), 1, 8 & 9; "Sleeper Dealings for A.R.P., War Tax Evasion Again Alleged," *China Mail*, 23 September 1941 (Late night final), 1, 9 & 16.

45　〈兩委員對史柏堅供詞表示滿意〉，《工商日報》，1941 年 11 月 7 日，港聞版；〈主席祈樂壽發表書面聲明　史柏堅總監一切嫌疑盡釋〉，《工商日報》，1941 年 11 月 9 日，港聞版。

46　〈財政司托特亦被傳作供〉，《工商日報》，1941 年 11 月 6 日，港聞版。

47　〈防空磚之建築問題〉，《工商日報》，1941 年 10 月 2 日，港聞版。

48　鄺智文、蔡耀倫：《孤獨前哨》，頁 95。

49　〈劉美美謂贈錶史柏堅　在使他賭物思人　為此案受累嬌軀瘦減十磅〉，《工商日報》，1941 年 11 月 2 日，港聞版。當時的新聞標題實在有點嘩眾取寵，原文如下：「祈官問劉為何送錶給史，劉：『我送錶給他，是因他與中國人友善，使他見錶時能憶念中國人。』祈：『兼且想念妳？』劉：『當然。』……劉：『我已出庭多次，瘦了十磅，希望今日可以查問完畢。』」

50　〈劉美美供〉，《工商日報》，1941 年 11 月 5 日，港聞版。

51　〈與劉美美過從經過〉，《工商日報》，1941 年 10 月 14 日，港聞版。

52　〈史柏堅供〉、〈職員薪金〉，《工商日報》，1941 年 10 月 3 日，港聞版。

53　〈史柏堅昨離港赴印　劉美美陳永安夫人往送行〉，《工商日報》，1941 年 11 月 11 日，港聞版。

54　〈認與史柏堅為朋友並非密友　史氏曾贈劉以二千元之手錶〉，《工商日報》，1941 年 10 月 17 日，港聞版；〈防空建築事件審委會　昨日繼續公開庭訊〉，《工商日報》，1941 年 11 月 8 日，港聞版。有稱劉美美以其關係使政府購入空心磚（breeze brick）當成實心磚使用，自此曾有一段時間用空心磚建成的劣質樓宇在香港被戲稱為「美美樓」。首先，承造三合土磚的是生利和生泰，在整個研訊過程中，沒證據顯示劉美美跟這兩間公司有關連。此外，筆者搜尋 1940 至 1980 年代的報章，找不到時人有關「美美樓」的報道，相信此事純屬以訛傳訛，或是史家看英文報紙寫作時所產生的「美麗的誤會」（因為劉美美的英文名字恰巧就是 Mimi Lau）。

55　〈工程師金卑路登堂作供　主席詳細盤問炸藥虛耗〉，《工商日報》，1941 年 10 月 30 日，港聞版；〈主席認為金氏未盡監工之責　對於購枕木支佣金亦有盤問〉，《工商日報》，1941 年 10 月 31 日，港聞版。

56　"Mimi Lau's Bank Account: Eight Banks," *China Mail*, 3 September 1941 (Late night final), 13；另見〈（盤問）鄭植（之）〉，《工商日報》，1941 年 11 月 5 日，港聞版。

57　"Typhoon Hits at 108 M.P.H., Passes Colony During Tiffin," *China Mail*, 16 September 1941, Late night final, 1. 太平洋戰爭爆發後的 12 月 10 日，在新加坡遭日機炸沉的英國皇家海軍主力艦威爾斯親王號（HMS *Prince of Wales*）和戰鬥巡洋艦卻敵號（HMS *Repulse*），分別為 35,000 噸和 32,000 噸。

58　"Dinner-Parties and Kin Lee Sub-Contracts to a Wife: Requisition Power," *China Mail*, 12 September 1941 (Late night final), 3.

59　Marsman, J. H., *I Escaped from Hong Kong* (Sydney: Angus & Robertson Ltd., 1943).

60　薩空了：《香港淪陷日記》（香港：三聯書店，2015），頁 34–35。

61　張愛玲：〈燼餘錄〉，載《流言》（香港：皇冠出版社，1991），頁 44–46。

62　Cameron, N., *An Illustrated History of Hong Kong* (Hong Kong: Oxford University Press, 1991).

63　Records of Stanley Internment Camp and Hospital: Patients Records and Death Particulars – Tweed Bay Hospital – 1943, HKRS42-1-10, Ref. No. 639, Hong Kong Public Records Office. 祈樂壽因足部癱瘓於 4 月 2 日入住位於赤柱拘留營南面的白沙灣醫院，病情急轉直下，數日間已擴散到呼吸系統並引至肺炎，診斷為上行性脊髓癱瘓（Landry's Ascending Myelitis），主診醫生在報告上聲稱，假若醫院有人工呼吸機（iron lung）並為病人輸氧，病人有很大機會得救及康復。

64　嚴穆生（Emerson, G. C.）[楊瑪（Yang, N.）譯]：《赤柱日治拘留營——鐵絲網內的三年零八個月（1942–1945）》（香港：紅出版（青森文化），2017），頁 260。

摘下「天星」組小輪：
打笠治發跡故事

鄭宏泰

前言

　　一說起天星小輪，無論是本地居民，或是外地旅客，總有不少與之相關的難忘回憶與話題；無論是小輪之上，或是在中環天星碼頭、尖沙咀天星碼頭等地，相信都曾留下不少足跡。與不少家族、企業或機構組織一樣，天星小輪亦見證了世界、國家與本地歷史的重大變遷，例如尖沙咀九廣鐵路火車總站落成啟用、第一及第二次世界大戰、省港大罷工、天星小輪加價引起的暴動、紅磡海底隧道落成、地下鐵路通車等等，令其經營與發展受到巨大衝擊。曾經風光無限、繁華一時，但最終還是逃不過衰退沒落，甚至到了瀕於被淘汰的命運。

　　與天星小輪有關的故事，愛情亦好、親情亦好，友情、奇情亦好，不計其數：拍成電影、電視或網絡分享短片者有之，寫成文學小說、詩詞與流行曲者亦有之，更有無數掌故和學術研究，可謂不勝枚舉；近年環境保育潮流大興下，更有不少再乘渡海輪的「懷舊導賞團」，讓人往來於尖沙咀與中環之間，或是在維多利亞港由東而

西穿梭，觀賞兩岸景色，藉以緬懷往昔。本文不在那些已有很多研究分析的層面上錦上添花，而是聚焦那位一手促成「天星」小輪創立的巴斯商人打笠治‧那路之（Dorabjee Nowrojee，為了簡便之故，本文一律稱之打笠治）身上，[1] 此人與眾多巴斯人一樣信仰「瑣羅亞斯德教」（Zoroastrianism），[2] 在香港商界曾名揚一時，比我們較熟知的麼地（Hormusjee N. Mody）及鄧‧律敦治（Dhun Ruttonjee）等發跡更早，他在香港白手興家，由貧而富，甚至開展連結九龍半島與香港島的渡輪生意，後來又選擇將之出售他人的種種事跡，帶有不少迷人色彩，十分引人入勝。本研究藉探討其在香港經商致富的故事，了解巴斯商人在早期香港商業與社會發展上所扮演的角色。

一、打笠治的背景與踏足香港

不少企業家的事業起點，總是平凡而不起眼的，發跡後總被塑造成白手興家，打笠治看來亦是如此。正如不少早年曾叱咤香港的重要人物總是甚為缺乏出身與發跡初期資料一樣，有關打笠治的背景亦十分零碎，僅有的一些紀錄指他來自印度孟買，於香港開埠十

天星小輪創辦人打笠治‧那路之
（Dorabjee Nowrojee）
圖片來源：*Star Ferry: The Story of a Hong Kong Icon*
鳴謝：天星小輪

20 世紀初之中環天星碼頭

鳴謝：天星小輪

年後的 1852 年踏足此地，而他到港的方法，更採取了「搵命搏」的危險行為——因沒錢購買船票，於是「藏身船倉暗角偷渡」（stowing away），揭示他出身貧苦。[3]

　　據 Shroff-Gander 的介紹，[4] 其時只屬「年輕偷渡者」（young stowaway）的打笠治，藏身船艙時被葡萄牙籍船長發現，對方不但沒有對他施以重罰，反而同意讓他隨船到港，但要他在船上做廚師，為船長船員們煮菜做飯。因為這一工作緣故，打笠治到港後據說進入都爹利洋行（Duddell & Co.），[5] 擔任的亦是廚師工作，[6] 而都爹利洋行的東主都爹利（George Duddell），乃當時人盡皆知其中一位具實力的房地產炒賣者，且同時兼營多種生意，如轉口貿易、麵粉與麵包等，亦曾與渣甸洋行（Jardine Matheson & Co.）合作，取得鴉片專營權，並曾擁有太平山市場的管理權。[7]

　　打笠治要如人蛇般「偷渡」東來，被發現後不但大難不死，更能成為廚師，船長和船員不怕吃一個來歷不明「偷渡者」所煮食物

的情況，似乎甚為誇張。從一些族群與社會條件的分析上看，印度的巴斯人其實生活水平較社會整體民眾好，有學者指出，由於善於經營之故，19世紀的巴斯人，已成為「印度社會的富有階層……是以，即使是帕爾西（巴斯）下層，據說也絕對不從事低賤的工作。諸如清道夫、理髮匠、僕人等職業，與他們是無緣的」。[8]

事實上，從其他資料——尤其是報紙報道他去世及兒子的消息——看，打笠治應該生於1824年，他的獨子段之貝·打笠治·那路之（Dhunjibhoy Dorabjee Nowrojee，本文一律稱之段之貝）生於1848年，約於1866年到港與父親團聚，時年大約18歲。[9]即是說，打笠治來港時，他不但已經結婚，且已為人父，兒子更已4歲了，他本人亦已28歲，不再是年青小伙子了。他的工作，其實是薀也洋行（Lyall Still & Co.）旗下輪船的服務員或管理員（steward），而他在那家洋行工作多年後轉投都爹利洋行，成為「助理」（assistant）。[10]以上的敘述可見，儘管本質上都是「打工仔」，他確實應該不是富裕家境，但也不是一貧如洗的赤貧，乃至於要冒着生命危險以「偷渡」模式東來。

回到打笠治加入都爹利洋行一事上，到底他有何關係或實力令其可在都爹利洋行謀得工作的問題在此不深入討論，但被視為當時繼渣甸洋行和顛地洋行（Dent & Co.）之後實力第三大的都爹利洋行，[11]無疑是打笠治的貴人，不但在他到港後給予工作機會，相信還讓他掌握香港商場不少資訊，同時亦為日後飛黃騰達創造很好的條件或機會。

這裏要提及第二次鴉片戰爭期間於1857年1月發生的一宗轟動華洋社會的「毒麵包案」。一家名叫「怡成」（The E-Sing Bakery）的麵包店，出售的麵包（主要供洋人食用）引致顧客腹痛、嘔吐，後被驗出含有砒霜，東主張亞林（Cheong Alum）被拘捕，並送上法庭。案件最後雖判張亞林無罪，卻將他遞解出境，而更嚴重的，

則是影響了消費者對麵包生產和供應的信心，麵包市場因此發生重大變化。[12]

　　生意業務涉獵麵粉與麵包的都爹利洋行，隨即成為主要麵包供應商，而商業觸角敏銳的都爹利，更馬上入口大量麵粉，儲存起來，為下一階段更好佔據香港麵包市場作準備。然而，到了 3 月 6 日，存放大量麵粉的貨倉遭遇祝融，令洋行多達 800 桶麵粉付之一炬，損失慘重。[13] 到了 1858 年，都爹利黯然離開香港，[14] 直至 1881 年才再回來，惟那時的香港又有另一番景象了。[15]

　　都爹利離開香港那年，打笠治的事業亦發生變化，具體而言是打工近六年時間，並積累一些資本、工作經驗和市場與人脈關係後，他選擇在那個時刻自立門戶創業，開辦的生意，恰恰正是令都爹利遇到滑鐵盧的麵包生產和經營——簡單點說便是開麵包舖，大寶號為「打笠治麵包公司」，此名稱顯然是 Dorabjee 名字的音譯，地址在皇后大道。自此之後，打笠治的名字隨着他麵包生意日旺、客戶日多而日漸被人認識。

二、創業麵包舖

　　打笠治選擇創業的時機無疑十分好，這明顯不是偶然的。扼要地說，這時經營麵包生意，起碼有如下兩大好處：其一是「毒麵包案」後，市場（尤其洋人社會）對品質可靠的麵包十分重視，即是亟待一些具信譽與實力的店舖以恢復消費者信心，確保麵包沒問題；其二是都爹利洋行大量麵粉被焚毀後，市場原料供應緊張，價格飆升，麵包變得更為「搶手」。

　　即是說，那時的麵包生意很好做、價錢好，但要做得好，贏得消費者信心並非易事，需有魄力、有野心者多想方法、悉力以赴。打笠治相信看到這個重要契機，亦自覺有這種能力，因此邁出了人

生的重要步伐，自立門戶。至於他開創麵包公司後，引入「蒸氣機械化餅乾生產機」（steam biscuit-making machinery），則被認為乃提升生產品質的重要舉動，深受客戶歡迎，生意乃不斷改善。[16] 其中更為重要的發展，是創業不久後獲挑選為駐港英軍（海軍）的麵包供應商，[17] 令其生意有了更好的發展後台，名聲亦日見響亮。

由於有了個人生意之後，名字開始頻頻出現在不同時期的商業名錄上，我們能對他的生意及發展有了更多認識和了解。這裏要提出一點，有關打笠治的名字、姓氏及名下公司等問題，坊間似乎有不少説法，莫衷一是。上文提及的 Shroff-Gander[18] 指其姓氏為 Mithaiwala（譯為「米泰華拉」），若以英文傳統姓氏放在後面的寫法，應是 Dorabjee Naorojee Mithaiwala。[19]

筆者搜集大量早期資料，提及米泰華拉一字相關的證明來自其遺囑，當中提及他在孟買時曾使用，但到香港後則未曾使用米泰華拉的姓氏，不同官方文件、生意往來或土地買賣等，均只採用「打笠治・那路之」（Dorabjee Nowrojee）的姓名，背後原因不明。至於 Shroff-Gander 所用的 Naorojee 一字，應是 Nowrojee 之音異，就如前文提及 jee 與 ji 之別。另一方面，有些關於天星小輪的掌故文章，則指其創辦人為「波斯祆教徒盧先生」或「波斯拜火教徒盧先生」。[20] 這位「盧先生」相信是 Nowrojee 的音譯，可見不同文章或分析略有差異。

為了更好地尋找打笠治的人生與事業足跡，筆者查閱自 1842 年起的商業名錄資料，包括 *The Chinese Repository*（1842 及 1850）、*The Hong Kong Almanack 及 Directory*（1848）、*The China Directory*（1861–1863 及 1867–1874）、*The Directory & Chronicle for China*（1865–1877）及 *Hong Kong Directory and Hong List for the Far East*（1880–1890）等等，[21] 可以發現在 1852 年之前，儘管有不少巴斯商人的名字，亦有一些相似的名或姓，如

Dorabjee 或 Nowrojee，但沒有一位是由兩字結合的人，即沒找到打笠治的紀錄。到了 1850 年代起，在 *The China Directory* 一項「洋人駐華名錄」（Residents in China, Foreign）中，[22] 雖找不到打笠治的紀錄，但找到三個姓氏為 Dorabjee 及三個姓氏為 Nowrojee 的，前者姓名如 Dorabjee Pestonjee，後者姓名如 Nowrojee Cursetjee。

　　這種情況大約維持到 1859 年，商業名錄上的資料，有了較多內容，其中的「商號」欄目中，出現一家名叫 Nowrojee & Co. 的公司，地址在荷李活道（Hollywood Road），並有兩名成員：Nowrojee Pestonjee 及 Dadabhoy Rustomjee，揭示這位 Nowrojee 未必是打笠治本人。[23] 到了 1862 年，Nowrojee & Co. 的名字仍在名錄上，惟成員則有些變化，這屬不少洋行常見現象，其中原因可能是更換合夥人或員工，或是轉派其他商埠，甚至返回老家。較為特別的，在當時「洋人在華居住名錄」中，則出現了「Dorabjee Nowrojee, baker, Queen's Road」的紀錄。由此推斷，經營麵包舖多年後，打笠治應該嶄露頭角，所以能「擠身」名錄之中了。[24]

　　另一點有趣的是，「洋人駐華名錄」是以姓氏的英文字母排序列出，打笠治的名字被放在「D」字母的次序，即視其姓氏為 Dorabjee，反而「N」字母的次序，則不見其名字。由此推斷，那些商業名錄的編輯們，視 Dorabjee 為其姓氏，而非 Nowrojee。

　　到了 1865 年，「洋人駐華名錄」的 D 字母次序中仍有「Dorabjee Nowrojee, baker, Queen's Road」的紀錄，至於「商號」一欄中，則出現兩家 Nowrojee 的資料，並配上中文名稱及其音譯。其一稱為「那路之（No-row-che）」，下為「Nowrojee & Co., Hollywood Road」，代表只有一人，是為 Nowrojee Pestonjee。其二稱為「地那路之（Tie-no-row-che）」，[25] 下為「Nowrojee & Co., D., Peel Street」，代表有三人，是為 Dorabjee Nowrojee、Ebranhimbhoy Kassumbhoy（Shanghai）及 Dodabhoy Furdonjee。以當時香港巴

斯商人甚少的情況看，出現同名同姓的情況應甚少，雖然同姓、同名、同商號並不罕見，即是説打笠治可能在經營麵包以外生意，創立了另一公司，該公司另有兩名合夥人，一人更被派駐上海。

1867年，「商號」分類的「麵包師」（Bakers）一項中，有四家寶號，打笠治的名字排在最前，人數亦最多，看來規模最大。當時的稱謂是「Dorabjee Nowrojee, merchant, Queen's Road」，之下有八個人的姓名，他們依次為：D. F. Guzder、Framjee Cavasjee、D. Dorabjee、[26] Mahamud Madar、P. Pascole、E. Muncherjee、Jamsetjee Jamasjee 及 F. Rustomjee，最後二人注明為經紀。[27] 翌年，公司名稱加上中文「打笠治麵包公司」及粵語譯音「Ta-lab-chee-min-pow-kong-se」，下為「Nowrojee D., Queen's Road」，此一寫法未知是否「Nowrojee & Co., D」之誤植，而公司成員仍為八人，首位為打笠治，其他成員部分如舊，部分有變動。

綜合以上資料，亦因應他本人以「打笠治麵包公司」的寶號行走江湖，此文乃以打笠治稱之。儘管打笠治並非來自赤貧家族，要「以命搏」方式偷渡來港應該言過其實，但他來自「打工仔」一族，要為人打工多年，積累一定資本、經驗和人脈及市場網絡後，才緊抓機會創業，則應是與事實相去不遠的。由於看準了機會，加上有都爹利洋行的一些人脈關係，他創立麵包舖的生意取得成功，不但能恢復一般民眾吃麵包的信心，亦能獲得英軍垂青，成為指定麵包供應商，生意因此逐步壯大起來，個人財富亦日增。

三、躍升酒店大亨

有抱負、有野心商人的共同特點，是不會滿足於生意發展與財富積累，哪怕在常人眼中他們積累的財富已「幾世使唔晒」（幾生花不完），所以他們常會在一項生意取得成功，有了更多資本之後，還

有時刻注意其他商業機會，或是馬不停蹄謀取其他各種發展，力求開拓更多生意，帶來更多財富，總之要令自己錦上添花，企業王國疆域愈擴愈大。「打工仔」出身的打笠治，似乎亦有這種「有抱負、有野心商人」的個性與特點，所以他亦沒有因為打笠治麵包公司已闖出名堂，個人亦積累不少財富而停下腳步，而是仍然不斷尋找門路，開拓生意，至於令他拾級而上的另一重要生意，便是酒店經營。

這裏要補充兩點背景資料，其一是大約 1866 年，打笠治的獨子段之貝應該到了香港，[28] 那時兒子約 18 歲，這相信是為了讓兒子開始參與到生意經營之中，當然亦讓自己有一個可以信得過的助手。其二是那時的旅遊業或旅客，雖然沒有今天興盛，旅客亦沒今天多，但卻有一個特點，那便是住宿日子一般很長，一兩個月就如今天的一兩天，屬於較罕見的，而三個月或以上才是常態，主要是輪船班次的交通極不方便之故，至於能夠外遊者，亦絕非平民百姓，只能是腰纏萬貫的官商巨賈。正因如此，酒店或旅館生意，深具發展潛力，盈利豐厚，至於經歷麵包生意取得突出成績的打笠治，看來因為生意關係，給他順藤摸瓜地找到了另一生意門路，那便是酒店經營。

資料顯示，大約在 1873 年，即經營麵包生意 15 年後，打笠治與一位名叫彭炎（Pang Yim 或 Im）的華商合組公司，[29] 獲時任香港大酒店（The Hong Kong Hotel Company，中文原名「香港客店公司」）董事局——主席庇理羅士（E. R. Belilios）、董事賴理（P. Ryrie）及賀飄士（H. Hoppius）等——交托，以「出租經營」方式，把整家酒店交給打笠治和彭炎經營打理，此舉標誌着打笠治正式進軍酒店行業。

原來，那家酒店在 1866 年 3 月 2 日由得忌利士洋行（Douglas Lapriak & Co.）的勒柏克（Douglas Lapriak）聯同波時文公司的何仕文（Charles H. M. Bosman，即何東生父）等洋商合力創立後因表現欠佳，經營並不理想，所以到了 1873 年時，庇理羅士等管理層

乃想出了把整家酒店租賃外人經營管理的方法，打笠治則和彭炎「人棄我取」，乘機涉獵酒店行業。[30]

這裏很自然地要提及主要生意合夥人：華商彭炎。從資料看，彭炎乃香港開埠初期對英國統治或西方強盛表現得較為崇尚的華人，原來亦是極小數採取法律行動歸化為英國籍的華人。[31]他乃殖民地政府軍需處（Commissariat Department，時譯「金些厘」，視作洋行看待）的買辦，為駐港英軍提供各種生活物資，[32]此點亦反證他為何要歸化為英國籍。或者正因彭炎乃軍需處買辦的緣故，打笠治能取得專利權，成為英國海軍麵包與膳食的供應商，或是在打笠治取得供應商地位後，與彭炎有了更多交往，彭炎去世後，其後人甚至以一家名為「興記」（Hing Kee）的公司名譽，與打笠治合作開拓其他各方面的生意（見下文討論）。[33]

由於經營麵包舖時事無大小均落手落腳，從注重各項營運細節，控制成本，並提升效率中不斷發展起來，這一經商經驗和哲學，在接手香港大酒店後，亦應用其中，從最基本的注重每個細節及控制成本與提升效率入手，因此令其可逐步走出經營困境。至於酒店業務其實牽涉龐大日常生活物資供應，這方面與麵包生意其實頗能相輔相成，既可為酒店生意降低成本，又能擴大麵包舖的生意層面，實在一舉兩得。

具體地說，他們涉獵酒店生意取得成功，自接手不久，便能「止血」（停止虧蝕），然後逐步帶來盈利，令香港大酒店可重拾發展活力，慢慢成長起來。加上之後內外經濟環境改善，訪港旅客日多，更為打笠治和彭炎帶來豐厚回報。事實上，自從有了這種生意投資層面的擴張之後，打笠治的職業身份由原來的「麵包師」轉為「商人、麵包師」，日後更變成「酒店東主」（hotel proprietor），這無疑是社會階層往上流動的重要轉變，名望與社會地位必然同步上揚。

俗語有云：「瘦田無人耕，耕開有人爭。」香港大酒店的經營，

恰好正是很好的例子說明。當香港大酒店生意不景氣時，想出了「出租經營」方式，寧可假手打笠治這些具深厚經營管理能力者主持，自己只做收租者。當發現打笠治已為酒店建立起良好營運制度，亦有了一定市場名聲和固定客戶，於是便在 1883 年終止合約，收回自己經營。

雖然筆者沒法找到這一經營權轉變有否帶來爭拗問題，但打笠治明顯從經營香港大酒店中了解到酒店業的發展空間，當然亦積累了深厚經驗和巨大財富，於是在失去香港大酒店經營權之時，另起爐灶，於 1883 年 12 月將砵甸乍街（Pottinger Street）轉角位置一棟建築，改為「維多利亞酒店」（Victoria Hotel），這時的合夥公司便是「興記」，不再是彭炎，因彭炎應在 1883 年去世之故。[34]

維多利亞酒店投入經營大約一年左右，當時報紙報道，打笠治打算返回孟買，所以向政府申請把酒店持牌人的身份，轉給兒子段之貝，這點亦揭示他已安排年近 37 歲的兒子接班，打算交託更多領導任務了（參考另一節討論）。[35]

到了 1889 年，察覺到酒店生意愈來愈旺盛的打笠治，宣佈與興記聯手，斥巨資在九龍半島原「九龍會」（Kowloon Club）位置約 15 萬平方呎地皮上，興建新酒店。[36] 這裏所指的「九龍會」，應是威菲路軍營（Whitefield Barracks，即現時九龍公園所在位置）與當時的水警總部（現 1881 公館）之間的位置，那裏當時人跡罕至，甚為荒蕪，地皮稱為「花園地段」（Garden Lot）。該酒店建成後稱為「九龍酒店」（Kowloon Hotel），初期應由歐士邦（James W. Osborne）負責日常打理，[37] 後來由一位名叫「律唐治」（M. Ruttonjee）的人打理，而律唐治其實亦是打笠治麵包公司的僱員。[38]

順作補充，1892 年初正當打笠治籌劃興建九龍酒店的同時，山頂酒店（The Peak Hotel）亦碰到如早年香港大酒店一樣的問題，生意下滑，自身經營無以為繼，於是亦想到以「出租經營」方式解

困，並曾經接觸香港大酒店，由他們接手，但對方似乎沒有很大意願，結果還是由打笠治與興記聯手獲得了經營權，而自他們接手經營後，亦一如所料地令山頂酒店能夠逐漸恢復發展活力。[39] 至於打笠治「酒店東主」的形象或身份，亦在連番擴張行動中變得更為突出起來。

由經營麵包舖生意轉為涉獵酒店生意，主要原因與人脈生意網絡和生意機會湧現有關，那怕打笠治本身早前並沒有經營酒店的經驗和專長，但在那個年代，或者說對某些商人而言，他們的字典中沒有「唔識」（不懂）二字，總之「唔識就學」、「一路做一路學」，而他們那種勇於嘗試、敢於開拓的精神，則讓他們能夠闖出人生與事業的一片天。

四、組織渡輪運輸公司

由在疉也洋行及都爹利洋行打工，到自立門戶經營麵包舖，打笠治在生意上取得豐碩成績、積累一定資本後，開始涉獵酒店經營，亦同樣表現突出，業績亮麗，這個發展過程與經歷，不但增加了他個人的身家財富，還有在商界的人脈關係與商業網絡，至於在經營麵包和酒店生意之時，又產生另一既可為他帶來財富收入，同時亦可令他在社會上留下美名的生意——渡海小輪服務。

自經營麵包生意後，打笠治的客戶不只有居港洋人、一般民眾，還有不少停泊香港的遠洋輪船及不同檔次的酒店、飯館，而更為重要的，則是取得駐港英軍日常生活物資的獨家供應權，此點或者可以解釋為甚麼作為軍需處買辦的彭炎，會與打笠治合夥經營多項生意，而最為實質的發展，則是打笠治已經發展為大小機構的膳食物資供應商。[40] 正因如此，打笠治麵包自然需要建立一套屬於自己，或是自己可以掌握的後勤支援隊伍。

　　這便引伸出香港地理與天然限制的問題。扼要地說，大英帝國先在 1841 年取香港島為殖民地，受山多平地少的影響，只能重點發展港島西北端沿岸；繼而於 1860 年取得九龍半島（界限街以南），並因那裏平地較多乃逐步展開發展；惟兩地卻被維多利亞港「淺淺的海峽」隔開了，在那個年代而言，人民往來十分不方便，貨物運輸亦需付上更大費用。

　　由於九龍半島的尖沙咀有不少英軍駐守，威菲路軍營乃九龍半島上最大軍營，加上那裏亦有一些洋人生活，打笠治自 1860 年代起開始向九龍供應麵包和日常必需品，因此亦有了發展海上運輸的需要。另一方面，或者與他早年曾在輪船打工，擔任服務或管理員的關係，到他經營麵包生意後，似乎亦因利乘便發展伙食及供應日常必需品的生意，尤其提供給那些停泊維多利亞港的遠洋輪船。至於兩項生意的後勤運輸，均須具備自己的貨船，才能更好地提供服務，降低成本。

　　據說，早在 1871 年，一位名叫史密夫（John Grant Smith）的英人已買入蘇格蘭製的輪船引擎，在香港建造了一艘船身長 55 英呎的蒸氣輪船，取名「早鳥號」（*Early Bird*），在香港投入服務，航行於九龍半島與香港島之間，惟因當時九龍半島仍然人煙稀少，商業活動亦不是很繁盛，生意並不理想，史密夫因此有意出售，而打笠治則因本身生意有其實質需要，在「肥水不流別人田」背景下，乃毅然於 1872 年購入該輪船，開始了個人與渡輪運輸的不解情緣。[41]

　　初期，這艘蒸氣輪船主要用於運送公司本身供應客戶的膳食物資，亦有接駁到港遠洋輪船的旅客，因當中有些乃香港大酒店旅客；若有剩餘艙位與航程（時間），則運載別人的貨物及乘客，即載貨載客取酬，而客戶多數是往來香港島與九龍半島之間的居民和商人。由於打笠治自己公司的貨物運輸已佔了一個不低的比例，或者說已封了「蝕本門」，載貨載客取酬的渡輪生意，經營起來自然比史密夫

更有優勢，因此能取得不錯發展。

據 David Johnson 有關天星小輪的著作 *Star Ferry: The Story of a Hong Kong Icon*[42] 記述，在 1874 年，當時一家名叫「榮記」的華人煤炭與船泊雜貨供應公司，有一則往來九龍與香港島的渡輪運輸廣告，輪船名為「金星號」（*Cum Sing*），[43] 單程船票 5 仙，乘客「可向船長或香港大酒店購買」，揭示香港大酒店應該代理了「金星號」的船票銷售。這裏有一點值得注意，那時往來維港兩岸的航班，開始有了固定航班的雛形，即每日依時依候航行往來，令有意乘搭的市民有了更好預算，因此令乘客人數進一步上升，有利渡輪生意的長遠發展。

Johnson 進一步指出，「金星號」船長布蘇（M. Buxoo）於 1877 年離開榮記，轉為經營另外兩艘渡輪，同樣往來九龍半島與香港島之間，那兩艘渡輪名叫「曉星號」（*Morning Star*）和「晚星號」（*Evening Star*），而背後的老闆，則相信是打笠治，並指那兩艘以「星」字取名的渡輪，可能承襲或脫胎於「金星號」。[44]

更加有利渡輪生意發展的，當然是九龍半島自 1870 年代末的加快發展，麼地和遮打（Paul C. Chater）則是關鍵人物，前者生於 1838 年，與打笠治一樣乃來自孟買的巴斯人，後者於 1846 年生於加爾各答，屬亞美尼亞裔。兩人於 1860 年代末合組「麼地遮打洋行」（Mody Chater & Co.），先後在尖沙咀一帶購入大量土地，並開始了那裏的發展。[45]

與此同時，遮打還與渣甸洋行（Jardine Matheson & Co.）及舊沙遜洋行（David Sassoon & Sons Co.）等組成了「九龍碼頭貨倉及貨船公司」（Kowloon Wharf, Godown and Cargo Boat Co.，日後改為有限公司，俗稱「九龍倉」），[46] 投資更大規模的交通運輸基礎建設，主要是興建九龍半島海旁的貨倉及碼頭等設施。無論是麼地或遮打，打笠治顯然與他們關係深厚，生意投資上相互糾纏尤其不難理解。

　　麼地遮打洋行的投資尖沙咀一帶，「九龍倉」興建尖沙咀海旁的碼頭設施與貨倉，兩者既牽涉大量人力勞工，亦需要大量各類建築材料與物資，當中不少部分要從香港島及其他地方以海運方式運到尖沙咀。開始經營一段時間，並已摸通營運門路和竅門的打笠治，則成為支援九龍半島建設的重要力量，生意滔滔。據 Johnson 記述，[47]「九龍倉」的各項工程，需要大量勞工，他們不少人居於港島，打笠治與「九龍倉」達成一項「一家便宜兩家着」的安排，主要是打笠治代為接送那些興建貨倉碼頭的工人，而「九龍倉」則提供渡輪在碼頭停泊的服務，大家均不向對方支付費用，各得其所，達到真正的「互利共贏」。

　　1887 年，打笠治旗下的兩艘渡輪，全天來回港島與尖沙咀之間共有 25 班航班，其中 13 班由尖沙咀到港島，12 班由港島開到尖沙咀。在尖沙咀開到港島的航班，每日首班船於早上 6 時開出，而在香港島開到尖沙咀的每日首班船，則在 7 時開出，[48] 輪船的燃料是煤炭，[49] 主要停泊碼頭為港島的畢打街碼頭和尖沙咀的「九龍倉」碼頭，屬於當時的重點位置。[50]

　　當時連結港島和尖沙咀之間還有其他渡輪公司，華資小本經營者亦有不少。因應當時社會對渡海小輪需求日大的現象，本身乃大律師的法朗西（J. J. Francis）發起創立「蒸氣輪船公司」（Steam Launch Co. Ltd.），並以公眾集資的模式籌集資金，用於添置蒸氣輪船，提供港島與九龍半島的渡輪服務。[51] 行動既給打笠治的渡輪服務帶來競爭，亦促使他必須深入思考如何更好發展渡輪股務。

　　具體行動是打笠治於 1888 年成立了「九龍渡海小輪公司」（Kowloon Ferry Co.），此舉無疑回應了維港兩岸交通運輸需求不斷提升、市場競爭日見激烈的問題，揭示他把原來那項無心插柳的生意「正規化」，打正旗號地開拓那項渡輪生意。為了配合這一發展，打笠治安排原來太老的「曉星號」退役，並向黃埔船塢訂造了新船

位於相片中間的碼頭中為卜公碼頭（Blake Pier），右方為中環天星碼頭。攝於
1955 至 1960 年間。
圖片來源：University of Bristol–Historical Photographs of China (Ref. no.: MF-d03)
鳴謝：Photograph by Martin Funnell. Image courtesy of Frances Funnell and
Special Collections, University of Bristol Library (www.hpcbristol.net).

第一代天星小輪碼頭，約始於 1888 年建成。
鳴謝：天星小輪

中環天星碼頭，其後方為皇后行（Queen's Building）。攝於 1912 至 1917 年間。

圖片來源：University of Bristol–Historical Photographs of China (Ref. no.: Mi01-040)
鳴謝：Colin France and Special Collections, University of Bristol Library
　　　(www.hpcbristol.net)

頂替，同樣取名「曉星號」，[52]不久又因應市場需要增加先後於1890
年及1897年添置多兩艘船，是為「高星號」（*Rising Star*）及「導
星號」（*Guiding Star*）。至於新增的輪船，則屬雙層和「雙尾船」
（Double-ender），既令運載量大增，亦更便利兩岸上落泊位，揭示
維港兩岸的交通往來更為緊密。[53]從此之後，乘搭渡輪逐漸成為不少
人的工作與生活習慣，而藉乘坐渡輪以觀看維港兩岸景色，呼吸海
風，近距離感受浪濤拍打撞擊船身的那份震撼，則成為其中一項既
廉宜又便利的旅遊途徑。

　　九龍渡海小輪創立十年後的1898年4月5日，年屆74歲的打
笠治，將之出售予「九龍倉」，此舉自有年老退休的考慮（見下文討

1890年代，位於中環海旁的皇后行。從照片中能清晰看見當時的第一代天星碼
頭，是以棚架搭建的。
圖片來源：Wikimedia Commons（https://bit.ly/3B9ukhi）

論），亦揭示他或者覺得渡海輪生意落入「九龍倉」手中能得到更好發揮。[54] 事實上，公司易手不久，遮打成為主席，在「九龍倉」的樹大好遮蔭與才華卓著的遮打之領導下，業務有了更為亮麗的發展。例如，為了更好保障小輪公司的利益和經營，遮打以個人政治力量，取得殖民地政府訂立專門法例——即《1902 年第 46 號條例，天星小輪公司》（*Ordinance 46 of 1902, Star Ferry Company*）——讓公司可訂立具法律約束力的附屬條例，約束乘客行為，便利自身的行政管理。[55]

明顯地，購入蒸氣輪船之時，打笠治很可能只是想到藉以配合原來麵包舖與酒店生意而已，惟城市發展與經濟內涵的不斷改變，令渡海輪船服務變得有利可圖，頭腦精明的打笠治在看到當中商機後，「打蛇隨棍上」，購入輪船、拓展業務，因此開了「維港渡海輪」生意的風氣之先，九龍渡海小輪公司及「星」字號輪船成為了渡海輪服務的代名詞，有了更大的市場價值，所以吸引了「九龍倉」垂青，不惜重金將之收購，令打笠治成為了「天星小輪公司」的先驅，名字常被傳媒報道，社會亦常常提及。

五、兒子接班的轉變與沒落

就在出售九龍渡海小輪公司之時，打笠治還因應本身年邁的問題，將名下生意交到兒子段之貝手上，其中的重要舉動，應是創立了「打笠治父子公司」（Dorabjee & Son Co.），而原來的「地那路之公司」很可能變成「打笠治公司」（Dorabjee Co.），並以這兩家公司的名義，與一位名叫馬打（Ismail Pillay Madar）的人合夥，[56] 開拓麵包和酒店生意。從資料上看，打笠治父子公司與馬打合夥經營「香港麵包公司」（Hong Kong Bakery Co.），即是不再以「打笠治麵包公司」經營了，而打笠治公司則與馬打合夥經營位於 1902 年

落成位於德輔道中 3 號（即現時「太子大廈」位置）的「英皇愛德華酒店」（King Edward Hotel）。[57]

這位馬打，則讓筆者想起 2010 年與受業師黃紹倫教授有關香港婦女遺囑研究中提及的一位名叫高吔華人婦女的遺囑，以下是其中的內容：

> 立遺囑書人高吔，今因病重，恐有不測之虞，特立此囑書以垂後繼。如我身故後，立唉吪馬吥（I. P. Madar）及蔡有金為我承辦人。我所遺下之屋，在嗎（摩）囉山街二十五號，待養兒阿根長大，二十一歲後，我承辦人可交回該屋（給）他收租管業。如阿根品行不端，我承辦人可如常管業，只可將該屋之租除費用（後）交他作日給（日常生活費）。及我所遺下之屋在士丹頓街第十六號，將該屋之租除費用外，每月交給拾元與月英作日給，望她如常照料寶玉及其家事，其餘租（收入）交與寶玉作日給。他日寶玉長大嫁出門之日，承辦人可將士丹頓街第十交號之屋按揭二千五百元，一千五（百）元交與月英作永遠養口，其餘一千元作寶玉妝嫁費用。該屋亦交回寶玉管業，而寶玉皆可居住嗎囉山街二十五號之屋至阿根二十一歲為額（限）。我身故十三個月後，可將我所遺下金銀玉器皿及珠石傢俬等付（物）變賣，交三百元吾親弟阿改及交二百元吾義婢蘇女，望他（她）如常照料寶玉至她出嫁出之日。其能剩（餘下）之項，均分與我養女寶玉及月英二人。我所遺下（給）寶玉及月英之銀兩或屋業，別人不得干預，此囑。見證人：Dorabjee、H. N. Cooper 及 Hung Mak Hoi。[58]

這裏的「唉吪馬吥」，相信便是上文提及的馬打，這位高吔委任他為遺產承辦人，兩位見證人則是 Dorabjee 及 H. N. Cooper，前者不知是打笠治還是段之貝，因為遺囑訂立於 1901 年，那時打笠治相

信仍在香港；後者則是一家名叫「谷柏洋行」（Cooper ＆ Co.）的東主，亦是一名巴斯人，可見高咃日常生活與洋人（尤其巴斯人）接觸極多，關係耐人尋味，而高咃名下更擁有不少物業及珠寶、玉器之類較為珍貴的裝飾性財產，甚至蓄有婢女，服侍起居飲食。[59]

這裏帶出當時社會另一特殊現象：包括巴斯商人在內的洋人們，他們到華經商時，大多孤家寡人隻身東來，又大多正值壯年，在中華大地與不同族裔——尤其華人交往時，難免會產生跨種族婚戀，有些更因此會誕下混血子女，例如何東和羅旭龢等，形成混血群體。[60] 儘管筆者未能確定高咃遺囑見證人的 Dorabjee 屬於哪位，但段之貝本人的遺囑，則帶出更多值得參考的資料，這點可在下文更好補充。

回到打笠治年老安排兒子接班的問題上，無論是公司名字的變更，或是領導組合的變更，原來由打笠治一人或一家掌控的公司與生意，已有了重大調整，令引入馬打的舉動帶有協助或支持麵包與酒店生意的色彩。然而，哪怕打笠治已出售一些業務，集中精力於核心本業，並引入相信被視為可靠的投資者，算是為兒子接班後的發展鋪平不少道路，但到他本人兩腳一伸去世後，原來設計的「輔弼」作用還是沒法發揮，於是有了宣佈拆夥離去的結局，打笠治一生辛苦打下的基業，很快便分崩離析，落得了「富不過兩代」的局面。

家族企業的傳承接班問題，長期以來困擾不少創業家長，打笠治相信亦是其中一人。白手興家，由無到有，再由小到大，他無疑打拼了亮麗事業，積累了巨大財富。但可如何更好地傳承下去，讓事業更輝煌，延續多代，他明顯沒有很大信心，原因相信是他知悉兒子的才能，還有沒有血脈——即中國人所說的因為無後出現繼承斷絕——問題（參考下文討論），所以沒有寄予太大希望，他在有生之年出售渡海小輪業務，無疑乃很重要的信息，反映他對兒子接班後可以管理好那種蠅頭小利、細水長流生意——即必須持之以恆地控制好成本、提升效率才能帶來盈利——的懷疑，所以寧願在他有

生之年將之出售套現，便於交託，勝過留下生意，「知子莫若父」之心不難想像。

這裏要補充的是，正如前文曾提及，大約在 1866 年，年屆 18 歲的兒子段之貝到港與打笠治團聚，之後開始學習經商，逐步走上接班之路。但有關段之貝的消息卻極缺，這很可能說明他沒甚突出表現，亦可能作風十分低調，當然也可能有其他不同原因。惟無論如何，其結果是一來父親打笠治在年紀很老時才退休，甚至要出售渡海小輪業務，反映打笠治對兒子接班後打理好業務沒有信心，所以哪怕渡輪業務方向未艾，他亦寧可割愛放棄。可是，哪怕打笠治放棄了小輪公司的業務，只留下麵包公司和酒店生意，並不表示兒子便能管理得好，令這些生意可跨越兩代而不墜。

從資料看，出售渡海小輪業務後的打笠治，應是仍有一段時間留在香港，可能是直到 1903 年才返回孟買，並在 1904 於孟買格蘭特道（Grant Road）的家族大宅「赫特華迪」（Khetwaddy）去世，享年 80 歲。[61]

對於打笠治去世一事，香港巴斯人社群曾舉辦宗教追悼儀式（Uthamna），並由麼地主持。儀式上，麼地高度稱讚打笠治，指他具有善良的心與開闊的胸懷，一生勤奮，致富後樂善好施，不論階層與族群，均會大力扶助，並指他與人為善，沒有敵人，令人敬仰。最後，麼地提議創立「打笠治基金」（Dorabjee Nowrojee Fund），用於支持善慈事業，他本人率先捐款，以示支持。[62]

打笠治去世大約五年後的 1909 年 6 月，本地報紙出現告示，指馬打退出英皇愛德華酒店和香港麵包公司，不再成為合夥人。從此，這兩家公司，只由段之貝獨資經營。[63] 令不少人大感意外的是，在與馬打分道揚鑣大約兩年後的 1911 年 8 月 23 日，段之貝在港島羅便臣道大宅去世，享年 63 歲，[64] 親友按其生前意願將其葬於香港快活谷的巴斯墳場內。

去世前，段之貝立下遺囑，就其後事作好安排，並揭示了如下多項特點：其一是遺囑的執行人為遮打、麼地、格茨（Robert J. Gedge）及梅塔（Behram K. Mehta）四人，前兩者名聲響亮，後兩者名字不揚，似是生前好友；其二是把大部分遺產贈送妻子白姑白（Bai Goolbai），並指她居於孟買，即是沒有在香港和他一起生活；其三是分贈部分遺產給其他親屬及為他提供多年服務的僱員及僕人等，顯示他念舊重情的一面；其四是特別提到一位陳亞寶小姐（Miss Chan A Po），贈予她 2.5 萬元遺產，並指示執行人在九龍酒店的租金中每月撥出 250 元，作為她的生活費，可見他對這位陳亞寶小姐特別照顧；其五是要求遺產執行人盡快以適合價錢出售其遺產，並把所得金錢按指示交給受益人。[65]

由於遺產中沒有提及兩夫婦育有子女，揭示他應沒有血脈，即是中國人所說的「絕後」。至於那位陳亞寶小姐，很可能是段之貝的情婦，這與施其樂前文提及的異族婚戀，或是「涉外婚婦」（protected women）問題十分吻合。[66] 當然，無論是前文提及的高哋，或是這位「陳亞寶小姐」，她們都似乎沒有誕下血脈，或是有血脈，但不願談及。

正因遺產中訂立了要求執行人將其名下物業遺產盡快以合理價錢出售，轉為現金的條文，執行人相信在完成其喪禮並辦理好多項手續後，開展了連串公開拍賣地皮與物業的舉動，於是有了 1911 年 10 月及 1912 年 1 月在本地報紙上的公告，主要是公開招標出售段之貝名下位於港島德輔道中 3 號英皇愛德華酒店及其相關物業，以及位於九龍半島的九龍酒店、多塊地皮及在相關地皮上之物業建築。[67]

港島德輔道中英皇愛德華酒店及其物業包括「皇家大廈」（Royal Building，相信是現時的歷山大廈所在位置），計有地庫、地舖及多層樓層的各間客房，以及太子大廈（Prince's Building，日後重建仍稱太子大廈）的地庫、地舖及多層樓層的各間客房；當然還包括床、

桌、椅、廚房設備，以及其他各種生財工具等等。九龍方面除了九龍酒店的物業及生財工具，還有如下多個地皮，以及地皮上的物業：

1. 佔地 88,824.5 平方呎的「九龍內地段第 410 號餘段」（Remaining Portion of Kowloon Inland Lot No. 410）；

2. 佔地 756 平方呎的「九龍內地段第 410 號 A 分段第 1 小分段」（Subsection 1 of Section A of Kowloon Inland Lot No. 410）；

3. 佔地 5,253 平方呎的「九龍內地段第 1215 號」（Kowloon Inland Lot 1215）；

4. 佔地 182.9 平方呎的「九龍內地段第 450 號 A 分段第 1 小分段」（Subsection 1 of Section A of Kowloon Inland Lot No. 450）。[68]

天星碼頭，攝於 2021 年。
鳴謝：陳奕康

　　從這些大賣段之貝遺產的舉動中，可以看到，打笠治窮一生精力建立的商業王國，辛苦積累下來的財產，在他去世不過七年光景左右，便因兒子去世，無血脈繼承下，脫手出售，悉數轉為金錢轉交受益人。結果，無論是麵包舖的生意，[69] 或是酒店業務，均如地產物業般逃不過被變賣出售的結局，令人不勝唏噓。[70] 更令人意外的，反而是因為經營連接港島與尖沙咀渡海小輪之故，哪怕業務早已轉售他人，打笠治的名字，卻因擁有「奠基人」的地位留傳了下來，在香港社會興起懷緬「美好往昔」（good old days）潮流時，常被提及，此點相信連打笠治本人若泉下有知亦意想不到。

結語

　　回頭看，天星小輪公司前身九龍渡海小輪公司的組成，源於打笠治當初購入蒸汽輪船，用於經營渡輪運輸業務時，對各艘輪船一律採用加上「星」字命名的舉動，於是有了「曉星號」、「晚星號」，日後再有「日星號」（Solar Star）、「午星號」（Meridian Star）、「輝星號」（Shining Star）等等眾星匯聚的耀眼一時。問題是：為何打笠治那時會參考競爭對手「金星」的命名，以「星」字作為名下各艘輪船的名字呢？即如他創立酒店時以「維多利亞酒店」或「英皇愛德華酒店」命名，帶有向英國皇室或大英帝國表示喜好、親熱、忠誠一樣，他給予旗下輪船加上「星」字的命名，很可能與本身宗教信仰有關。眾所周知，巴斯人信仰「瑣羅亞斯德教」，即中國人所說的祆教或拜火教，實際上他們並非崇尚拜火，而是視火為「接觸亞胡拉・瑪茲達的媒介」（a media to reach Ahura Mazda）。[71] 有學者進一步指出，他們崇拜的，其實是天上的日月星，[72] 打笠治當年以「星」為名，看來與此有關，帶有一種善頌善禱的崇拜與祝願。

　　在他的一生之中，無論是以事業取得突破論，或是以賺得最多

正在航行中的夜星號（*Night Star*），攝於 1928 至 1930 年間。
圖片來源：University of Bristol – Historical Photographs of China (Ref. no.: SR-s02)
鳴謝：Special Collections, University of Bristol Library (www.hpcbristol.net)

建造於 1928 年的金星號（*Golden Star*），攝於 1928 至 1929 年間。
圖片來源：University of Bristol – Historical Photographs of China (Ref. no.: JC01-14)
鳴謝：Jamie Carstairs and Special Collections, University of Bristol Library
　　　(www.hpcbristol.net)

錢論，均較創立小輪公司突出，但最終讓其得到世人認識，至今仍
常會被提及的，其實是天星小輪。或者可以這樣說，在他開拓下，
「星」字號的多艘小輪，雖曾遇不少諸如颱風之類的天災，亦曾碰
上輪船相撞的海難，但總體上仍是風險可控、意外甚少，業務蒸蒸
日上，利潤節節上揚，既為他帶來了巨大財富，名聲亦與日俱增。
至於更令人出乎預料之外的，是時至今日，無論本地居民，或是外
地旅客，亦無論是流行文化或是學術研究，當然還有日常交通與生
活，總會時常提及他的名字，中國民間諺語中的「前人種樹、後人
乘涼」，無疑乃很好的註腳；以「星」字為輪船命名，不但為「天星」
小輪公司的名字加上了引號，既添加了一份浪漫情懷，亦份外引人
遐思。

注　釋

1　公司創立時，天星小輪（The "Star" Ferry）的英文名字中，在「星」（Star）字中刻意加
上了引號，明顯寄意公司的組成，由多艘以「星」字為名的輪船組成，帶來彙集眾星意
味。至於有關打笠治‧那路之的名字由來，請參考下文討論。

2　瑣羅亞斯德教與基督教和伊斯蘭教般均屬於一神論的宗教，其神祇為亞胡拉‧瑪茲
達（Ahura Mazda），教主或先知是瑣羅亞斯德，又稱查拉圖斯特拉（Zarathustra 或
Zoroaster）。公元 8 世紀之前，此宗教盛行於波斯（即今之伊朗），自伊斯蘭教在中東一
帶興起後，該教信徒受到迫害，部分堅持其信仰者逃到印度的古吉拉特邦（Gujarat），
繼續生活。見 Gnoli, G., "Zoroastrianism," in The Encyclopedia of Religion, ed. M. Eliade
(New York: Macmillan, 1987), 590；林悟殊：《波斯拜火教與古代中國》（台北：新文豐出
版公司，1995）。

由於巴斯人一直堅守傳統，總是用白布纏頭，他們的宗教被稱「白頭教」，他們則被稱
「白頭」（「白頭佬」或「白頭婆」），香港社會過去更稱之為「白頭摩羅」。還有一點，
巴斯人的名字常有 jee / ji 或 bhoy / bhai 字尾，意思是「先生」，前者過去涌譯為「治」，
後者為「皮」。為了保持　致，本義跟隨這一翻譯方式。見郭德焱：〈粵港澳三地文獻與
巴斯在華史研究〉，《文化雜誌》，第 47 期（2003），頁 127。

3　　Johnson, D., *Star Ferry: The Story of a Hong Kong Icon* (Auckland: Remarkable View Ltd., 1998), 15.

4　　Shroff-Gander, S., "Mithaiwala, Dorabjee Naorojee (Nowrojee)," in *Dictionary of Hong Kong Biography*, ed. M. Holdsworth and C. Munn (Hong Kong: Hong Kong University Press, 2012), 322.

5　　Johnson, D., *Star Ferry*, 15.

6　　Shroff-Grander, S., "Mithaiwala, Dorabjee Naorojee (Nowrojee)," 322.

7　　Munn, C. *Anglo-China: Chinese People and British Rule in Hong Kong, 1841–1881* (Richmond England: Cruzon, 2001); England, V., "Duddell, George, JP," in *Dictionary of Hong Kong Biography*, ed. M. Holdsworth and C. Munn (Hong Kong: Hong Kong University Press, 2012), 129–130.

8　　林悟殊：《波斯拜火教與古代中國》，頁 17。

9　　*South China Morning Post* (*SCMP*), 9 July 1904 & 24 August 1911.

10　*SCMP*, 9 July 1904.

11　England, V., "Duddell, George, JP," 130.

12　Johnson, D., *Star Ferry*; England, V., "Duddell, George, JP".

13　據說他曾爭取保險賠償，更曾為此打官司，但不成功，可說是「賠了夫人又折兵」，蒙受雙重損失。見 England, V., "Duddell, George, JP," 130。

14　有指那時都爹利是去世了，其實是錯誤的報道。見 *SCMP*, 9 July 1904。

15　England, V., "Duddell, George, JP".

16　Johnson, D., *Star Ferry*, 17.

17　*SCMP*, 9 July 1904.

18　Shroff-Gander, S., "Mithaiwala, Dorabjee Naorojee (Nowrojee)," 322.

19　天星小輪有限公司官方網站的介紹，亦以「Dorabjee Naorojee Mithaiwala」作為該公司前身的創辦人，此點相信是引述 Shroff-Gander 文章之故。見 "The Company," The "Star" Ferry Company Limited. http://www.starferry.com.hk/en/theCompany（瀏覽日期：2020 年 12 月 21 日）。

20　蕭國健編：《油尖旺區風物志（第二版）》（香港：油尖旺區議會，2000），頁 100；梁炳華：《中西區風物志（增訂版）》（香港：中西區區議會，2011），頁 280。

21　部分資料的名稱相近，內容亦差別不大，這裏不一一列出；至於部分曾經翻閱的資料，由於沒相關資料，亦沒直接引用，因此沒包括在參考資料內。

22　*The China Directory for 1862* (Hong Kong: A. Shortrede & Co., 1862), 57–85. Accessed 21 December 2020. https://babel.hathitrust.org/cgi/pt?id=coo.31924082105499&view=1up&seq=71

23　*The Hongkong Directory: With List of Foreign Residents in China, 1859* (Hong Kong: Armenia Press, 1859). Accessed 21 December 2020. https://archive.org/details/hongkongdirecto00unkngoog

24　*The China Directory for 1862*, 63. Accessed 21 December 2020. https://babel.hathitrust.org/cgi/pt?id=coo.31924082105499&view=1up&seq=77

25　本文因此把「Nowrojee」一字譯為「那路之」，以示尊重那時的音譯。

26　這名 D. Dorabjee，可能是打笠治兒子段之貝，因為那是按傳統姓名的寫法，段之貝姓名為 Dhunjibhoy Dorabjee。

27　*The China Directory for 1867* (Hong Kong: A. Shortrede & Co., 1867), 13A.

28　*SCMP,* 24 August 1911.

29　打笠治與彭炎的合夥，相信是華洋商人合作的先驅，而且這種合作是十分實在和深入的，比日後李陞、潘邦等投資於遮打牽頭的香港置地公司既早了近二十年，亦較為全面，因為後者的合作，較讓人察覺只屬投資人而已，沒有實質參與到營運之中。為何打笠治和彭炎之間能夠建立那麼深厚的互信？這是值得日後深入探討的。

30　The Hongkong and Shanghai Hotels, Limited, "History timeline," accessed 21 December 2020. https://www.hshgroup.com/en/About/History-of-Innovation/History-Timeline

31　"Naturalization of certain Chinese," 28 July 1881, CO 129/193, The University of Hong Kong Libraries.

32　*The Hong Kong Daily Press,* 3 April 1873.

33　*The China Mail,* 5 June 1883.

34　*The Hong Kong Daily Press,* 3 December 1883.

35　Ibid., 2 September 1884.

36　Ibid., 6 September 1889.

37　*SCMP*, 19 December 1903.

38　Johnson, D., *Star Ferry*, 20.

39　19 世紀末，他曾進一步投資酒店生意，在中環德輔道中 3 號開設新酒店，此即 1904 年開業的「英皇愛德華酒店」（King Edward Hotel），惟酒店開業時，他已去世。

40　Johnson, D., *Star Ferry*, 17.

41　Ibid., 18–19.

42　Ibid., 20.

43　此船採用廣東話命名，所以英文為「*Cum Sing*」，Johnson 在文章中再補充，「意指金星」（means Golden Star），與日後天星小輪公司本身的「金星號」（*Golden Star*）不同。見 Ibid., 21。

44 Ibid., 20–21.

45 郭德焱：〈粵港澳三地文獻與巴斯在華史研究〉，頁 128。

46 在遮打的帶領下，九龍碼頭貨倉及貨船於 1886 年進行重組，主要是收購渣甸洋行位於港島西角（即西環區）的貨倉及碼頭業務，令其本來只集中於九龍的業務「伸延」到港島，公司名字因而更改為「香港九龍碼頭貨倉有限公司」（Hongkong and Kowloon Wharf & Godown Co., Ltd.），公司可以更有規模地開拓業務。

47 Johnson, D., *Star Ferry*, 17–20.

48 當時輪船航班需從九龍率先開出的主要原因，相信與九龍仍有農業，民眾往往在那裏拿農作物（蔬菜及家禽等）到港島市場出售的情況有關。

49 Johnson, D., *Star Ferry*, 27.

50 到 1889 年 1 月，航班已增加至 41 班，即尖沙咀開出有 21 班，香港島開出有 20 班，而香港島開出的亦提早至早上 6 時 15 分，可見一來自投入經營後生意增加，所以公司要增加航班；二來是香港開出的航班要提早，即是有民眾需要提早到九龍工作。見 *The China Mail,* 15 January 1889。

51 Johnson, D., *Star Ferry*, 29–30.

52 此船到 1898 年又退役，改由另一艘新船頂替，並同樣保留「曉星號」的名字。事實上，受自然定律的影響，實體輪船難免老化，但船名則一直被刻意保留下來。到了今天，「曉星號」仍如打笠治當年經營渡海小輪生意時般遊走於維港兩岸，見證着香港歷史的巨大變遷，世界大戰、大罷工、大暴動，甚至是海底隧道落成及地下鐵路通車等。

53 Johnson, D., *Star Ferry*.

54 Ibid., 15–21.

55 "Ordinance 46 of 1902, Star Ferry Company," 2 January 1903, CO 129/316, The University of Hong Kong Libraries.

56 這位馬打，可能是前文提及 Mahamud Madar 之子弟。

57 *The Hong Kong Daily Press*, 17 & 23 September 1902; Gwulo: Old Hong Kong, "Royal Building South/King Edward Hotel/Chung Tin Building (1902-c. 1953)," accessed 21 December 2020. https://gwulo.com/node/3776

58 此遺囑訂立於光緒二十六年（1900 年）七月初九，呈交法院核實的日期為 1900 年 11 月 21 日，負責翻譯的人員為 Wong Kwok U。立遺囑人應該目不識丁，只在遺囑中印上指模，三位見證人看來均以英文簽署，沒中文名字。見 "Ko Tee, deceased," 1901, Probate Jurisdiction Will File, 4 of 1901, Hong Kong Public Records Office。

59 鄭宏泰、黃紹倫：《婦女遺囑藏著的秘密——人生、家庭與社會》（香港：三聯書店，2010），頁 45–46。

60 Smith, C. T., *A Sense of History: Studies in the Social and Urban History of Hong Kong* (Hong Kong: Hong Kong Educational Publishing Co., 1995)；鄭宏泰、黃紹倫：《香港大老——何東》（香港：三聯書店，2007）。

61　*The Hongkong Telegraph*, 8 July 1904; *SCMP*, 9 July 1904.

62　*SCMP*, 11 July 1904.

63　Ibid., 16 June 1909.

64　Ibid., 24 August 1911.

65　"Dhunjeebhoy Dorabjee Nowrojee, Victoria, Hong Kong," 1911, Probate Jurisdiction Will File, 167 of 1911, Hong Kong Public Records Office.

66　Smith, C. T., *A Sense of History*；鄭宏泰、黃紹倫：《香港大老——何東》。

67　*SCMP*, 16 October 1911 & 10 January 1912.

68　Ibid., 10 January 1912.

69　除了英皇愛德華酒店及九龍酒店及相關地皮外，由於打笠治麵包舖擁有經營駐港英軍物資供應的專營權，日後亦轉手他人，具體何時轉讓不詳，但 1916 年的商業名錄顯示公司名字「打笠治麵包舖」名字依舊，負責人換了一個名叫「拉文」（A. K. Rahman）的人，門市改在威靈頓街，並留有電話號碼 1179 號。見 *The Directory & Chronicle for China* (1916), 1062。

70　英皇愛德華酒店易手後的 1929 年曾遭遇火燭，造成人命及財產巨大損失，業權因此數度易手，從另一層面反映了香港社會發展上的巨大變遷。見 Gwulo: Old Hong Kong, "Royal Building South/King Edward Hotel/Chung Tin Building (1902-c. 1953)"。

71　Nasirabadwala, E. H., "Introduction to the Zoroastrian Religion: The Religious Ceremonies and Customs of the Parsis and Its History in Hong Kong," presentation in a seminar held on 13 October 2018 in the Parsi Temple in Hong Kong.

72　陳垣：《陳垣學術論文集（第一集）》（北京：中華書局，1980），頁 304–308。

第四部分
生活逸事
衣食住行

初探戰前九廣鐵路與
香港旅遊

馬冠堯

前言：彌敦對九龍的貢獻

　　未談彌敦（Matthew Nathan，1862–1939）與九廣鐵路前，先交代彌敦是何許人也。他是第一位猶太人任職英國殖民地總督，是第二年輕（42歲）[1] 和第四任期最短（2年265日）[2] 的港督。他出身烏烈芝皇家軍事學院（Royal Military Academy, Woolwich），以首名奪得普樂獎（Pollock Medal）畢業，18歲成為皇家工程師（Royal Engineer），[3] 37歲棄軍從政，加入殖民地部，40歲已封爵，1904至1907年任港督，被殖民地部評為一級出色官員，調任到南非納塔爾（Natal）任總督，1909年返英任郵政大臣，晉身高級公務員，後升至愛爾蘭大臣（Under Secretary of Ireland），因復活節動亂辭職，退休前出任昆士蘭（Queensland）總督，1925年返英，1939年離世。[4]

　　彌敦在港時間雖短，但他單身，可全身投入工作，適逢租了新界，九龍可全面發展，他是皇家工程師，憑他的專業知識，九龍早年發展離不開他的名字。在醫療方面，他在任期間興建了油麻地和紅磡醫局[5]、九龍防疫處[6] 和九龍第一間殮房[7]、列「衛生科」為中學必

修科，男生主修房屋、污水和地台等，女生主修食水、食物和衣服等。[8] 1906 年丙午風災後，他提出在九龍興建第一個避風塘，並為油麻地避風塘選址。[9] 1905 年，他批出九龍首個電話專營權。在教育方面，把港府對何東的承諾落實，興建油麻地官立英文學校供九龍和新界華人子弟攻讀，成為九龍和新界學子晉身皇仁書院和後期英皇書院的唯一政府學校。在體育方面，批撥了京士柏一塊地給九龍草地滾球會，並主持了會所開幕禮，而九龍木球會的批地，也是他撮合草地滾球會和木球會協商的成果。[10] 在道路方面，他擴闊了窩打老道一段、向北伸延羅便臣道一段（今彌敦道）、連接加士居道和羅便臣道、向東伸延中間道和擴闊德輔道一段（今漆咸道）至 100 呎。最為人所知的九廣鐵路就與他的名字連在一起，本文簡介他如何獨排眾議，選取工程艱巨的最短鐵路綫。作為工程尖子的彌敦有

彌敦像
圖片來源：State Library of Queensland
(https://hdl.handle.net/10462/deriv/144732)

20 世紀初出版的《香港衛生教科書》
鳴謝：梁經緯

感本地科技知識落後，在中學開辦三角學（Trigonometry）選修科，又設立夜學進修班（evening continuation class），教授在職人士專科實業，[11] 後演變成為香港官立高級工業學院（Government Trade School）和香港工業專門學院（Hong Kong Technical College）。[12] 彌敦離任時，外籍社會[13]、華人社會[14] 和公務員群體[15] 皆為他餞行，歌頌他對香港的貢獻。有市民提出為他建立銅像，[16] 亦有人建議把他的名字永久刻在九廣鐵路車站上。[17] 有內地學者把彌敦管治稱為「彌敦之治」。[18] 港府於 1909 年把九龍的羅便臣道改名彌敦道，[19] 今天九龍有 13 個法定古蹟，彌敦道兩旁佔八個，[20] 其中三個與彌敦有關；[21] 今天每日每小時有 75,000 人次在彌敦道地底的地下鐵路穿梭，歷史的偶遇，使彌敦道名副其實成為九龍的金光大道，亦是遊客的好去處。

一、九廣鐵路的策劃和興建

最早構思香港至廣州鐵路，是由渣甸大班麥利昂（M. A. Macleod）於 1863 年提出的，他夢想將中國和印度以鐵路連接。由於鐵路和船運是直接競爭對手，香港對此方案冷淡處理。時機要到 1899 年，中英簽訂九廣鐵路初步協議，代表中國鐵路總公司是督辦鐵路大臣盛宣懷（1844–1916），代表英國中英公司（British and Chinese Corporation）是渣甸大班羅斯（Charles H. Ross，1864–1919）。[22] 港督卜公（Henry A. Blake，1840–1918）曾欲努力達成協議，可惜離任時仍未有新進展。[23] 署任港督梅含理（Francis H. May，1860–1922）亦有跟進計劃，參加廣佛鐵路開幕禮，即粵漢鐵路石圍塘至佛山一段。他亦與滙豐銀行總經理史密夫（J. R. M. Smith）商討融資問題，搜集往來兩地資料，東莞和新安縣分別有 30,000 和 22,000 人居港，不愁客量。另發展新界可帶旺地價，政府也不憂收入。他亦找到最早倡議九廣鐵路的韋玉（1849–1921）

商談，原來韋玉早就自掏腰包，聘請了本地著名工程師寶頓（J. F. Boulton）研究可行性。他得悉應選取最短綫，並向兩廣總督申請興建，但因為前提是大量金錢和茶錢，所以最終還是放棄了。由於中英談判路途漫長，英國決定先行興建九廣鐵路英段，殖民地部可能因此看中彌敦的工程背景而委以重任。彌敦上任，其重要職責之一是與殖民地部、外交部和中英公司緊密合作，促成興建九廣鐵路。

身為工程尖子的彌敦，1904 年上任後馬上與輔政司梅含理和工務司漆咸（W. Chatham）商討興建九廣鐵路細節。彌敦擔心收地問題，漆咸建議沿用興建大埔道的方法，即在見到有炒賣情況才刊憲強收。當時梅含理和漆咸支持西綫，即從尖沙咀經荃灣、青山和元朗到深圳。梅含理認為發展錦田比發展大埔為管治中心更有天然地利及人和的好處，而漆咸認為西綫無需興建隧道和大跨度橋樑，造價和興建時間可減低和縮短，兩人着眼點均只在香港。但彌敦眼光遠大，九廣鐵路目標是由九龍經廣州和漢口抵北京，再經西伯利亞鐵路通往法國加萊（Calais），選取最短的東綫經沙田、大埔、粉嶺到深圳，長遠來說好處比西綫多。他將研究寫成長達 21 頁的報告，決定了羅湖和尖沙咀為英段的終點和起點站，北面連接華段起點深圳至廣州終站，南面以天星小輪通往港島。

他認為決定路綫有六大考慮因素：建造價、營運和保養費用、建造時間、行車時間、預計運輸發展及行政和軍事優勢；而根據這些因素得出了三條綫：一是森馬威爾・拉治（P. T. Somerville Large）在東面經吐露港的高架（high level）東綫，二是東面經吐露港的低架（low level）東綫，三是西面經荃灣、青山和元朗的西綫。在造價方面，東綫約 21 英里，西綫約 33.5 英里。兩綫工程皆要開山關石和築橋，而東綫更要開鑿隧道。根據拉治的估計，高架隧道建築費用高達 130 萬元，佔造價三分之一。彌敦相信低架東綫會節省一些，而他跟署任工務司鍾斯（P. H. H. Jones）和另一工程師薛

夫（Hamilton Seyth）也是鍾情低架東綫，因為他們皆認為東綫長度大約只是西綫的三分之二，日後的營運和保養費會較少，行車時間亦較短。因興建隧道關係，沙田以北部分工程要待隧道完工後才可進行。雖然東綫建造時間比較長，但若以火車每小時 25 英里的速度計算，東綫比西綫行車時間會短約半小時。彌敦認為將來粵漢和京漢鐵路完工，從九龍可直達北京，能夠縮短時間是非常重要的。對於預計運輸發展，西綫受益的人和地都比東綫高，元朗貿易亦比大埔多，但彌敦着眼點在深圳以北的中國，人流和物流當然比元朗和大埔高出幾倍，可見興建九廣鐵路的目標是將廣州和漢口的乘客和貨物引至九龍，而九廣鐵路與粵漢鐵路的興建和連接對香港來說，是比發展新界重要得多，而新界的管治也不會因此而有太大的改變。在軍事方面，羅維爵士（Sir Garard Noel）和夏頓少將（Major General Hatton）都認為東綫在軍事上比西綫優勝。[24]

在決定了鐵路綫後，彌敦馬上要求殖民地部盡快派一位有經驗的鐵路工程師來港協助工作。[25] 他在定例局向議員交代雖然九廣鐵路合作談判仍未達成，但由港府聘用的測量師已於 1905 年 5 月 12 日離英在往港途中，到來勘探英段工程。[26] 兩個月後，他向立法局申請撥款 25,000 元作為測量師工資和勘探費用獲批。[27] 英國約翰胡夫百里合夥顧問工程公司（Sir John Wolfe Barry & Partners）的布斯（J. C. Bruce）掌管測量隊，華比（F. W. W. Valpy）、薛亞（Sayer）和賈炳達（E. W. Carpenter）就分別負責九龍、新界和粉嶺至沙頭角的測量工作。同年 9 月，他向定例局明確表示九廣鐵路是本港最重要的工程。[28] 10 月，彌敦把鐵路舉債條例（Railway Loan Ordinance）交定例局，條例授權港督可舉債不超過 200 萬英鎊（約 2,000 萬元）用作興建從九龍開始的鐵路和其他鐵路用途。其實條例不單包括九廣鐵路工程，還將其他鐵路用途如粵漢鐵路也包含在內。[29]《孖剌西報》（*Hongkong Daily Press*）認為這是一條不平

凡的條例，內裏隱藏着的政治問題要交後人揭露。[30]《孖剌西報》觀察入微，條例不但一天內在立法局通過三讀，所批金額亦破了香港紀錄。事件源於粵漢鐵路的貸款，本由美國華美合興公司（American China Development Company）於 1900 年借出，但因公司主持人逝世，築了支綫後便停工，並出售了三分之二股權給比利時。當時京漢鐵路已由比利時和法國合建，比利時與俄法關係緊密，若粵漢鐵路落入比利時手上，再駁俄國西伯利亞鐵路網，對清朝政府便極為不利，故清朝決定贖回粵漢鐵路債務。適逢英國與清朝商討興建九廣鐵路華段沒有進展，湖廣總督張之洞與英國駐華大使薩道義（Ernest M. Satow，1843–1929）多次商討借貸 110 萬英鎊歸還華

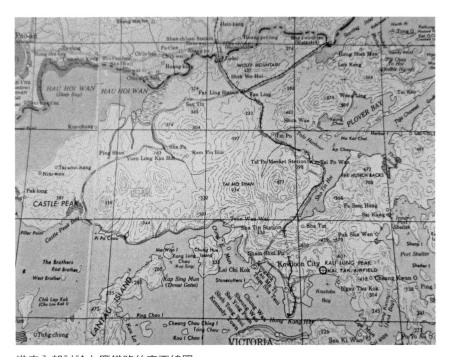

港府內部討論九廣鐵路的東西綫圖
鳴謝：英國國家檔案館

美合興公司，最終達成協議，彌敦亦有提供意見，詳情可參看海頓（Anthony P. Haydon）的論文。[31] 協議是香港政府貸款 110 萬英鎊給湖廣總督，以湖北、湖南和廣東三省煙土稅作抵押，年息 4.5 厘，分十年清還，每半年一期，即共 20 期，而彌敦手抄的協議內容仍存放於英國國家檔案館內。[32] 其實在立法局通過鐵路舉債條例時已簽署協議，所以一日內便要通過。鐵路舉債 200 萬英鎊，110 萬英鎊貸款給湖廣總督，50 萬英鎊為九廣鐵路建築費，40 萬英鎊則預留作九廣鐵路華段前期貸款。[33] 整件貸款事情彌敦在港守口如瓶，直至港府轉賬至滙豐銀行一事在上海曝光，彌敦向殖民地部申請將事件告之行政局獲批。[34] 香港政府於 1906 年 2 月在倫敦發行 200 萬英鎊債券，年息 3.5 厘，[35] 淨賺息口一厘。九廣鐵路英段日後嚴重超支仍可應付自如，全賴這筆「非一般」的貸款和九廣鐵路華段成功舉債。

顧問工程公司和殖民地部均接納了彌敦的東綫，隨即聘用了在上海工作的葉夫（Graves William Eves）為駐地盤總工程師，並於 1906 年 3 月抵港。葉夫在工程完成後以建造技術的角度切入，為英國土木工程師學會撰文。[36] 當中筆架山隧道工程的來龍去脈亦見於當時的各大工程權威雜誌，[37] 其中最大爭議是鐵路造價昂貴，比廣州段高出四倍。[38] 筆架山隧道是當時香港第一條行車隧道，亦是中國最長的隧道，有 7,212 呎長，弧度 2.21 呎高，17 呎闊。由於本地缺乏熟悉隧道的工程人員，故早期聘用了興建印度阿薩姆至孟加拉鐵路（Assam Bengal Railway）的工人到港，約 150 人，可惜表現不濟，幸好有一批由南非回國的熟練華籍技工被羅致建造隧道，趕及開鑿工作，工程師羅瑾（Malcolm Hunter Logan）說他們是來自澳洲和馬來西亞，機手表現出色，被羅瑾譽為在英美以外最佳機手。

1910 年 10 月 1 日九廣鐵路在尖沙咀站旁的空地舉行開始運作儀式，前九廣鐵路華段總辦魏瀚代表兩廣總督袁樹勛出席，署任港督梅含理致詞時稱九廣鐵路的夢想是往法國加萊。九廣鐵路全綫通

測量隊進行測量工作，右方是工務局工程師賈炳達。
鳴謝：政府檔案處歷史檔案館

彌敦和羅斯參觀測量工作，中立穿深色西裝面向鏡頭的是彌敦。
鳴謝：政府檔案處歷史檔案館

車開幕禮要到 1911 年 10 月 5 日在廣州舉行，華段車站從深圳起，經布吉、李朗、平湖、天堂圍、石鼓、塘頭廈、林村、樟木頭、土塘、常平、橫瀝、南社、西湖、石龍、石歷滘、石灘、石廈、仙村、雅瑤、塘美、新塘、南崗、烏涌、車陂、石牌，至大沙頭廣州總站，全程 27 站。今天直通車雖然只停當中幾站，但其實鐵路沿綫除了廣州市內的烏涌、車陂、石牌和大沙頭等站因總站遷移而消失外，其他變化不大。九廣鐵路局於開幕禮當天上午 8 時 45 分在大沙頭火車站招呼官員和貴賓，9 時眾賓客已上車，蓋上中國和英國國旗的火車頭拖着載滿賓客的列車慢慢離開月台，中午 12 時 20 分抵達深圳車站，10 分鐘後從九龍開出的列車也渡過羅湖鐵橋駛入深圳車站，火車頭亦蓋上中國和英國國旗，並以花砌成「KCR」字樣。清朝與英國雙方早在九廣鐵路直通車開通前已把協議草擬好，但因辛亥革命令協議無法正式簽訂，幸好華英兩段仍依從草擬好的協議運作，合作暢順。九廣鐵路在尖沙咀的車站起初是臨時的，於 1912 年才與九龍倉和碼頭公司達成換地和買地協議，又與土地填海公司（Land Reclamation Company）買地，共花了近 150 萬元，[39] 到 1916 年才完成興建車站，3 月 28 日啟用。[40] 九廣鐵路英段建築費用超過 1,200 萬元，是當時最昂貴的工程。

二、香港戰前的旅遊

不論中外，古時遠遊不外工作需要、皇帝出巡、戰爭、傳教和宗教朝拜。途中遊山玩水只是半公半私，甚少純個人遊，直至有旅行社出現。事實上，早期旅行社是辦宗教朝拜團的。外地人訪港，最早是英人欲來華通商，途經香港，好奇心上岸看個究竟。其後鴉片戰爭，軍人登陸，當中有醫生和工程師等專業人士，寫下香港面貌，成為研究香港早年歷史的重要資料。英人奪取香港島後，外國

商人紛紛到港，尋找商機，傳教士亦不甘後人，陸續抵港，找尋傳教機會。港府官員多來自英國，皇室訪港則要到 1869 年，即 28 年後。1850 年代，已有純旅遊紀錄，[41] 當時香港沒有甚麼吸引景點，只因遠洋輪船要停泊水深的維港，一來方便轉船往廣州，二來方便洋輪在港補給和檢查，但這些遊客為數不多。

旅行團始自湯瑪士・庫克（Thomas Cook）於 1841 年夏天的一次召集，[42] 而較有規模的旅行團應是 1845 年夏從李斯特城（Leicester）到利物浦（Liverpool）的火車團。[43] 1872 年，庫克首辦環遊世界團，從利物浦出發，乘船至紐約，從陸路往三藩市，再乘坐「哥羅拉度號」（SS *Colorado*）往日本，之後訪中國和印度，再往也門亞丁（Aden），過了蘇彝士運河，遊客可選水路或水陸混合路返回英國。環遊世界豪華郵輪團首推「錫蘭號」（SS *Ceylon*），「錫蘭號」由森慕達兄弟公司（Samuda Brothers Limited）在 1858 年建於倫敦波普勒（Poplar），長 306 英呎，闊 40 英呎，食水 26 英呎，2,110 噸，450 匹馬力，屬鐵行船務公司（Peninsular and Oriental Steam Navigation Company）所有，運送乘客來往錫蘭加勒（Galle）和澳洲墨爾本（Melbourne）。鐵行船務公司於 1880 年調整政策，船隻必須客運兩用，因此出售「錫蘭號」給越洋航行公司（Inter-Oceanic Steam Yachting Company），大裝修由著名造船師烈特爵士（Sir Edward J. Reed，1830–1906）監督。完工後，越洋航行公司於 1881 年 7 月刊登廣告，舉辦首次環遊世界豪華郵輪團，反應一般，1881 年 10 月 29 日啟航時仍未滿座。「錫蘭號」從修咸頓（Southampton）出發，經波爾多（Bordeaux）、里斯本（Lisbon）、直布羅陀（Gibraltar）、馬拉加（Malaga）、馬賽（Marseilles）、熱那亞（Genoa）、拿玻里（Naples）、巴勒摩（Palermo）、馬爾他（Malta）、比雷埃夫斯（Piraeus）、伊斯坦堡（Istanbul）、士麥那（Smyrna）、羅得島（Rhodes）、亞歷山大港

（Alexandria）、塞得港（Port Said）、蘇彝士運河、孟買（Bombay）、哥林堡（Colombo）、加勒、清奈（Madras）、加爾各答（Calcutta）、檳城（Penang）、新加坡（Singapore）、柔佛（Johore）、馬尼拉（Manila）、香港、廣州、長崎（Nagasaki）、神戶（Kobe）、橫濱（Yokohama）、檀香山（Honolulu）、三藩市（San Francisco）、馬薩特蘭（Mazatlan）、瓜亞基爾（Guayquil）、介休港（Callao）、福克蘭群島（Falkland Islands）、蒙特維多（Montevideo）、布宜諾斯艾利斯（Buenos Aires）、里約熱內盧（Rio de Janeiro）、巴伊亞（Bahia）、聖文森角（St. Vincent Cape）、維德角群島（Verde Islands）、加那利群島（Canaries Islands）、馬德拉（Madeira），1882 年 8 月 22 日返回修咸頓。[44] 19 世紀的環遊世界豪華郵輪團所停泊之處，與今天郵輪的路綫也大同小異，變化不是太大。

　　1882 年 2 月 24 日上午，「錫蘭號」帶着 33 位豪華遊客從馬尼拉抵港，泊於香港仔船塢，順道檢查船速減慢原因。《德臣西報》（*The China Mail*）引述《海峽時報》（*The Straits Times*）報道船長陸咸（Captain R. D. Lunham）稱途經地中海天氣一流，船沒有泊也門，直去孟買，途中不幸有一位女士於 12 月 27 日去世。郵輪豪華裝修後，有女士髮廊、男士飯後廳（smoking room）、圖書館、鋼琴和一隊 12 人樂隊。船上有大量報章和雜誌供閱讀，亦有一位駐船醫生免費提供服務。每站有電報通訊。團費每人 500 英鎊，以當時量地官（後稱工務司）月薪 100 英鎊計，要五個月薪金才可參加，非常昂貴。[45] 1882 年初，香港樓市泡沫爆破，樓價大跌，華資銀號面臨危機，[46] 哪有心情招呼這幾十位豪客，因而白白錯過了一個商機。

　　1905 年大北船務公司（Great Northern Steamship Company）新船「達哥他號」（SS *Dakota*）首航，10 月 26 日中午抵港，自「錫蘭號」後又再刷新訪港最大的豪華郵輪紀錄，船長 622 呎，闊 73 呎半，足足比「錫蘭號」長一倍。《士蔑西報》（*The Hongkong*

Telegraph）訪問隨船的大北船務公司副總裁詹浩華（Howard
James），「達哥他號」和她的姊妹船「明尼蘇達號」（SS *Minnesota*）
是行走太平洋為主，客人多為美國人。詹浩華引《士蔑西報》記者
上船介紹頭等房，內設床頭燈供客人睡前閱讀，裝修與一級酒店卡
爾頓酒店（Carlton Hotel）無異，[47] 1906 年初，清貝子銜奉恩鎮國
公載澤（1868–1929）奉命任欽差專使大臣出使各國，他與尚其享和
李盛鐸同乘坐「達哥他號」往西雅圖，並鳴謝大北船務公司禮貌款
待。[48] 1906 年 10 月 8 日，維多利亞港舉行香港首次渡海泳比賽，由
《德臣西報》贊助，[49] 同一日，「達哥他號」抵港，帶來一百六十多位
乘客，[50]《南華早報》（*South China Morning Post*）以「美國人入侵
香港」為標題報道。[51]《南華早報》再報道馬尼拉將動用全城汽車包括
軍車接載「百萬富翁」遊馬尼拉。[52]

行走太平洋的豪華郵輪「達哥他號」
圖片提供：馬冠堯

　　庫克因辦環遊世界團，分店佈滿全世界，香港位處環遊世界必經地，有船務補給，又有船塢保養，還有電報通訊，基本條件齊全，庫克看到郵輪豪華環遊世界訪港商機，便在香港成立分店。筆者找不到庫克在香港成立的確實日期，只能從報章廣告及其職員在港的紀錄粗略估計是 1906 年或以前，[53] 打開了香港旅遊另一新頁。傳媒一方面報道遊客訪港的觀感，[54] 書商出版香港旅遊簡介，[55] 庫克就擴大服務至購買交通票、旅遊團、安排行李、出口信用證和現金兌換；[56] 另一方面傳媒以馬尼拉的積極態度為例，建議本地組織一個有活力的旅遊協會，讓年輕人參與，創一新行業。[57] 老一代香港人大多熟悉此百年老店，特別是他發行的旅行支票，可惜公司於 2019 年破產，旅行社的先鋒就此成為歷史。

　　「達哥他號」的紀錄要到 1909 年 12 月 23 日才被訪港的環遊世界豪華郵輪「卡夫蘭號」（SS *Cleveland*）打破。「卡夫蘭號」屬漢美航運公司（Hamburg-American Line），長 600 呎，闊 60 呎，16,960 噸，平均船速達每小時 16 海里。[58] 同年 7 月，報章頭條報道有七百多名豪客訪港，香港代理交予粵港澳輪船公司，除安排纜車和電車遊外，還遊覽省城（廣州）和澳門，省城安排了 1,000 部人力車接載遊客。[59] 12 月《南華早報》報道「卡夫蘭號」訪新加坡和馬尼拉，前者交通和膳食未能滿足豪客，後者則熱烈歡迎，而香港未見有足夠準備。[60]《德臣西報》更「擺了烏龍」，錯誤報道庫克代理「卡夫蘭號」訪港，要發澄清告示。[61]「卡夫蘭號」於上午 11 時半抵維港，停泊於浮標，第一批 320 人於下午 1 時出發電車遊，包了十部電車從西至東遊玩，車上有導遊講解；第二批 300 人則於下午 2 時出發纜車遊，長長的人力車和轎車隊從卜公碼頭載遊客至纜車站。晚上約有 30 人乘「佛山號」夜船往省城，及於清晨包了「景山號」載 250 人往省城，而其餘則要分別乘坐「香山號」和「河南號」。[62] 豪客遊覽了省城十八甫、華林寺五百羅漢、陳家祠、五層樓、惠愛

湯瑪士庫克在皇后行辦事處外的巨型招牌

鳴謝：張順光

1909 年 12 月 23 日訪港的環遊世界豪華郵輪「卡夫蘭號」

圖片提供：馬冠堯

路和刑場。[63] 明顯地，粵港澳輪船公司獲代理是與往省城和澳門的交通有關，除刑場外，廣州名勝今天仍在。本地電、纜兩車的旅遊景點，今天仍是遊客的「打卡熱點」。在乘坐郵輪方面，每停泊港口時必上岸遊覽，這亦與百年前無異。

三、九廣鐵路與香港旅遊

「卡夫蘭號」自 1909 年訪港後，幾乎每年都來，直至第一次世界大戰。期間遊客來往廣州都以輪船為主。九廣鐵路於 1912 年設直通車來往廣州，但尖沙咀火車站要到 1916 年才開幕，這段時間輪船便壟斷了遊客來往廣州的交通。同年，旅行社美國運通公司（American Express Company）在港設分店，與庫克分享東南亞旅遊市場。第一次世界大戰結束後，環遊世界豪華郵輪又再訪港。中環填海誕生了香港新地標——皇后像廣場及其周邊建築。1919 年香港電燈公司在北角新廠房發電，6 月慶祝和平紀念，為皇后像廣場一帶的燈飾供電，讓香港多了美麗的夜景，夜市更吸引遊客。淺水灣酒店於半年後的 1920 年元旦開業，配合環島公路，提供了新景點和汽車遊給訪港遊客。新界環迴公路也差不多同時間落成，沿途美麗景色亦被刊在《東方汽車雜誌》，[64] 成為訪港遊客必遊之地。1921年政府欲改善經濟，成立了經濟資源委員會（Economic Resources Committee），委員會下有旅遊小組，小組建議以日本為競爭對手，改善交通和飲食設施、開發天然和人造景點及加強對外廣告。[65] 香港旅遊優勢是華洋交集地，充滿中西建築和文化，有山有水的天然景色，吸引不少好奇的外地人；她亦是免稅地，是購物天堂。鄰近九龍倉和天星碼頭的九廣鐵路直通車亦上了軌道，可接載遊客往來兩地，直接與粵港澳輪船公司競爭。

香港旅遊業在 1923 年是不平凡的一年，維多利亞港不停地泊滿

1919 年皇后像廣場一帶夜景
鳴謝：政府檔案處歷史檔案館

豪華郵輪，1 月加拿大太平洋鐵路（Canadian Pacific Railway）三艘皇后號（Empresses）同一時間泊在維港，即「亞洲皇后號」（SS *Empress of Asia*）、「加拿大皇后號」（SS *Empress of Canada*）和「俄羅斯皇后號」（SS *Empress of Russia*）。第四艘皇后號「澳洲皇后號」（SS *Empress of Australia*）則於同年 2 月抵港，8 月她還在維港見證了超級颱風。第一次世界大戰後首條訪港環遊世界豪華郵輪是冠達郵輪（Cunard Line）[66] 旗下的「拉哥尼亞號」（SS *Laconia*）。冠達郵輪於 1920 年造了四艘 600 呎長郵輪，全部冠之以著名的舊名，即「法蘭哥尼亞號」（SS *Franconia*）、「拉哥尼亞號」、「斯基提亞號」（SS *Scythia*）和「撒瑪利亞號」（SS *Samaria*），[67] 她們皆是訪港常

1923 年 1 月 17 日抵維港的環遊世界豪華郵輪「拉哥尼亞號」，是九廣
鐵路安排直通車往廣州的首條豪華郵輪，可惜因廣州局勢不穩而取消。

圖片提供：馬冠堯

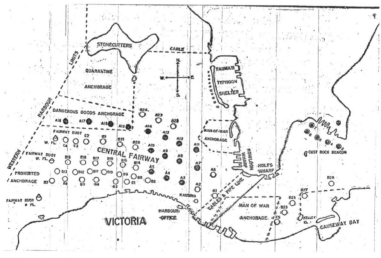

維多利亞港浮標位置

鳴謝：政府檔案處歷史檔案館

客。1922 年中，「拉哥尼亞號」環遊世界的 130 日行程已出，與 19 世紀的變化不大，其賣點包括內設電梯、露天花園、室外運動場、浴池和可容納 2,500 名乘客。這趟旅程由美國運通公司承包，是首次旅遊遠東的最大豪華郵輪，亦是首條從美國西行經巴拿馬運河入太平洋到港的豪華郵輪。「拉哥尼亞號」於 1923 年 1 月 17 日抵維港，停泊在 A1 浮標。她最大的特點是只有一煙囱，帶來 400 豪客。九廣鐵路還特別為這 400 名豪客安排了專車北上到廣州遊玩，可惜當時廣東局勢不穩，行程未能如期進行。[68] 幸好香港已有新景點：豪客乘汽車環港島遊，中午在淺水灣酒店用膳，繼遊大潭水塘；購物日安排在上環，豪客買下不少中式紀念品如竹帽和中式樂器，晚上在石塘咀享用中餐；豪客亦乘汽車環遊九龍和新界，中午停粉嶺哥爾夫球會用膳。九廣鐵路出師雖不利，但接着訪港的「法國皇后號」(SS *Empress of France*)、「韋蘇諾號」(SS *Resolute*) 和「撒馬利亞號」豪客都乘坐九廣鐵路往廣州觀光。「法國皇后號」帶來八百多名遊客，不但打破了「卡夫蘭號」的最多遊客紀錄，更保持戰前的最多遊客紀錄，當中有 377 位乘坐九廣鐵路專車來回廣州和九龍。「韋蘇諾號」和「撒馬利亞號」就分別有 198 和 336 位遊客乘坐九廣鐵路，前者來回，後者單程，[69] 開啟九廣鐵路新的一頁，亦打破了粵港澳輪船公司以往壟斷的局面，九廣鐵路安排環遊世界豪華郵輪乘客往來廣州的專車服務平均每年約四次。

四、九廣鐵路改善旅遊服務

　　廣州只有一間西式酒店在沙面，名維多利亞酒店（Victoria Hotel），是豪華郵輪乘客一般入住的酒店。她在 1923 年的廣告指乘搭豪華火車從香港到維多利亞酒店只需四小時，乘搭豪華粵港澳輪船則需七小時。[70] 九廣鐵路要保持這優勢，一是要有足夠的保養維修

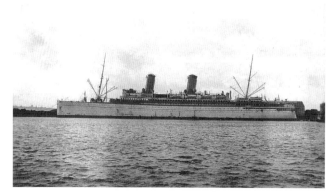

377 位乘坐豪華郵輪「法國皇后號」的豪客首次轉乘九廣鐵路直通車往廣州遊玩。
圖片提供：馬冠堯

198 位乘坐豪華郵輪「韋蘇諾號」的豪客轉乘九廣鐵路直通車往廣州遊玩。
圖片提供：馬冠堯

336 位乘坐豪華郵輪「撒馬利亞號」的豪客轉乘九廣鐵路直通車往廣州遊玩。
圖片提供：馬冠堯

火車和路軌硬件和人才，減少人為故障；二是購入大馬力火車頭，增加車卡載客量和車速；三是改良車卡，提高乘客舒適感；四是加強廣告；五是緊密與華段合作。

自 1915 年起，九廣鐵路不停地擴大其車廠，增加保養維修器材，又派員工往英國學習新技術，有了配套和人才，工程師可以發揮創意，1918 年必嘉（Robert Baker，1874–1954）開始製造混凝土軌枕試驗，與傳統木枕作比較，測試滿意後，就用於路軌，可惜最終也是用回木枕。[71] 最早的火車頭是 1906 年肯士維公司（Hudswell Clarke & Co.）0-6-0 T 型號，1909 至 1915 年購入潔臣公司（Kitson & Co.）2-6-4 T 型號，1924 年購入潔臣 4-6-4 T 型號，1930 年購入潔臣 4-6-0 T 型號。戰前直通車往廣州所需時間如下：

1913 年：3 小時 40 分

1928 年：4 小時 25 分

1930 年：4 小時至 5 小時 30 分

1932 年：3 小時 26 分

1934 年：3 小時 10 分減至 2 小時 57 分

1928 至 1931 年直通車時間增加的原因是華段路軌失修，全段木枕需要更換，直通快車的肯士維火車頭早年只拖六卡車，後期因乘客量大增被迫拖至十卡車，車速銳減，到 1930 年更新的潔臣 4-6-0 T 型號，可拖 12 卡車，必要時更可增至 13 卡車，大大縮短了行車時間。1927 年，中英為了縮短行車時間，雙方決定取消在深圳更換火車頭的習慣，[72] 這亦有助減少行車時間。

直通快車於 1916 年 4 月加設餐卡方便乘客。[73] 1937 年 5 月推出「廣州淑女號」（Canton Belle）豪華車，一個月後，更推出「曙光號」（Aurora）豪華冷氣卡，是中國首部冷氣火車，乘客要預先訂坐，訂坐費用每位五毫，可惜遇上戰亂，被迫於 9 月停辦。[74] 1923 年九廣鐵路成立聖約翰救傷隊，設急救箱服務乘客。[75] 1935 年，九廣鐵路

將直通快車命名「飛箭」、「飛星」、「飛龍」和「飛鷹」號，以「飛」來形容直通車之快。當年的一則廣告以三個「S」描述直通車：迅速（swift）、安全（safe）和信心（sure），車程 2 小時 55 分，廣告中香港以九廣鐵路火車站代表，廣州則以著名景點五層樓、六榕塔和中山紀念堂代表；前者今天只留下火車站鐘樓，後者全部仍在。1934 年九廣鐵路聘請專業廣告公司代為宣傳，並簽訂了七年合約。[76]同年，與湯瑪士庫克、美國運通、中國旅行社、永安和中華百貨合作代售車票。

1935 年 7 月 5 日香港旅遊會（Hong Kong Travel Association，下稱旅遊會）成立，九廣鐵路經理獲嘉（Reginald D. Walker，1892–1952）被邀成為委員，與美國運通經理賓臣（C. H. Benson）、湯瑪士庫克公司經理派連（N. J. Perrin）、香港大酒店經理塔加特（J. H. Taggart）和中國旅行社經理鄧宗弼一起推動香港旅遊業。旅遊會於尖沙咀九龍倉碼頭進出口處建成新辦事處，樓高兩層，地下是服務遊客的資訊和詢問中心。旅遊會印製了兩張海報、一本小冊子、一本旅遊手冊，做了一些紀念品和拍了宣傳短片。宣傳短片由霍士電影（Fox Film）名導演包和（Bonney Powell）拍攝，納入霍士一系列世界風光介紹，片名為「霍士魔氈電影系列」（Magic Carpet of Movietone Series）的《香港風光》（*Hong Kong Highlights*），該短片仍在霍士檔案室。海報以「東方之珠」形容香港，背景是九廣鐵路火車站鐘樓和維多利亞港。

1936 年 9 月，粵漢鐵路完工，香港可從尖沙咀火車站出發往廣州，轉乘粵漢鐵路往漢口，再由平漢鐵路轉西伯利亞鐵路往歐洲，14 天可抵達倫敦。全程除了九廣鐵路廣州大沙頭站要換乘汽車至黃沙粵漢鐵路站和乘渡海輪過英倫海峽外，其他皆坐火車，費用 888 元。[77]1937 年 8 月，廣州大沙頭站至黃沙粵漢鐵路站的路軌成功接駁，[78]彌敦和九龍居民協會（Kowloon Resident Association）期待已

上：九廣鐵路廣告
圖片來源：Wikimedia Commons
（https://bit.ly/3wEg4N3）

下：香港旅遊會製作的海報，
背景是九廣鐵路火車站鐘樓和
維多利亞港。
圖片提供：馬冠堯

久香港至加萊的火車夢想終於實現。

除了服務外地訪港遊客外，九廣鐵路亦提供專車服務給本地遊人，如軍地賽馬、新界農展會比賽、粉嶺哥爾夫球賽、學校旅行和新界打獵團。[79]

結語

彌敦以長遠利益高於當時龐大工程費來決定展開建造九廣鐵路，30 年後香港與歐洲以陸路連接起來，14 天已可抵倫敦。戰前遊客主要來自乘坐環遊世界郵輪訪港，19 世紀香港景點不多，停泊香港遊客多到廣州和澳門遊覽，而乘粵港澳輪船是唯一的交通工具。20 世紀初世界大戰令郵輪生意停頓，到 20 世紀 20 年代才復甦，剛巧九廣鐵路提供另一選擇給乘坐環遊世界郵輪的遊客，以較短車程、載客量較高及在大風雨下相對安全和舒適招來遊客。九廣鐵路以改善火車頭、路軌枕、車卡和與華段緊密合作來提升其競爭力。政府亦協助成立旅遊會，將旅遊業持份者結集，向世界宣傳香港，但可惜之後日本侵華，令旅遊業曇花一現。

九廣鐵路今天留下的有前尖沙咀火車站鐘樓和車站六條石柱，前者屹立不倒成為法定古蹟，後者則放在尖東市政局百週年紀念花園，兩景點均供遊客欣賞。

右是尖沙咀火車站鐘樓，左是郵輪停泊在九龍倉碼頭。
圖片提供：馬冠堯

前尖沙咀火車站大樓石柱，
今在尖東市政局百週年紀念
花園。
圖片提供：馬冠堯

1   羅便臣（Hercules Robinson，1824–1897），35 歲任港督。

2   楊慕琦（Mark A. Young，1886–1974）在任 1 年 112 日；郝德傑（Andrew Caldecott，1884–1951）在任 1 年 125 日；寶雲（George Bowen，1821–1899）在任 2 年 264 日。彌敦在任 2 年 265 日。

3   有關皇家工程師和土木工程師的起源和分別，可參看馬冠堯：《香港工程考——十一個建築工程故事（1841–1953）》（香港：三聯書店，2011），頁 30–31。

4   Haydon, A. P., *Sir Matthew Nathan: Ireland and Before* (Liverpool: Liverpool University Press, 1975), 162–163.

5   Item 11, *Report of the Registrar General, for the Year 1906*, Hongkong: Hongkong Government, 1907.

6   Item 42, *Report of the Registrar General, for the Year 1905*, Hongkong: Hongkong Government, 1906.

7   Item 57, *Report of the Registrar General, for the Year 1906*, Hongkong: Hongkong Government, 1907.

8   *Report on the Teaching of Hygiene in the Schools of Hongkong*, Hongkong: Hongkong Government, 1906.

9   *Hongkong Legislative Council Minutes of Meeting*, 1 November 1906, Hongkong.

10   *South China Morning Post* (*SCMP*), 18 December 1905.

11   馬冠堯：〈壯志未酬：鄺金龍與工藝學堂〉，載鄭宏泰、周文港編：《半山電梯：扶搖直上青雲路》（香港：中華書局，2019），頁 340–341。

12   馬冠堯：〈香港科學工藝教育的源頭：以李陞格致工藝學堂和香港實業專科學院為例〉，載蕭國健、游子安編：《鑪峰古今：香港歷史文化論集 2017》（香港：珠海學院香港歷史文化研究中心，2018），頁 152–172。

13   *SCMP*, 8 & 16 April 1907.

14   *SCMP*, 19 April 1907.

15   *SCMP*, 20 April 1907.

16   *Hongkong Daily Press*, 9 April 1907.

17   *Hongkong Daily Press*, 13 April 1907.

18   張連興：《香港二十八總督》（北京：朝華出版社，2007），頁 167。

19　*The Hongkong Government Gazette*, no. 184, 19 March 1909, 173.

20　尖沙咀前九廣鐵路鐘樓、尖沙咀前水警總部、尖沙咀大包米訊號塔、尖沙咀前九龍英童學校、香港天文台、油麻地佐敦道九龍佑寧堂、油麻地天后古廟及其鄰接建築物和油麻地窩打老道東華三院文物館（前廣華醫院大堂）。

21　尖沙咀前九廣鐵路鐘樓、尖沙咀大包米訊號塔和油麻地窩打老道東華三院文物館。

22　馬冠堯：《車水馬龍：香港戰前陸上交通》（香港：三聯書店，2016），頁 238–239。

23　*SCMP*, 23 November 1903.

24　馬冠堯：《車水馬龍》，頁 244–245。

25　CO129/324, 125 & 152.

26　*Hongkong Legislative Council Minutes of Meeting*, 25 May 1905.

27　*Hongkong Legislative Council Minutes of Meeting*, 27 July 1905.

28　*Hongkong Legislative Council Minutes of Meeting*, 21 September 1905.

29　*Hongkong Legislative Council Minutes of Meeting*, 13 October 1905.

30　*Hongkong Daily Press*, 1 January 1906.

31　Haydon, A. P., "Sir Matthew Nathan: British Colonial Governor, 1899–1910," (PhD diss, Yale University, 1968), 93–103.

32　CO129/329, 348–350；凌鴻勛：《中國鐵路志》（台北：世界書局，1963），頁 218–221。

33　CO129/329, 529–530.

34　Ibid., 481–485.

35　*London Daily News*, 14 & 16 February 1906; *Morning Post*, 16 & 19 February 1906.

36　Eves, G. W., "The Canton-Kowloon Railway: British Section. (Including Appendix)," *Minutes of Proceedings of the Institution of Civil Engineers* 192, Part 2 (1913), 190–204.

37　"The Beacon Hill Tunnel – Kowloon-Canton Railway," *The Engineer*, 28 April 1911, 428–431.

38　"Discussion. The Canton-Kowloon Railway," *Minutes of Proceedings of the Institution of Civil Engineers* 192, Part 2 (1913), 205–234; "Correspondences. The Canton-Kowloon Railway," *Minutes of Proceedings of the Institution of Civil Engineers* 192, Part 2 (1913), 234–246.

39　*SCMP*, 7 June 1912; "Kowloon-Canton Railway. (British session). Annual report for 1912," in *Hongkong Administrative Report* (Hongkong: Hongkong Government, 1913), Appendix R, R1, item 1.

40　"Kowloon-Canton Railway. (British session). Annual report for 1916," in *Hongkong Administrative Report* (Hongkong: Hongkong Government, 1917), Appendix S, S1, item 1.

41　1858 年著名作家 Albert Smith，即狄更斯（Charles Dickens）的好友訪港，見 Smith, A., *To China and Back* (Hong Kong: Hong Kong University Press, 1974), 26–43。

42　Hamilton, J., *Thomas Cook: The Holiday Maker* (Stroud: Sutton Pub., 2005), 59.

43　Ibid., 77–78.

44　Williams, D. M., "The extent of transport services' integration: SS *Ceylon* and the first 'Round the World' cruise, 1881–1882," *International Journal of Maritime History* 15, no. 2 (2003), 135–140; *China Mail*, 24 February 1882.

45　*China Mail*, 24 February 1882.

46　馬冠堯：《戰前香港電訊史》（香港：三聯書店，2020），頁 131–134。

47　*SCMP*, 4 March & 27 October 1905; *The Hongkong Telegraph*, 28 October 1905.

48　*China Mail, Hongkong Daily Press*, 26 April 1906.

49　*China Mail*, 8 October 1906.

50　*SCMP*, 8 October 1906.

51　*SCMP*, 11 & 13 October 1906.

52　*SCMP*, 16 October 1906.

53　*SCMP*, 26 November 1906 & 2 February 1907; *Jurors List for 1908*.

54　*SCMP*, 7 November 1906; *Hongkong Daily Press*, 13 December 1907.

55　*SCMP*, 14 April 1908.

56　*SCMP*, 9 June 1908.

57　*SCMP*, 20 May 1908.

58　*The Hongkong Telegraph*, 15 December 1909.

59　*SCMP*, 14 July 1909.

60　*SCMP*, 13 December 1909; *The Hongkong Telegraph*, 15 December 1909.

61　*China Mail*, 21, 22 December 1909.

62　*China Mail, SCMP*, 23 December 1909.

63　*The Hongkong Telegraph*, 27 December 1909.

64　馬冠堯：《車水馬龍》，頁 205–206。

65　*The Hongkong Telegraph, SCMP*, 7 April 1921.

66　冠達郵輪今天仍運作，旗下的「瑪麗皇后號」和「維多利亞皇后號」都是環遊世界的豪華郵輪。

67　*SCMP*, 31 March 1920.

68　"Kowloon-Canton Railway. (British session). Annual report for 1923," in *Hongkong Administrative Report* (Hongkong: Hongkong Government, 1924), Appendix S, S5, item 29; *Hongkong Daily Press*, 17 January 1923; *The Hongkong Telegraph*, 19 January 1923.

69　"Kowloon-Canton Railway. (British session). Annual report for 1923," in *Hongkong Administrative Report* (Hongkong: Hongkong Government, 1924), Appendix S, S5, item 31.

70　*SCMP*, 10 September 1923.

71　馬冠堯：《香港工程考 II》，頁 430–436。

72　"Kowloon-Canton Railway. (British session). Annual report for 1927," in *Hongkong Administrative Report* (Hongkong: Hongkong Government, 1928), Appendix S, S1, item 4.

73　"Kowloon-Canton Railway. (British session). Annual report for 1916," in *Hongkong Administrative Report* (Hongkong: Hongkong Government, 1917), Appendix S, S2, item 13.

74　"Kowloon-Canton Railway. (British session). Annual report for 1937," in *Hongkong Administrative Report* (Hongkong: Hongkong Government, 1938), Appendix S, S6, items 9 & 10.

75　"Kowloon-Canton Railway. (British session). Annual report for 1923," in *Hongkong Administrative Report* (Hongkong: Hongkong Government, 1924), Appendix S, S11, item 67.

76　"Kowloon-Canton Railway. (British session). Annual report for 1934," in *Hongkong Administrative Report* (Hongkong: Hongkong Government, 1935), Appendix S, S4, items 11 & 12.

77　《工商日報》，1936 年 9 月 3 日；《天光報》，1936 年 9 月 3 日；*SCMP*, 1, 2 & 3 September 1936.

78　"Kowloon-Canton Railway. (British session). Annual report for 1937," in *Hongkong Administrative Report* (Hongkong: Hongkong Government, 1938), Appendix S, S6, item 11.

79　"Kowloon-Canton Railway. (British session). Annual report for 1930," in *Hongkong Administrative Report* (Hongkong: Hongkong Government, 1931), Appendix S, S2, item 12; "Kowloon-Canton Railway. (British session). Annual report for 1931," in *Hongkong Administrative Report* (Hongkong: Hongkong Government, 1932), Appendix S, S4, item 33; "Kowloon-Canton Railway. (British session). Annual report for 1932," in *Hongkong Administrative Report* (Hongkong: Hongkong Government, 1933), Appendix S, S4 & S5, items 30 & 33.

華僑報國：
余碧友家族與裕華國貨

周文港

前言

　　九龍彌敦道，是香港最繁華而且歷史最悠久的馬路之一。在佐敦道交界，矗立在鬧市街口、紅底金字的大型招牌——裕華國貨，格外引人矚目。

　　國貨當中的「海鷗」相機、「英雄牌」口琴、「紅雙喜」乒乓球拍、「美加淨」牙膏、「大地牌」男裝等，都是我們熟悉的名字。國貨從來不只是一種選擇，而是生活需要，實惠又耐用。一般人認為國貨帶有設計落伍、質素參差的觀感；事實上，國貨的黃金時代是否真的遠去？而過去作為英國管治之地的香港，為甚麼仍會有這麼多國貨公司選擇在香港立足？民間資本建立的國貨公司又為甚麼以華僑資本為主？本文將會一一娓娓道來。

一、國貨業歷史、發展與演變

　　國貨，是否只是新中國獨有？其實，中國的國貨運動要追溯至列

裕華國貨位於中環德
輔道中的首間總店。
攝於 1959 年。
鳴謝：裕華國貨

強林立的民國時期。1911 年 12 月，由上海緒綸公所、衣業公所、典業公所、錢江會館、盛涇公所等十個團體，為維持國產紡織品的生產和銷售，成立了「中華國貨維持會」，以「提倡國貨，發展實業，改進工藝，推廣貿易」為宗旨。中國國貨維持會的成立，鼓舞了國人的士氣，全國各地相繼成立不同的國貨團體。有研究指出，從上海中華國貨維持會的會務紀錄中可以看到，與其有聯繫的就有福州、長沙、天津、北京、蘇州、嘉興、鎮江等數十個地方性的國貨團體。[1]

　　中華國貨維持會成立後，國貨團體由「1915 年時僅為 49 家，1920 年時即發展至 110 家，到 1931 年時已達 231 家之多」。[2]維持會定期舉行宣講會，編印《國貨週報》、《國貨月報》、《國貨調查錄》三種期刊，宣傳國貨運動，使國貨兩字日益深入人心。[3]

　　1912 年 10 月，北洋政府參議院正式通過了《制服法》，明確規定了各種禮服、禮帽必須使用國產紡織品製造。在張謇擔任北洋政府農商部總長期間，1915 年在北京舉行了規模空前的國貨展覽會，進

一步推動國貨運動的發展。到了 1928 年，孔祥熙擔任國民政府工商部部長期間，提出「策勵工商，提倡國貨」的口號。同年 11 月，舉辦工商部中國國貨展覽會；本次展覽會規模更為宏大，「應徵參加陳列的省市有江蘇、上海、河北、江西、福建、湖北、山西、山東、浙江、安徽、陝西、雲南、四川、新疆、貴州、綏遠、奉天、河南、廣西、甘肅、吉林等，共計陳列品達 13,271 件」。國貨展覽會上，還設立銷售部，可以既展又銷。在整個展出期間，一共售出了高達 278,900 元的商品；在銷售創收的同時，也促進了國貨運動的發展。[4]

1932 年 9 月是「九一八事變」一周年，為了紀念這一國恥，同時為了進一步喚起民眾的愛國熱情，中華國貨產銷協會會員工廠中的中國化學社、美亞綢織廠、五和織造廠、中華第一針織廠、三友實業社、中華琺瑯廠、勝德織造廠、一心牙刷廠、華福制帽廠九家企業聯合組建成「九廠臨時國貨商場」。九家工廠每家各出兩種國貨產品，共計 18 種，寓意毋忘「九一八」國恥，並舉行了為期一週的廉價大平賣。「九廠臨時國貨商場」引起了上海市民的極大興趣，盛況空前。由於廣大群眾的購買熱情，商場營業又延期一天，共計八天，營業總額高達三萬八千多元。八天的廉價銷售取得的巨大成功，助推廣大民眾的愛國熱情和國貨運動的發展。[5]

中華國貨產銷協會汲取這一經驗，決定開辦「中國國貨公司」，將有關模式恆常化。1933 年 2 月 9 日，上海中國國貨公司開業，方液仙出任董事長兼總經理，李康年任副經理，主持公司日常事務，而其他董事都是由不同的廠家和銀行家擔任。[6]

上海中國國貨公司「特設南北兩大部，銷售各類物品共四十餘大類，還特闢九九商場一個，以日用物品種數一紮，概售 9 角 9 分。公司也號稱是『全國最偉大最完整的國貨總庫』」。[7] 上海中國國貨公司的最大特點，是採用中華國貨產銷協會所推崇的「產、銷、金融三方合作推廣國貨」的模式。商場裏的所有商品，都由國貨企

業以寄賣的方式供給商場，國貨企業在商品尚未出售前，可憑藉上海中國國貨公司的證明，向中國銀行借貸貨價的 70%，待商品賣出後，貸款由貨款償還。這樣的產銷模式，極大促進了國貨的銷售，國貨公司流動資金有了保障，而國貨商場也擁有了穩定貨源和充足資金，銀行亦可以通過大量短期貸款業務賺取利潤，三方合作共同得益。上述模式的成功，推動了國貨推銷事業的發展。[8]

值得留意的是，海外華僑對於國貨運動也有積極參與，其中，荷屬東印度（簡稱荷印，即今天印尼）為南洋面積較大的國家，也是華僑集中地。印尼大城市巴城（即巴達維亞，今雅加達）、巴領旁（即巨港）、三寶瓏、泗水、棉蘭等均是華僑聚居之地。據劉繼宣、束世澄的統計，1930 年時當地有超過 28 萬華僑居住。僅爪哇島就有中華總商會 17 所，上述幾個大城市均有中華總商會的設立。[9] 對於國貨推銷，印尼華僑也不遺餘力，舉辦國貨展覽會是當地華僑推銷國貨的主要方式：借助國貨陳列館，向廣大華僑和當地人介紹中國國貨，喚起華僑購用國貨的積極心。當中泗水華僑推銷國貨尤為熱心，不僅派代表返國鼓勵國內國貨廠商將優秀國貨樣品運抵南洋進行展覽，還極力為國貨廠商宣傳、代賣，使國貨在印尼得到很大發展。[10] 這也是後來包括余碧友家族在內的印尼華僑來港設立裕華國貨的前期發展。

二、香港國貨業的發展與流變

每每談到香港的國貨公司，腦海總會出現幾個問題，當中包括香港的國貨公司是否只有親北京？香港的國貨公司是否都是國企、國營？香港的國貨公司是否只有裕華、中國、大華、中僑和華豐？

中國國貨公司前助理總經理李自雄曾指出，較早一批在香港成立的國貨公司，應該是中國國貨公司，創辦於 1938 年 11 月 20 日。最早的店址在中區德輔道中 24 號，有三間門面的兩層樓宇，面積有

5,000 平方呎，職工 90 人，每年營業額近 80 萬港元。翌年在九龍設立分店，接着在澳門、旺角設立分店。在日本侵佔香港的三年八個月裏，公司經營慘淡，總店被日軍封閉，貨倉更被日軍強行徵用。其他分店每天只能經營五小時。日本投降後，公司業務才恢復正常。但由於民族工商業幾乎處於奄奄一息的地步，國貨品種有限，經營百貨更加困難。[11]

1950 年代，隨着香港經濟發展，加上國產百貨不斷增加，帶動了中國國貨公司的業務逐漸發展起來。1959 年，中國國貨公司總店由中環德輔道中 24 號，搬到銅鑼灣波斯富街軒尼詩大廈地下一層，面積三萬多平方呎。1977 年購置銅鑼灣怡和街樂聲大廈作為總公司所在地，商場面積八萬多平方呎。1983 年購置荃灣南豐中心三樓商場，面積 76,000 多平方呎，另平台 8,000 呎。1986 年，耗資了 2,000 萬港元對三個商場進行大規模裝修，商場總面積達十八萬多平方呎，員工七百多人。可見，國貨業曾經在香港鼎盛發展。[12]

談到中國國貨公司的股東時，李自雄指該公司是由民間商人創辦的。1950 年代時，由於發展業務的需要，應當時的董事局邀請，香港華潤公司出資購買一些股份，後來繼續注資購買該公司發行的新股，至 1980 年代已成為最大股東。李自雄強調，目前該公司至 1989 年仍有一些股份在香港商人手中。[13]

其實，1960 年代是國貨業的全盛期，大批南來移民對傳統食品和服裝有很大需求，加上經濟發展起來，市民消費力隨着經濟向上，港九新界最多曾有逾三百家國貨公司分店。當時香港有五大國貨公司，分別為中國國貨、大華國貨、中僑國貨、華豐國貨和裕華國貨。而目前香港仍運作的大型國貨公司僅有裕華、華豐、華潤三家（包括中藝，而大華國貨和中國國貨已經被華潤百貨收購，是為中成藥連鎖店「華潤堂」、華潤超市等前身）。以下是香港歷史上曾出現過的著名國貨公司：

香港歷史上的著名國貨公司

名稱	創立年份	創始人／ 目前主理人	現況
中國國貨	1933 年於上海開辦、1938 年 11 月於香港重組	方液仙、李康年等（上海） 胡士澄（香港）	1993 年與大華國貨合併為華潤百貨，現為華潤堂
中聯國貨	1959 年	荃灣鄉紳	現已轉營為經營中成藥為主
中僑國貨	1958 年	孫城曾及謝興濟等	1996 年已結束主業
中興國貨	1958 年	李兆棠（第二代）	2012 年已結束
中藝（香港）	1959 年	王寬誠、鄭棟林等五人	1997 年 10 月，重組並注入華潤創業成為其全資附屬公司，至今仍然運作
長江國貨	1972 年	不詳	2009 年已結束
華豐國貨	1965 年	周公甫、許東亮、陳劍敦、薛錦章等	仍然運作
大華國貨	1964 年	胡士澄	1993 年與中國國貨合併為華潤百貨，現為華潤堂
中邦國貨	1965 年	不詳	1984 年已結束

資料來源：綜合自不同報章、香港公司註冊處資料

　　另外，歷史上在香港各區經營過的中小型國貨公司還有：中都國貨（元朗）、中匯國貨（觀塘裕民坊）、新華國貨（土瓜灣）、新中華國貨（灣仔）、南方國貨（石塘咀山道）、珠江國貨（觀塘）、國華國貨（香港仔）等。而曾經在上海成立並轉戰香港的永安百貨及先施百貨，由於其銷售的貨品一向以洋貨為主，因而一般沒有將之納入為國貨業的類別。

　　余鵬春曾表示，在全盛時期，國貨公司能滿足市民的「衣（日常

裕華國貨首間自置物業，位於彌敦道金峰商場。攝於 1967 年。
鳴謝：裕華國貨

服裝）、食（每日飲食）、住（家具佈置）、行（蝴蝶牌單車）」需求，地位更勝今天的超級市場。但 1980 年代後，市民大多為了特定需求才光顧國貨，例如辦年貨、買糭、買大閘蟹，以及購買當時的「國貨四寶」——棉襖、校服、睡衣和羊毛內衣才多到國貨公司。[14]

有指國貨公司要生存，一定要是中資背景才能活下來，天然帶有「中國」屬性，因此獲得當時在港的愛國愛港群體及人士支持，但也因此長期受到當時的港英政府打壓。譬如在 1967 年發生的社會騷動期間，曾受到港英政府搜查的國貨公司就有 17 間之多，被視為「左派」的裕華國貨亦受波及。有長者曾回憶當時有關國貨公司的傳言：「當年傳說門口站着來自台灣的情報人員，看見人進去就拍照片，然後送回台灣，到裕華的人就有『通諜』之嫌，回到蔣家統治的地方，老罪受盡。」當時國貨公司所受到的謠言之苦，可見一斑。

　　到內地改革開放前後，當地物資極短缺，港人和常年旅居海外的僑胞往往通過國貨公司購買日用品以支援內地親人。譬如中僑國貨當時就設有華僑服務部，由熟悉外語以及各地方言的接待員協助回國的僑胞選購商品，並代辦郵寄包裹和行李託運等服務。隨着時代變遷，外資尤其日式百貨公司強勢進駐香港，令競爭加劇。而香港租金不斷暴增，加上內地改革開放後期物資短缺情況已改善，港人買貨返鄉的需求減少，用地廣闊、成本高昂的國貨業發展熱潮因而減退。

　　余鵬春曾指，1980 至 1990 年代，香港的零售市道是百貨公司的天下。國貨、日資、港資及英資等百貨公司分店遍佈全港。市民無論購買日常所需、家用電器或名牌產品，均會到百貨公司選購。隨着時代的轉變，競爭不再局限於百貨公司之間；不同的大型購物中心興起、品牌亦自設專門店，加上租金負擔日重，百貨公司亦走向式微，連帶日式百貨公司也有經營困難問題。余鵬春指出，購物中心內設有戲院、美食廣場及停車場等，提供多元化服務配套，但要說到百貨公司失勢的主因，離不開高昂的租金。[15] 他指了 1981 年入行時，正值國貨業巔峰期，84 家國貨公司開了 124 間分店。但汰弱留強旋即展開，競爭力弱的中小型店陸續結業，也有人見地舖大旺紛紛賣舖，或轉型做商場。至 1985 年，僅存 59 家國貨、78 間分店，[16] 可見租金高昂的負面威力驚人。

　　2003 年後內地人來港自由行，帶動香港的零售業昌盛，國貨公司所在的地點一般地利優越兼面積較大，惹來各方覬覦，很多難抵加租而結業，就算自置物業的也選擇把舖位轉租或出售。到了今天，裕華、華豐和華潤旗下的中藝、華潤堂是僅餘的三家大型國貨公司。

　　談香港國貨業時，大家不能忘記國民黨黨產之一——民生公司（全稱「台灣民生物產有限公司」）——在香港的角色及其發展史。民生公司於 1966 年 8 月 5 日成立，成立之初的公司董事包括何東家

慶祝佐敦總店開幕及新廈落成，裕華
國貨進行「新廈落成大酬賓」。攝於
1977 年。
鳴謝：裕華國貨

裕華國貨佐敦總店。當時正值農曆新
年前夕，街上人頭湧湧，市民爭相辦
年貨。攝於 1980 年代初。
鳴謝：裕華國貨

族的何世禮將軍（他曾任國軍陸軍二級上將、總統府國策顧問、國
民黨第十二、十三、十四屆中央評議委員，以及香港台灣貿易有限
公司、台灣民生物產有限公司、《工商日報》社長和董事長）、陳延
炯（行政院顧問、民航公司董事、中華彩色印刷公司董事長）、徐季
良（國民政府大陸時期的經濟部專員、蘇浙旅港同鄉會理事長）、林
芳伯（抗戰勝利後，曾任行政院物資供應局配售處處長、需要處處
長、主任祕書。1949 年去台灣後，仍任「物資供應局配售處處長、
主任祕書」；1960 年受「中央信託局」之聘，任「美援處、購料處
經理、副局長」）、黃勖、施玉麒（何東家族姻親、大律師、歷任香
港中華基督教青年會常務祕書、裁判司、太平紳士、香港大學聖約

翰學院舍監、旺角勞工子弟學校創校校長、拔萃男書院第六任校長等）。以民生公司的董事陣容來看，台灣一方不但相當重視香港這個市場，更是重視香港作為「僑務」重要競爭陣地的角色。民生公司當時主要售賣台灣產品，並有專櫃售賣「青天白日滿地紅旗」、國民黨領袖造像等政治用品。從其售賣的貨品種類來看，與主要售賣內地貨的國貨公司無異，存在明顯的競爭。其總店曾設在何東家族物業的尖沙咀彌敦道東英大廈，高峰期曾在港設立不少於六家分店。[17]

但在香港回歸前，李登輝指令民生公司淡出香港市場，故在2002年荃灣店結業後，香港便再無國民黨黨營的百貨商店了。據研究資料顯示，民生公司最後的大股東是香港台灣貿易有限公司，其董事包括簡松棋（國民黨黨營事業中央投資公司董事長）、馬牧野二人。

三、余碧友家族與繁衍

上文可見，國貨公司不是只有親北京，也有親國民黨的民生公司，更加不是只有國企、國營。而且以目前仍然經營的裕華、華豐及華潤三間大型國貨公司來看，前兩者都是以僑資為主，後者才是國企。而探討香港的國貨業發展，實在不能不談影響力大的裕華國貨。

上文提及早在1930年代印尼的中國國貨業早有發展，而當地華僑余碧友更有深度參與。綜合多方面資料顯示，余碧友（原名余連慶）在1906年11月出生於廣東省梅縣（今梅州市梅縣區）松口鎮官坪村。自幼家境貧寒，在小學畢業後幫助父輩打理家鄉「誠華莊」的僑批（僑匯和僑信）業務。後因為家庭條件所限，難以繼續學業，為謀生計，便與家鄉多數僑胞一樣遠渡重洋往印尼「過番」。[18]

《廣東省志》之《華僑志》資料顯示，余碧友於18歲離家往印尼巴城謀生，最初是從事「水客」工作，其後開辦華人百貨生意，兼營僑批業務。[19]《梅縣文史資料》則說，余碧友18歲往印尼後，輾轉

至馬來西亞一間百貨公司做夥計，25 歲開始「走水」（做「水客」）。抗日戰爭前，在印尼開設「國華百貨商店」，在日本南侵印尼時歷經浩劫，抗日戰爭勝利後兼營匯兌業。[20] 無論期間細節如何變動，不可否認的是，余氏之前受僱及其後經營華人百貨和匯兌業的經歷，都為其後來在香港開創國貨公司業務奠定基礎。

在印尼與中國建交的 1950 年代初期，余碧友積極拓展中國商品在印尼市場的銷路，不僅通過售賣國貨為當地僑胞紓解思鄉之苦，亦幫助了當時受西方國家嚴密封鎖的中國進行外匯創收。他兼營的僑批生意亦是如此，幫助了大批僑胞匯款回國支持家鄉發展。也因為他在這方面的卓越貢獻，余碧友在 1957 年受邀回國參加國慶觀禮，從此啟發了余碧友到香港發展的念頭。

另有說法指出，余碧友是受好友游尚群（原名游銘階）的影響而立志開辦國貨公司。依照福建省龍岩市委員會文史資料委員會指出，游尚群早年旅居印尼，在當地一直積極開展愛國政治運動，並在中印建交後與中國駐印尼大使館參贊緊密配合，為中國商品在印尼開拓市場。當時中國對外貿易仍受西方國家封鎖，游尚群不僅主動促進國貨外銷印尼，還四處奔走呼籲僑胞多多匯款回鄉支持祖國發展；游尚群與余碧友的經歷相似，因此志同道合。據記載，游尚群同樣受邀（1958 年 9 月）回國參加國慶觀禮，當時印尼排華浪潮湧現，其好友梁邁便勸其到香港發展，並幫忙聯繫了國家外經貿部。游尚群在返回雅加達後便與余碧友等好友商議，一同到香港發展國貨公司。後來游尚群任裕華國貨股東及董事，還將自己創立的三洋公司併入裕華，其愛女游素子亦與余碧友第三子余國春喜結連理，足見兩家深厚淵源。[21]

余碧友在港期間，曾擔任黃金集團有限公司董事長、迎賓旅遊貿易服務有限公司董事長、國華企業有限公司董事長、立寧有限公司董事長、鏡報出版社董事、旅港嘉應商會名譽顧問、香港南洋輸出入商會名譽顧問、香港義安公社永遠名譽社長、印尼嘉威山針織

廠董事長等。1986 年 7 月 21 日，余碧友於印尼雅加達因心臟病發逝世，遺體其後空運返港治喪。

　　綜合多份資料顯示，裕華國貨是余碧友、弟弟余慶（原名余錦慶）及多位華僑合資的支持下創辦。當中，余慶的角色亦甚為重要。余慶出生於 1915 年，初中程度，有資料指他曾任職於國民政府廣東省財政廳、廣東省直屬稅局股長、課長、稅所主任。兄弟兩人本可安穩地留在印尼發展，繼續本業，但最終立志到香港開辦國貨公司，其中除了愛國因素，亦與當時印尼第二任總統蘇哈托（Haji Mohammad Suharto）的排華政策影響不無關係。據早年余慶接受訪問時指出，創辦裕華的決定源於印尼當時正值暴動，對華人不利，許多僑胞已經舉家回流，他們由此感到需要回到中國發展。因香港貿易發達，本身在百貨業又有經驗，所以選址香港發展國貨公司。另一方面，因接觸到一些國內中下層的幹部，知道他們生活非常辛苦，是真正為國家發展而努力，與他以前（余慶在國民政府財政部門工作過）所經歷的政府官僚作風完全相異，因此有信心祖國會建設好，亦會利好貿易業，因而在港創辦裕華國貨。[22]

　　開辦裕華國貨期間，余慶一直與兄長余碧友努力經營。余慶來港後，曾擔任裕華國產百貨有限公司及裕華國貨集團有限公司董事總經理、港九百貨業商會副理事長、旅港嘉興商會會董、香港朝華電子貿易有限公司董事長，以及廣東省政協委員、廣東省歸國華僑聯合會常務委員、廣東省梅縣華僑中學副董事長、梅縣松口中學名譽董事長、梅縣松口中學港澳聯絡處主任等。1983 年 2 月 1 日，余慶因心臟病突發，在九龍塘浸信會醫院搶救無效離世。

　　回顧余氏兄弟來港發展，不能不先看當時的國際關係和外圍環境。1940 年代末，印尼成功獨立，民族情緒高漲，並步入第一任總統蘇加諾（Bung Sukarno）執政時期。其民族獨立運動的一大訴求就是反對外國政治勢力及經濟殖民，當局亦相信若要擺脫殖民時期

的陰影，必須要讓本土資本在商業領域崛起。他們認為，包括華商在內的外國資本需要受到限制，這一原則甚至體現在印尼憲法第 33 條當中。1950 年代初，印尼多項力主保護原住民工商業者利益的措施出台，如在貸款、進出口許可證辦理及外匯等方面推行優惠；其後又於 1952 年推行「保壘制」，旨在扶持原住民商、限制華商，規定凡本土資本佔 70% 即屬「保壘商」，享受各類特許經營權及優先權。推出數個月後，外國輸入商（以華人為主）的業務佔比由原先約佔六成，下降至不足 24%，與之相對的是原住民商佔比大增。各類優待原住民商，限制及打壓華商的措施在該時期不斷加強，最終掀起排華浪潮。當時印尼的營商環境已對華僑極不友好，余氏兄弟因而於 1959 年淡出印尼並轉向香港發展，從當時的政治環境和其後歷史進程來看，可謂明智之舉。因為 1960 年前後，印尼本土民族情緒更加高漲，針對華人營商的打壓尤為激烈，襲擊和打砸華人商舖的暴行亦層出不窮，單以軍隊在當地強制推行的總統第 10 號法令的西爪哇為例，就有約十萬多名華僑受衝擊。1965 年蘇哈托發動軍事政變後，印尼大規模排華，大量當地華僑被迫離開印尼，其中大部分被接回到中國內地安置，不少在福建、廣東、廣西等東南沿海省份一帶的華僑農場落戶。[23]

梅州余家繁衍世系表

發跡後第一代：

12 名兄弟──弟婦：

余連慶（後改余碧友，1906-1986）──黃鳳（又名黃鳳英）

余捷慶──李婉貞

余垂慶──蕭影霞

余錦慶（後改余慶，1915-1984）──李姜君

余雲慶

余昇慶

余森慶——余春銘

余崇慶——李影霞

余九慶——吳銀香

余拾慶——李錦華

余仕慶——曾紫蘭

余嘉慶——朱惠芳

五名姊妹——妹夫：

余秀英——梁耀興

余彩英——饒超龍

余安英——陳蘭興

余盈盈——鄧崇江

余美盈——范巧登

發跡後第二代：

六名兒子——兒媳婦：

余旭春

余藹春

余昶春——梁碧玉

余薈春——戴玉蘭

余國春（1951–）——游素子

余鵬春（1958–）——徐菊霞

四名女兒——女婿：

余小春——陳國平

余肖春——周永平

余任春——金義安

余華春——狄勤生

發跡後第三代：

七名男孫：

余棟基

余金基

余榮基

余鎮基

余傑基

余立基

余偉傑（1987–）

三名女孫：

余家潤

余家珍

余家裕

資料來源：綜合自 1986 年 7 月余碧友離世時刊於《大公報》及《華僑日報》的多篇訃聞、余碧友的遺囑。（礙於資料所限，有關第三代部分或未齊全，當中未有包括外孫，請見諒。）

　　有關余碧友的家族繁衍部分，根據余碧友的遺囑及 1986 年 6 月前後其家人刊登的訃聞內容顯示，余碧友於 1959 年起視香港為家，三子余昶春、[24] 四子余薈春兩位兒子一直在印尼經營針織廠和襪廠，沒有來港定居，[25] 余碧友夫婦會每年回去探望兩、三次。在港的企業接班人主要是跟隨余碧友來港的五子余國春和六子余鵬春。1982 年 8 月，余碧友已訂立遺囑，余碧友找了太太黃鳳（又名黃鳳英）作為遺產第一受託人及執行人，四個當時在世兒子包括余昶春、余薈春、余國春、余鵬春作為後備共同委託人及執行人。

　　要數裕華國貨的第二代「大當家」，應是五子余國春。1951 年，余國春出生於印尼，1959 年隨父母定居香港。在香港小學畢業後，離港遠赴澳洲坎培拉就讀中學，1973 年畢業於澳洲麥哥利大學。大學畢業後，余國春返港，開始逐步接手父親等人經營的業務，1986 年起接任裕華國貨董事長、總經理。在他接手以後，裕華國貨不斷在自己的店舖推廣內地不同地區、台灣及東南亞的產品，成為香港

最積極推廣有關民生產品的使者。余國春一直致力團結香港僑界，
積極聯絡東南亞國家，尤其推動日後的「一帶一路」各項活動，包
括以研討、推介、商務考察、外訪等方式聯絡海內外的華僑華人等。

　　比起他的父親余碧友，余國春更為積極貢獻家鄉以至參與國家
的事務。他於 1992 年獲頒梅州市榮譽市民、1997 年任香港廣東社
團總會主席、1998 年獲香港特區政府委任為太平紳士、1999 年和
2006 年分別獲頒授銀紫荊星章（SBS）和金紫荊星章（GBS）、2007
年和 2011 年分別獲頒香港理工大學及香港浸會大學榮譽院士，[26]
2019 年更獲頒授大紫荊勳賢（GBM）。2021 年，他仍擔任中國人民
政治協商會議第十三屆全國委員會常務委員、香港僑界社團聯會首
席主席等公職。

　　余碧友的六子余鵬春，1958 年生於印尼，父親翌年來港創辦裕
華，他 11 歲隨五哥余國春赴澳洲，從小學到大學一直在澳洲受教
育，至 23 歲才返港。余鵬春曾指自己的英文水平比中文好，被長輩
視為「鬼仔」，但卻有濃厚的民族感情，主要在於「父親要我們每
星期寫一封家書，我要猛翻字典，由英文譯做中文。在澳洲常受歧
視，衰過三等公民，更加體會國家感情，所以華僑通常最愛國」。[27]
余鵬春曾任香港零售管理協會主席、方便營商諮詢委員會主席；
2002 年及 2005 年分別獲香港特別行政區政府委任為太平紳士及獲頒
銀紫荊星章；現任裕華國產百貨有限公司董事總經理、廣東省政協常
委、香港梅州聯會（前身名為：香港義安公社）會長、僱員再培訓局主
席、香港中華總商會常務會董等公職。其中，余鵬春在香港梅州聯會會
長任內積極推動「愛心傳送」活動，資助家鄉梅州貧困學生。整個聯會
捐資超過 1,000 萬元，資助近 3,000 名貧困大學生，造福桑梓。[28]

　　現時，余家第三代開始積極參與家族企業事務。其中 1987 年
出生的余偉傑，是裕華董事長余國春兒了，英國劍橋大學經濟碩十
畢業，曾受聘於新加坡政府投資公司（Government of Singapore

Investment Corporation，簡稱 GIC），負責提升地產項目的價值，[29]
現時亦已回到裕華國貨擔任董事總監，積極推動公司的現代化。余
偉傑現時擔任貴州省政協委員、中國僑聯青年委員會副會長、貴州
省青聯副主席等公職。除了余偉傑之外，其堂伯余在春的兒子余知
合早於十多年前已接手新加坡業務，堂妹余家樂亦曾在獅城幫手。

四、裕華國貨建立、發展與演變，兼論與彌敦道的淵源

上文提及，印尼獨立後第一任總統蘇加諾上台後，推出排華政
策，不斷限制外資尤其華人在當地的經營，後來更粗暴地侵吞企業
資本和發展排華暴動。而當地反共反華的軍頭，即 1965 年政變後上
台的印尼總統蘇哈托在 1960 年代初的冒起，更加令當地的華人加速
撤離當地。

許多有關余碧友的報道也指出，其開創裕華國貨的契機，是
1957 年余碧友受邀回國參加國慶觀禮團，他親眼目睹了新中國的面
貌及振興國貨的需要，於是於 1959 年 3 月 17 日，跟四弟余慶聯同
一班印尼華僑集資約 200 萬港元創立了裕華國貨，在香港中環德輔
道中 149、153-159 號開辦第一間裕華國貨。起名「裕華」，寓意「富
裕中華」。

裕華國貨於 1959 年成立之初，董事為余碧友及余慶等五人，股
東名單及持股量分佈為：

1959 年裕華國貨股東名單及持股量

股東姓名	持股量（股）
余碧友	450
余　慶	50
李碧如	150
丘益剛	200
黃憲懿	200
合共	1,050

資料來源：香港公司註冊處

　　1960 年，董事擴大為余碧友、余慶、黃憲懿、游尚群等人；同時擴充了股份發行量，股東名單及持股量分佈為：

1960 年裕華國貨股東名單及持股量

股東姓名	持股量（股）
余碧友	450
余　慶	50
李碧如	150
丘益剛	170
游尚群	100
李啟泰	100
黃憲懿	250
廖啟浩	50
游蘇萍	25
陳挺嫣	30
合共	1,375

資料來源：香港公司註冊處

　　由此可見，外界常誤認為裕華國貨為「紅色資本」，甚至是國企。但從香港公司註冊處的相關資料來看，裕華國貨從初創到後來的興盛，都是以華僑方面的資本為主。譬如余慶早年接受雜誌訪問時提到，裕華國貨並非由余氏兄弟單打獨鬥而來，其股東以海外人士居多，其中以印尼華僑為主，裕華亦是在「財政上很艱難」的情況下一步步發展起來。[30] 余國春也曾說，自己並不是「含着金鎖匙成長」，當年華僑的生活境遇並不是很好，且余家是大家族，初初創業，要面對很多困難。

　　1959 年 6 月 5 日，裕華國貨首間總店開幕，總店設在中環德輔道中 149、153-159 號五個舖位的地下及二樓，租用 4,000 平方呎店舖，主要售賣日用品、手工藝品、抽紗刺繡、皮草絲綢、中式傢具等。開幕當天，邀請到國、粵語巨星如張活游、周聰等來剪綵。

　　裕華國貨高級經理蘇兆永曾表示，那時他們不單依靠本地分銷商取得藥材和食品，更有幸通過中國出口商品交易會（又稱廣交會）的管道取得國貨。廣交會之所以重要，是由於她創辦於計劃經濟和飽受西方封鎖下的 1957 年，一年舉行兩次，每次為期約大半個月，至今仍是中國大型的外貿活動之一。會上可供採購的產品多元，包括大型機械、家庭電器、日用品、衣服、食品等應有盡有，[31] 其銷售來源與南北行相似。可以說，在供應鏈上，南北行是批發，那國貨公司就是零售。當年要做到這一點並非易事，因為裕華國貨的經營主要是從內地進口貨品並在香港銷售。由於那時候實行配額制度，產品種類和結構都比較單一，而且進貨時間比較長，有時甚至需要提前兩三年下訂單，所以並非容易經營。[32] 到改革開放後，取貨管道不斷增加，裕華國貨也日漸跟內地公司建立合作關係，得到固定的直接供貨管道。他們又會到不同省份舉行展銷活動，洽談引入可以出口的工藝品、藥材、食品及床被用品等。[33]

　　1964 年 6 月 25 日，裕華國貨位於九龍彌敦道 300-306 號及佐

敦道 13–13C 號共三層的店面開幕，是首次由港島遷往九龍。但經營下去的時候，他們發覺只靠租賃店面而沒有自己的物業，當租金不斷上漲，生意又不是很好，便會有很大壓力。在 1967 年發生社會騷動期間，港英政府更不斷查抄包括裕華國貨在內的國貨公司，嚴重影響他們的經營。然而，余碧友等人並沒有氣餒。

當時在佐敦裕華國貨旁，有一座古老大宅——黃棠記大宅。此一大宅建於 1917 年，中西合璧，天台有一中式涼亭，下面三層則為西式別墅，是 1970 年代在彌敦道一帶剩下不多的傳統私人大宅。查「黃棠記大宅」的主人，名為黃卓卿，是廣東順德人，生於 1877 年，早年隻身來港，曾在九龍貨倉擔任管理之職，其後在洋人經營的木行任經理，後來創設黃棠記機器鋸木廠，發跡後業務廣設於省港澳各地。[34] 在 1971 年，嘉年企業公司以 2,500 萬港元購入該大宅，以該大宅達 17,000 多平方呎計算，每平方呎均價約 1,500 元。[35] 後來，在長江實業和新鴻基地產的合作發展下，建成嘉賓大廈（現稱嘉賓商業大廈）。1977 年 1 月 22 日，裕華國貨公司新大樓正式在這裏建成開業。該店共八層，總面積達 10 萬平方呎，是香港當時較具規模的百貨公司之一。

余國春曾回憶道，1977 至 1979 年是裕華國貨的大轉變時期，他先是說服公司內的不同意見，貸款購置了自己的物業。隨後，他引進現代化企業管理模式，將內部管理集中化，在電腦設備尚未普及之時，裕華國貨已經率先應用電腦來簡化貨物儲存、銷售和盤點，以優化勞動力資源，變櫃枱式貨櫃為開放的自選形式，即後來自選超市的雛形。[36] 1981 年 12 月 16 日，裕華國貨更在九龍灣地鐵站上蓋的德福花園開設分店，兩層商場合共 46,000 呎，全部使用電腦處理業務，例如進銷存貨，並配備鐳射收銀機。

余鵬春亦曾憶述：「60 至 70 年代，當時有五大國貨公司，中國、大華、中僑、華豐和裕華，店舖遍佈港、九、新界，而裕華是規模

最小的一間。」早年都是本地與內地百貨之爭。直到 1970 年代，多家日資公司來港，最著名的有大丸、伊勢丹、松坂屋及八佰伴等，裕華的客路亦出現轉變。[37] 然而，裕華國貨未有懼怕轉型，積極提升競爭力。為了令員工配合公司發展，裕華國貨對待員工也是相當不錯的。1980 年代余慶接受訪問時表示，當年員工人數八百多人，每年向員工發 17 個月薪金，可算是業界的良心僱主。[38]

裕華國貨在業界有很多嘗試是先行的，包括她是第一家接受人民幣的國貨公司，而她在 1970 年代末已經嘗試用文化活動和藝術展覽來推廣商品，如台灣美食博覽、民間工藝展、國際瓷畫文化藝術節，以至近期的陶瓷藝術品展覽等活動都取得不錯的效果，在宣傳公司形象的同時，也可以推廣優秀的中華傳統文化。[39] 余國春曾表示，2012 年，自由行佔裕華國貨四成營業額，後來多了其他來源的遊客，但內地人還是佔三成多，因為他們愛買參茸、工藝等高價貨。[40]

余鵬春也曾分析過裕華國貨之所以「撐得住」，全靠他們「伺機而動」。每有經濟危機，就是吸納「靚舖」的好時機。如香港經濟在 1970 年代中期處於低谷，裕華佐敦總店就開張；1980 年代中英談判令移民成風，裕華國貨就逆市買下尖沙咀栢麗購物大道約 20 個店面；1990 年代初中東戰火引發石油危機，再購入尖沙咀整幢裕華東京大廈，兼開北京道店；當 2008 年金融風暴後，即進駐中環。[41] 可見，余家的投資物業眼光很好，是能突破重重困難、迎接富過三代的重要原因。

其實，裕華國貨早於 1986 年斥資約 1.5 億元一手買入栢麗購物大道約 20 個舖位，主要分佈中段 G31 至 G50 等舖。2000 年，裕華國貨以 4.13 億元將該批地舖轉至其集團旗下的裕華置業，至今裕華仍是栢麗購物大道大批舖位的業主。同年，裕華國貨亦把位於佐敦嘉賓商業大廈不同層數的業權先後轉售予裕華置業。由此可見，裕華余家是彌敦道南端的「大業主」之一。[42]

裕華國貨位於尖沙咀栢麗購物大道的店面。攝於 1986 年。
鳴謝：裕華國貨

1992 年，佐敦總店的賀年燈飾以「猴年」為主題，璀璨的燈飾令彌敦
道頓時變得喜氣洋洋。
鳴謝：裕華國貨

在企業融資方面，裕華國貨曾於 1980 年代收購了一間上市公司，打算借殼上市，並將公司業務重組，把地產物業及零售業務分開，但最終卻於 1988 年「賣殼」。對於擱置上市計劃，余鵬春曾解釋，公司資金充裕、有良好周轉，與銀行關係良好，實無需要借助市場融資，暫時亦無再上市計劃。[43]

值得令香港國貨業以至整個零售行業注目的是，裕華國貨已由成立初期的一間中型百貨店，逐漸擴展為今天具有相當規模的零售集團。不僅在本港開了 12 家店舖，當中包括經營百貨店、以裕華國貨集團全資附屬的中華藥坊有限公司負責管理本港十多間中成藥專門店、保健坊之外，更在海外開了五家分店。[44]余國春在 1996 年選址新加坡中國城牛車水創立新加坡裕華國貨，用售賣藥材、食品、墨寶、手工藝品、茶葉等國貨的方式傳遞中華文化，目前新加坡已有四家裕華國貨分店。余國春說，常常有在當地留學的中國學生告訴同事，裕華賣的國貨幫助他們一解鄉愁，而且很多顧客是東南亞的華僑、特別是新僑，[45]可見用國貨、解鄉愁，是裕華國貨在海外華埠重要的發展之路。

現在正是裕華國貨第二、三代共同管理的時候。面對時代的變遷，初從英國回港的余偉傑曾說，起初急於創新，曾想把公司商標改頭換面，不用紅色四方格，改為圓形。可是建議太破格，不獲董事會通過，最終改為微調，商標加上英文名稱，顏色改為漸變紅。「如今想來，不大改 logo 是明智決定，因她 60 年來深入民心，有寶貴價值。」其父親余國春提醒他，做生意像開大船，跟開快艇不同，不是一個人的事。「你想向東走，先要令水手明白你的方向，才能走得穩。」余偉傑後來策劃大裝修，用了一億多元翻新佐敦七層店舖，不單改善硬體設施，連帶員工思維也要變一變，[46]協助裕華國貨從硬件到軟件都要轉型。余偉傑曾稱，坊間不少人指出「這裏（佐敦總店）光是收租比做實體生意好」，但他認為裕華國貨歷史悠久、品牌

價值高，不能以金錢衡量，加上「由爺爺（余碧友）一手創辦，希望繼續傳落去第四、五、六代」，未來仍會專注做好國貨業務。[47]

截至 2020 年，裕華國貨的董事包括余國春、余鵬春、余在春、余偉傑、陳余小春、李潤基、游鐵成、黃勇漢八人，而最大的股東已轉為一間名為裕華集團有限公司的英屬處女島（British Virgin Islands，縮寫 BVI）公司。

結語：國貨與中國製造的發展、演變與未來

余碧友家族與裕華國貨，除了是中國零售百貨業的重要象徵，更見證中國手工業及輕工業的百年變遷和進步。特別是裕華國貨整個發展歷程，見證了華僑回國經商從艱辛走向成功之道，一點也不容易。與其他國貨公司比較，裕華和華豐一類的國貨公司均是以僑資為主，而且不斷購入物業、不沽售，令他們能夠避過不同的經濟危機，最終穩步發展，甚至不用上市。很明顯，擁有物業、趁低吸納，及能夠勇於轉型以迎合時代要求，正是裕華國貨的成功之道。

以裕華國貨為例，從梅州到印尼，從印尼到香港，再由香港返回新加坡等東南亞的地方，正好說明了只要有中國人的地方，就有國貨的需求。而且，現在的國貨公司所代表的，不只是傳統國貨，還有新國貨。有關現代化國貨的部分，正如余偉傑所說，今後可以擴展面向內地及海外華僑華人的業務，做好線上線下的對接，並增加中國設計的元素，做好「轉型」的相關工作。[48]

值得留意的是，新中國經過七十多年的發展，尤其經過最近四十多年改革開放，中國已經擁有 41 個工業大類、207 個工業中類、666 個工業小類，是全世界唯一擁有聯合國產業分類中所列全部工業門類的國家。2018 年的中國製造業增加值更佔全世界份額 28% 以上，[49]實現了孫中山先生百多年前設計的《建國方略》內《實業計

裕華國貨佐敦總店外觀

圖片提供：周文港

裕華國貨商標

鳴謝：陳奕康

劃》中的六大計劃之一：發展輕重工業和現代農業，規劃衣、食、住、行等涉及民生的各項實業。可以說，我們不能用原來的國貨概念想像國貨，因為在全球化下，已經發展至「難以不國貨」的地步。

由此可見，中國已從缺乏工業，走向「中國製造」和「世界工廠」的階段。隨着時代的演進，可以想像的是必將很快達到「中國創造」、「中國智造」的地步。只要包括裕華國貨在內的國貨業與時並進，國貨業必能更上一層樓，並成為中國民營經濟和文化「走出去」的一張重要名片。

注 釋

1　畢俊南:《民國時期中華國貨維持會研究（1911-1937）》（華中師範大學碩士論文，2018），頁 13。

2　黎宸:〈20 世紀 30 年代國貨運動中的中國國貨公司〉,《漢江師範學院學報》,2018 年,第 6 期（2018）,頁 51-57。

3　畢俊南:《民國時期中華國貨維持會研究（1911-1937）》,頁 15。

4　黎宸:〈20 世紀 30 年代國貨運動中的中國國貨公司〉,頁 51-57。

5　同上。

6　趙婧:〈國貨運動的經濟效益:上海中國國貨公司再研究（1933-1937）〉,《中國社會經濟史研究》,2019 年第 4 期（2019）,頁 50-65。

7　黎宸:〈20 世紀 30 年代國貨運動中的中國國貨公司〉,頁 51-57。

8　同上。

9　劉繼宣、束世澂:《中華民族拓殖南洋史》（台北:台灣商務印書館,1934）,頁 210。

10　王紅梅:《民國時期南洋華僑的國貨運動》（暨南大學碩士論文,2010）,頁 45。

11　鍾淼發:〈國貨公司以「全面開放」戰略迎敵〉,《星島經貿縱橫》,第 41 期（1989）,頁 52-54。

12　同上。

13　同上。

14　〈國貨公司全盛期逾 300 家〉,《信報財經新聞》,2012 年 7 月 30 日,A9。

15　〈開保健坊　做網購　拓海外市場　與時並進　裕華譜國貨新篇〉,《大公報》,2015 年 5 月 4 日,A18。

16　鄧玉燕、黃珊珊:〈逆戰 3 部曲　裕華誓保國貨招牌〉,《香港經濟日報》,2013 年 6 月 27 日,A33。

17　民生公司的店面包括尖沙咀彌敦道 100 號東英大廈、旺角荔枝角道 22 號東興大廈、北角英皇道 135-143 號、灣仔莊士敦道 22 號東生大廈、銅鑼灣波斯富街（今銅鑼灣廣場二期）,以及荃灣青山公路（即前季季紅酒家）等。

18　鄧銳:〈國貨營銷奇才:余連慶〉,載丘峰、汪義生等編著:《客商人物》（卷一）（上海:文匯出版社,2009）,頁 220-224。

19　廣東省地方史志編纂委員會編:《廣東省志・華僑志》（廣州:廣東人民出版社,1996）,頁 382。

20　梁祿麟：〈堅毅創奇跡　慷慨助桑梓——記裕華前董事長余碧友〉，載中國人民政治協商會議廣東省梅縣委員會文史資料委員會編：《梅縣文史資料》（第十五輯）（梅縣：中國人民政治協商會議廣東省梅縣委員會文史資料委員會，1989），頁 102–104。

21　中國人民政治協商會議福建省龍岩市委員會文史資料委員會編：《閩西文史資料　第三輯：閩西僑港澳台人物史料選編（一）》（龍岩：中國人民政治協商會議福建省龍岩市委員會文史資料委員會，2001）。

22　爽兒：〈裕華國貨公司創辦人余慶訪問記〉，《南北極》，第 139 期（1981），頁 11–15。

23　戴萬平：〈印尼的結構難題：經濟民族主義〉，《信報財經月刊》，第 483 期（2017），頁88–89；温廣益：〈戰後印尼華僑華人經濟的起伏變化〉，《深圳教育學院深圳師範專科學校學報》，第 6 卷，第 1 期（1994 年），頁 41–54；田野：《印度尼西亞華人企業發展的歷史考察（1954–1997）》（湘潭大學碩士論文，2016）。

24　昶，粵音為「閫」。

25　梁祿麟：〈堅毅創奇迹　慷慨助桑梓——記裕華董事長余碧友〉，《鏡報》，第 58 期（1982），頁 56–57。

26　〈國貨公司長春樹　余國春〉，《香港商報》，2011 年 11 月 21 日，A12。

27　〈「鬼仔」掌梅州聯會推廣客家文化〉，《信報財經新聞》，2012 年 7 月 30 日，A9。

28　〈「愛心傳送」十周年〉，香港梅州聯會網站，擷取自 http://www.hkmza.org/hkmza-activities/2015-hkzma-activities/274-2016-01-18-02-51-47（瀏覽日期：2021 年 9 月 24 日）。

29　姚沛鏞：〈裕華第三代　打造最潮國貨公司〉，《香港經濟日報》，2016 年 4 月 20 日，A18。

30　爽兒：〈裕華國貨公司創辦人余慶訪問記〉，頁 11–15。

31　黃嘉希：〈發現香港卅九　舊國貨　那些年生活故事〉，《明報》，2019 年 7 月 2 日，D2。

32　〈香港國貨老店：留時光之痕　尋文化之根（看香港）〉，《人民日報海外版》，2019 年10 月 26 日，4。

33　黃嘉希：〈發現香港卅九　舊國貨　那些年生活故事〉。

34　葉輝：〈佐敦道老建築〉，《文匯報》，2015 年 12 月 12 日，A28。

35　〈彌敦道古老大宅　二千五百萬易主〉，《工商晚報》，1971 年 9 月 14 日，1。

36　〈國貨公司長春樹　余國春〉，《香港商報》。

37　〈花億元裝修暫無意上市〉，《大公報》，2015 年 5 月 4 日，A18。

38　爽兒：〈裕華國貨公司創辦人余慶訪問記〉。

39　〈國貨公司長春樹　余國春〉，《香港商報》。

40　〈零售勁　盼港島新界開旗艦店〉，《香港經濟日報》，2016 年 4 月 20 日，A18。

41　鄧玉燕、黃珊珊：〈逆戰 3 部曲　裕華誓保國貨招牌〉。

42　〈栢麗大道現 21 吉舖　裕華佔近半　劏租三成〉，《蘋果日報》，2020 年 7 月 24 日，B1。

43　〈花億元裝修暫無意上市〉，《大公報》。

44　〈香港國貨老店〉，《人民日報海外版》。

45　〈香港僑領：國貨傳文化　儒學促交流〉，中國新聞社，2019 年 5 月 8 日。

46　甄榮康：〈國貨也新潮〉，《Recruit》，2019 年 6 月 28 日，B2–3。

47　〈裕華第三代接手轉型　余偉傑：重塑品牌求變　家族物業　估值 80 億〉，《星島日報》，2019 年 1 月 2 日，B2。

48　〈專訪裕華國貨余偉傑：疫情下香港零售業的轉型「自救」〉，中國新聞社，2020 年 4 月 21 日。

49　國家統計局工業司：〈工業經濟跨越發展　製造大國屹立東方——新中國成立 70 周年經濟社會發展成就系列報告之三〉，中華人民共和國中央人民政府網站，2019 年 7 月 10 日，擷取自 http://www.gov.cn/xinwen/2019-07/10/content_5407835.htm（瀏覽日期：2020 年 12 月 1 日）。

彌敦道上：

金光舊夢換新顏

責任編輯：白靜薇
版式設計：Sands Design Workshop
封面設計：簡雋盈
排　版：時　潔
印　務：劉漢舉

主編　鄭宏泰　周文港

助編　李明珠

出版　中華書局（香港）有限公司
　　　香港北角英皇道 499 號北角工業大廈 1 樓 B
　　　電話：（852）2137 2338　傳真：（852）2713 8202
　　　電子郵件：info@chunghwabook.com.hk
　　　網址：http://www.chunghwabook.com.hk

發行　香港聯合書刊物流有限公司
　　　香港新界荃灣德士古道 220 至 248 號
　　　荃灣工業中心 16 樓
　　　電話：（852）2150 2100　傳真：（852）2407 3062
　　　電子郵件：info@suplogistics.com.hk

印刷　美雅印刷製本有限公司
　　　香港觀塘榮業街 6 號海濱工業大廈 4 樓 A 室

版次　2021 年 11 月初版
　　　© 2021 中華書局（香港）有限公司

規格　16 開（230mm×170mm）

ISBN　978-988-8760-00-8